Die Souveränität der Gliedstaaten im Deutschen Bund

Europäische Hochschulschriften

European University Studies

Publications Universitaires Européennes

Reihe II **Rechtswissenschaft**

Series II Law

Série II Droit

Band/Volume **5606**

Sven Jansen

Die Souveränität der Gliedstaaten im Deutschen Bund

PL ACADEMIC RESEARCH

Bibliografische Information der Deutschen Nationalbibliothek
Die Deutsche Nationalbibliothek verzeichnet diese Publikation in der Deutschen Nationalbibliografie; detaillierte bibliografische Daten sind im Internet über http://dnb.d-nb.de abrufbar.

Zugl.: Bielefeld, Univ., Diss., 2013

D 361
ISSN 0531-7312
ISBN 978-3-631-64967-1 (Print)
E-ISBN 978-3-653-04111-8 (E-Book)
DOI 10.3726/978-3-653-04111-8

PL Academic Research ist ein Imprint der Peter Lang GmbH.
Peter Lang – Frankfurt am Main · Bern · Bruxelles · New York · Oxford · Warszawa · Wien

Dieses Buch wurde vor Erscheinen peer reviewed.

www.peterlang.com

Inhaltsverzeichnis

Einleitung

1815 wurde auf dem Wiener Kongress der Deutsche Bund gegründet und hierdurch eine neue Ära der deutschen Geschichte eingeläutet, die – mit nur kurzen Unterbrechungen – über 50 Jahre andauern sollte.[1] Die in Wien beschlossene Bundesakte[2] und die fünf Jahre später verabschiedete Wiener Schlussakte[3] bildeten die primären Rechtsgrundlagen der neuen Staatenverbindung. Die Aufgaben des Bundes und dessen Rechtsbeziehungen zu seinen Mitgliedern ergaben sich bereits aus den ersten beiden Artikeln der Bundesakte:

> „Art. 1: Die souverainen Fürsten und freien Städte Deutschlands [...] vereinigen sich zu einem beständigen Bunde, welcher der deutsche Bund heißen soll.
> Art. 2: Der Zweck desselben ist Erhaltung der äußeren und inneren Sicherheit Deutschlands und der Unabhängigkeit und Unverletzbarkeit der einzelnen deutschen Staaten."

Der Gründungsvertrag des Deutschen Bundes bezeichnete mithin die deutschen Fürsten als „souverän" und erhob die Unabhängigkeit der deutschen Staaten sowie die Erhaltung der Sicherheit Deutschlands zu Bundesprinzipien.[4] Man bestimmte allerdings nicht, inwieweit der Deutsche Bund zur Bewahrung der Sicherheit Deutschlands auch die Unabhängigkeit der Gliedstaaten und die Souveränität der deutschen Fürsten begrenzen durfte. Vor diesem Hintergrund will diese Studie aufzeigen, welche Rechte die Souveränität der Fürsten und die Unabhängigkeit der deutschen Staaten umfassten.

A. Ausgangslage

Im Gegensatz zu den meisten anderen europäischen Staaten entwickelte sich in Deutschland für lange Zeit kein homogener Staatskörper mit einer starken

---

1 Siehe zur Gründung des Deutschen Bundes Bentfeld, Der Deutsche Bund als nationales Band, S. 25 ff.; Brandt, Deutsche Geschichte, S. 52 ff.; Gruner, Der Deutsche Bund als Band der deutschen Nation, S. 49 ff.; Kotulla, Verfassungsgeschichte, Rn. 1259 ff.; Kotulla, Verfassungsrecht, Bd. I, S. 30 ff.; Müller, Der Deutsche Bund, S. 86 ff.; Siemann, Vom Staatenbund zum Nationalstaat, S. 325 ff.

2 Bundesakte („BA"), abgedruckt bei Kotulla, Verfassungsrecht, Bd. I, S. 591 ff.

3 Wiener Schlussakte („WSA"), abgedruckt bei Kotulla, Verfassungsrecht, Bd. I, S. 689 ff.

4 Hierzu näher in Kapitel 2 C.I.

Zentralgewalt.[5] Stattdessen entstand mit dem Heiligen Römischen Reich deutscher Nation[6] ein Gebilde, in dem sich der Kaiser die Macht mit den Reichsständen teilte.[7] Diese sorgten dafür, dass der Umfang ihrer Herrschaftsrechte stetig wuchs und sie hierdurch die eigenen Regierungsgeschäfte zunehmend unabhängig vom Reich wahrnehmen konnten.[8]

Durchbrochen wurden die Beschränkungen durch den Reichskörper schließlich zu Beginn des 19. Jahrhunderts, als sich die meisten kleineren und mittleren Reichsstände zu dem von Napoleon protegierten Rheinbund zusammenschlossen und Kaiser Franz II. infolgedessen die Auflösung des HRRdN proklamierte.[9] Das Streben der Fürsten nach Unabhängigkeit schien von Erfolg gekrönt, da ihnen in der Rheinbundakte nicht nur die „Landeshoheit", sondern sogar „Souveränität" zuerkannt wurde.[10] Es dauerte jedoch nicht lange, bis den Rheinbundfürsten

---

5 Siehe zur Entwicklungsgeschichte in Deutschland Herbers, Das Heilige Römische Reich, S. 1 ff.; Kotulla, Verfassungsgeschichte, Rn. 13–1152.

6 Nachfolgend „HRRdN" abgekürzt; der Name für das „Imperium Romanum" wandelte sich im Laufe der Geschichte; erst seit etwa Ende des 15. Jahrhunderts verwendete man zunehmend die vollständige Bezeichnung „Heiliges Römisches Reich deutscher Nation", siehe hierzu: Kotulla, Verfassungsgeschichte, Rn. 13 f.; Stollberg-Rilinger, Das Heilige Römische Reich Deutscher Nation: Vom Ende des Mittelalters bis 1806, S. 10.

7 Siehe zur komplexen Verteilung der Machtverhältnisse im HRRdN: Durchhardt, Deutsche Verfassungsgeschichte, S. 13 ff.; Kotulla, Verfassungsgeschichte, Rn. 928–1152; Schliesky, Souveränität und Legimität, S. 67 ff.; Willoweit, Deutsche Verfassungsgeschichte, S. 51 ff.

8 Die Reichsstände besaßen bereits lange vor 1648 gewohnheitsrechtlich etablierte Herrschaftsrechte in ihren Territorien, im Rahmen des Westfälischen Friedens wurde ihnen das „ius territoriale" jedoch erstmalig auch ausdrücklich zugesichert. Siehe hierzu Böckenförde, Der Staat 1969, 449 (454); Kremer, Der Westfälische Friede, S. 228 ff.; Kotulla, Verfassungsgeschichte, Rn. 398 ff.; Willoweit, Deutsche Verfassungsgeschichte, § 22.

9 Dies ist dargestellt bei Kotulla, Verfassungsgeschichte, S. 915 ff.; Kotulla, Verfassungsrecht, Bd. I, S. 15 ff.; Willoweit, Verfassungsgeschichte, S. 262 f.

10 Wobei die Souveränität im Rheinbund durch eine in Art. 26 der Rheinbundakte aufgenommene Positivliste („Die Rechte der Souveränität bestehen in der Gesetzgebung, in der hohen Jurisdiction, in der hohen Polizei, in der militärischen Konscription oder Rekrutirung und in dem Rechte der Auflagen.") auf bestimmte Rechte beschränkt und keinesfalls allumfassend war. Hierzu näher unten Kapitel 2 A.II.2; siehe auch Kotulla, Verfassungsgeschichte, Rn. 1160.

bewusst wurde, dass der französische „Protektor“ ihre Herrschaftsmacht tatsächlich weit stärker einschränkte als vormals der Reichsverband.[11]

Nachdem Napoleons Stern als Folge des desaströsen Russlandfeldzugs zu sinken begonnen hatte,[12] ließen sich viele Rheinbundfürsten ihre Souveränität von den Alliierten im Gegenzug für den Frontwechsel durch die Akzessionsverträge von Ried und Fulda garantieren.[13] Als sich 1814 nach dem vorläufigen Sieg über Frankreich Gesandte aus ganz Europa in Wien zusammenfanden, um dem Kontinent eine neue politische Gestalt zu geben, befanden sich unter ihnen auch Vertreter der Rheinbundstaaten, die die Umsetzung der ihnen garantierten Souveränitätsrechte sicherstellen wollten.[14] Folglich war bereits durch den Abschluss der Akzessionsverträge präjudiziert, dass auch künftig kein gesamtdeutscher Staat mit einer starken Zentralmacht entstehen würde.[15]

Die unterschiedlichen Interessenslagen der deutschen Teilnehmer prägten auch die Verhandlungen auf dem Wiener Kongress.[16] Preußen befürwortete die Bildung eines zentral organisierten Bundesstaates,[17] Österreich strebte einen föderalen Staatenbund an, wollte jedoch die mindermächtigen Fürstenhäuser nicht auf eine Stufe mit Österreich und Preußen stellen und ihnen deshalb auch nicht das Attribut der „Souveränität“ zuerkennen.[18] Die meisten deutschen Mittelstaaten waren

---

11 Zur diesbezüglichen Einschätzung Bayerns siehe Quint, Souveränitätsbegriff und Souveränitätspolitik, S. 227 ff.; Kotulla (Verfassungsrecht, Bd. I, S. 22) stellt die Rechte der Fürsten im Reich und im Rheinbund anschaulich gegenüber.

12 Zum Russlandfeldzug Napoleons siehe Huck, Vom Berufsmilitär zur Allgemeinen Wehrpflicht, S. 192.

13 Der Text der Akzessionsverträge ist abgedruckt bei Kotulla, Verfassungsrecht, Bd. I, S. 545 ff.; zum unterschiedlichen Umfang der Souveränitätsrechte in den einzelnen Verträgen näher unten Kapitel 2 A.IV; siehe hierzu auch Huber, Verfassungsgeschichte, Bd. I, S. 494 ff.; Kotulla, Verfassungsgeschichte, Rn. 1181 ff.; Kotulla, Verfassungsrecht, Bd. I, S. 28 f.

14 Die Teilnehmer des Kongresses, die schließlich die Bundesakte unterzeichneten, sind aufgeführt bei Kotulla, Verfassungsrecht. Bd. I, S. 591 f.

15 Vgl. Kotulla, Verfassungsrecht, Bd. I, S. 29.

16 Die verschiedenen Vorschläge zur Lösung der deutschen „Verfassungsfrage“ sind dargestellt bei Huber, Verfassungsgeschichte, Bd. I, S. 524 ff.; Kotulla, Verfassungsgeschichte, Rn. 1282 ff.

17 Siehe zur Interessenslage Preußens Kotulla, Verfassungsgeschichte, Rn. 1283 f.; Nipperdey, Deutsche Geschichte, S. 92 f.

18 Zu den Hintergründen der österreichischen Interessen: Huber, Verfassungsgeschichte, Bd. I, S. 532 ff.; Möller, Fürstenstaat oder Bürgernation, S. 650 f.

hingegen in erster Linie bestrebt, ihre Herrschaft zukünftig möglichst unabhängig von äußeren Einflüssen ausüben zu können.[19]

Im Laufe der Verhandlungen erkannten die preußischen Gesandten Humboldt und Hardenberg, dass ihre ambitionierte Bundesstaatsidee auf dem Wiener Kongress nicht durchsetzbar war. Aus diesem Grund stimmte schließlich auch Preußen der Bildung einer Verbindung unabhängiger Staaten zu.[20] Aufgrund des diplomatischen Drucks der Mittelstaaten, allen voran Bayern und Württemberg, wurde letztendlich sogar die „Souveränität“ der deutschen Fürsten bundesrechtlich festgeschrieben.[21]

Dementsprechend definierte die Bundesakte die neu gegründete Staatenverbindung als einen „beständigen Bunde“[22], dessen Zweck in der „Erhaltung der äußeren und inneren Sicherheit Deutschlands und der Unabhängigkeit und Unverletzbarkeit der einzelnen deutschen Staaten“[23] bestand. Trotz dieser Unabhängigkeitsgarantie wurde der Bund mit Kompetenzen ausgestattet, die es ihm zur Erhaltung der Sicherheit Deutschlands erlaubten, die Herrschaftsbefugnisse der Bundesmitglieder einzuschränken.[24]

Die Wahrnehmung der Bundeskompetenzen oblag der Bundesversammlung, deren Aufgaben und Kompetenzen oft nur durch den Bundeszweck definiert und begrenzt wurden.[25] Die Bundesversammlung konnte eine Reihe von Entscheidungen durch einfachen Mehrheitsbeschluss herbeiführen, sodass bestimmte Beschlüsse auch gegen den Willen einzelner Bundesmitglieder gefasst werden konnten.[26] Zusätzlich war der Bund befugt, seine materiellen Entscheidungen im Wege der Bundesintervention oder der Bundesexekution notfalls auch zwangsweise gegenüber einzelnen Mitgliedern durchzusetzen.[27]

Das Bundesrecht wurde unter anderem durch die Karlsbader Gesetze und die Wiener Schlussakte sukzessive ausgebaut, sodass der Deutsche Bund seine Strukturen im

---

19 Zum Widerstand der Mittelstaaten gegen eine Lösung der „Verfassungsfrage“, die ihre Souveränitätsrechte nicht ausreichend berücksichtigte: Kotulla, Verfassungsgeschichte, Rn. 1287 ff.; Nipperdey, Deutsche Geschichte, S. 95 ff.

20 Siehe zum Gang der Verhandlungen und dem immer weiteren Nachgeben Preußens Kotulla, Verfassungsgeschichte, Rn. 1282 ff.

21 Vgl. Quint, Souveränitätsbegriff und Souveränitätspolitik, S. 381 f.

22 Art. 1 BA.

23 Art. 2 BA.

24 Zu den Kompetenzen des Deutschen Bundes unten Kapitel 3 C.II.

25 Siehe Huber, Verfassungsgeschichte, Bd. I, S. 597; Kotulla, Verfassungsgeschichte, Rn. 1359; siehe auch unten Kapitel 3 A.II.1.

26 Siehe hierzu unten Kapitel 3 A.II.

27 Siehe hierzu unten Kapitel 3 C.II.2.

Laufe der Zeit festigen konnte.[28] Zudem wurde 1822 die Kriegsverfassung fertiggestellt.[29] Diese sollte die Verteidigungsbereitschaft Deutschlands sicherstellen, indem sie den Gliedstaaten bestimmte Militärpflichten auferlegte.[30]

Mit dem Deutschen Bund entstand demzufolge eine Staatenverbindung, die – trotz der festgeschriebenen Souveränität der deutschen Fürsten – zur Bewahrung der Sicherheit Deutschlands und der Unabhängigkeit seiner Mitglieder mit teilweise beachtlichen Kompetenzen und Machtinstrumenten ausgestattet wurde. Aufgrund dieser Konzeption des Deutschen Bundes drängt sich die Frage auf, wie dieser die ihm übertragenen Mittel zur Erfüllung seines Sicherheitszwecks nutzen konnte, ohne hierdurch die den Fürsten garantierte Souveränität zu konterkarieren.

B. Forschungsstand

Obwohl es scheint, als ließen sich der Sicherheitszweck des Bundes und die Unabhängigkeit seiner Mitglieder kaum miteinander in Einklang bringen, obwohl der Deutsche Bund die Herrschaftsbefugnisse seiner Mitgliedstaaten sogar mit militärischen Zwangsmitteln verkürzen durfte und obwohl er trotz aller Bundeskompetenzen und -pflichten in Art. 1 WSA als „völkerrechtlicher Verein“ und seine Fürsten als „souverain“ bezeichnet wurden, ist bislang noch nicht zusammenhängend untersucht worden, welche Schlüsse aus diesen scheinbaren Widersprüchen in Bezug auf den Umfang der Souveränität der Bundesmitglieder zu ziehen sind.

Zwar wird die politische und verfassungsrechtliche Entwicklung Deutschlands immer wieder zum Gegenstand wissenschaftlicher Untersuchungen gemacht.[31]

---

28 Zum Ausbau des Bundesrechts unten Kapitel 3 B ff.

29 Zum Inhalt der Kriegsverfassung unten Kapitel 4 B.II; siehe hierzu auch Angelow, Von Wien nach Königgrätz, S. 33 ff.; zu den Kontroversen bei der Entstehung der Kriegsverfassung: Kotulla, Die Entstehung der Kriegsverfassung des Deutschen Bundes, S. 130 ff.

30 Zur Bildung des deutschen Kontingentheeres: Huber, Verfassungsgeschichte, Bd. I, S. 610; Kotulla; Verfassungsgeschichte, Rn. 1596 ff.

31 Hier nur die wichtigsten Werke zur Verfassungsgeschichte der Neuzeit: Böckenförde, Ernst-Wolfgang, Moderne deutsche Verfassungsgeschichte (1815–1914), 2. Auflage, Königstein 1981; Boldt, Hans, Deutsche Verfassungsgeschichte, Bd. I, Von den Anfängen bis zum Ende des älteren deutschen Reiches 1806, 2. Auflage, München 1990; Bd. II, Von 1806 bis zur Gegenwart, 2. Auflage, München 1993; Botzenhart, Manfred, Deutsche Verfassungsgeschichte 1806–1949, Stuttgart 1993; Conrad, Hermann, Der deutsche Staat, Epochen seiner Verfassungsentwicklung (843–1945), 2. Auflage, Frankfurt 1974; Duchhardt, Heinz, Deutsche Verfassungsgeschichte 1495–1806,

Viele Studien richten ihr Augenmerk jedoch auf die politische Geschichte Deutschlands ab 1871.[32] Eine nicht unerhebliche Anzahl der Werke zum Zeitraum von 1815 bis 1866 betrachtet zudem nicht Deutschland als Ganzes, sondern einzelne

Stuttgart 1991; Fenske, Hans, Deutsche Verfassungsgeschichte: vom Norddeutschen Bund bis heute, 4. Auflage, Berlin 1993; Forsthoff, Ernst, Deutsche Verfassungsgeschichte der Neuzeit, Nachdruck der 4. Auflage, Stuttgart 1972; Frotscher, Werner, Verfassungsgeschichte (von Werner Frotscher und Bodo Pieroth), 10. Auflage, München 2011; Grimm, Dieter, Deutsche Verfassungsgeschichte 1776–1866, Frankfurt 1988; Hartung, Fritz, Deutsche Verfassungsgeschichte vom 15. Jahrhundert bis zur Gegenwart, 9. Auflage, Stuttgart 1969; Huber, Ernst Rudolf, Deutsche Verfassungsgeschichte seit 1789, Stuttgart 1957–1993: Bd. I: Reform und Restauration 1789–1830; Bd. II: Der Kampf um Einheit und Freiheit 1830–1850; Bd. III: Bismarck und das Reich; Bd. IV: Struktur und Krisen des Kaiserreichs; Bd. V: Weltkrieg, Revolution und Reichserneuerung 1914–1919; Bd. VI: Die Weimarer Reichsverfassung; Bd. VII: Ausbau, Schutz und Untergang der Weimarer Republik; Kimminich, Otto, Deutsche Verfassungsgeschichte, 2. Auflage, Baden-Baden 1987; Kippels, Kurt, Grundzüge deutscher Staats- und Verfassungsgeschichte, Köln 2001; Kotulla, Michael, Einführung in die Deutsche Verfassungsgeschichte (1495–1933), Berlin 2008; Kröger, Klaus, Einführung in die jüngere deutsche Verfassungsgeschichte (1806–1933), München 1988; Menger, Christian-Friedrich, Deutsche Verfassungsgeschichte der Neuzeit, 8. Auflage, Heidelberg 1993; Scheyhing, Robert, Deutsche Verfassungsgeschichte der Neuzeit, 1968; Stern, Klaus, Das Staatsrecht der Bundesrepublik Deutschland, Bd. V: Die geschichtlichen, Grundlagen des deutschen Staatsrechts, Die Verfassungsentwicklung vom Alten Deutschen Reich bis zur wiedervereinigten Bundesrepublik Deutschland, 2000; Willoweit, Dietmar, Deutsche Verfassungsgeschichte, 5. Auflage, München 2005; Zippelius, Reinhold, Kleine deutsche Verfassungsgeschichte, Vom frühen Mittelalter bis zur Gegenwart, 6. Auflage, München 2002.

32 Hier nur eine Auswahl der hierzu vorhandenen Literatur: Afflerbach, Holger, Der Dreibund. Europäische Großmacht- und Allianzpolitik vor dem Ersten Weltkrieg, Köln/Weimar/Wien 2002; Conrad, Sebastian, Globalisierung und Nation im Deutschen Kaiserreich, München 2006; Conrad, Sebastian/Osterhammel, Jürgen, Das Kaiserreich transnational – Deutschland in der Welt 1871–1914, Göttingen 2004; Frie, Ewald, Das Deutsche Kaiserreich, Darmstadt 2004; Halder, Winfried, Die Innenpolitik im Kaiserreich, Darmstadt 2003; Kuehne, Thomas, Das Deutsche Kaiserreich 1871–1918, in: Neue Politische Literatur, 1998, S. 206 ff.; Ostermann, Tim, Die verfassungsrechtliche Stellung des Deutschen Kaisers nach der Reichsverfassung von 1871, Frankfurt a. M. 2009; Ullmann, Hans-Peter, Politik im Deutschen Kaiserreich, München 1999. Viele Werke konzentrieren sich insbesondere auch auf das Dritte Reich: Ewans, Richard, Das Dritte Reich, München 2006; Kershaw, Der NS-Staat, Reinbek 2006; Michalka, Wolfgang, Deutsche Geschichte 1933–1945, Frankfurt 2002.

deutsche Staaten.[33] Nach Ansicht von Historikern existiert keine „umfassende Gesamtdarstellung des Deutschen Bundes“,[34] weil es keine gesamtdeutschen Archive für den Zeitraum zwischen 1815 und 1866 gibt.[35] Aus diesem Grund konzentrieren sich Rechtshistoriker oft auf Österreich[36], Preußen[37] und andere Einzelstaaten statt auf Gesamtdeutschland.

Trotz der beschriebenen Gesamtlage wurde auch die „staats- und verfassungsrechtliche“ Situation im Deutschen Bund immer wieder wissenschaftlich erörtert.[38] Studien zum Deutschen Bund befassen sich meist auch mit der Frage

---

33 So gibt es beispielsweise bei Huber zwar neben den Abschnitten zu den Deutschen Ländern in den Bänden I und II auch je einen ganzen Abschnitt zum Deutschen Bund und dem Vormärz. Die Untersuchungen konzentrieren sich aber auch in diesen vermeintlich gesamtdeutschen Abschnitten oft auf Ereignisse in den einzelnen Ländern.

34 Müller, Der Deutsche Bund, S. 51 f.

35 So stellt Jürgen Müller (Der Deutsche Bund, S. 52) fest, dass die aktenmäßige Überlieferung heute auf dreißig Einzelarchive verteilt ist; derzeit wird von Michael Kotulla die erste vollständige Sammlung deutscher Verfassungstexte zusammengestellt, die auch den Zeitraum zwischen 1815 und 1866 umfasst: Kotulla, Deutsches Verfassungsrecht, bisher erschienen bzw. kurz vor Veröffentlichung: Bd. I: Gesamtdeutschland, Anhaltinische Staaten und Baden, Bd. II: Bayern, Bd. III: Braunschweig, Bremen, Elsaß-Lothringen und Frankfurt a. M.; Bd. IV: Hamburg, Hannover und Hessen-Darmstadt; Bd. V: Hessen-Homburg, Hohenzollern-Hechingen und -Sigmaringen, Kurhessen sowie Lichtenstein; Bd. VI: Lippe, Lübeck, Luxemburg, Mecklenburgische Staaten, Nassau und Oldenburg.

36 Über Österreich zur Zeit des Deutschen Bundes: Buchmann, Bertrand Michael, Militär, Diplomatie, Politik – Österreich und Europa von 1815 bis 1835, Frankfurt 1991; Niederstätter, Alois, Geschichte Österreichs, Stuttgart 2007, S. 145 ff.; Rumpler, Helmut, Eine Chance für Mitteleuropa. Bürgerliche Emanzipation und Staatsverfall in der Habsburgermonarchie, Wien 1997.

37 Werke zur preußischen Geschichte zur Zeit des Deutschen Bundes: Bußmann, Walter, Zwischen Preußen und Deutschland. Friedrich Wilhelm IV. – Eine Biographie, Berlin 1990; Helmert, Heinz/Usczeck, Hansjürgen, Preußischdeutsche Kriege von 1864 bis 1871. Militärischer Verlauf, 4. Auflage, Berlin 1978; Hubatsch, Walther, Zur Problematik „Preußen und das Reich“ in: Neue Forschung zur brandenburg-preußischen Geschichte, Bd. IV, Köln 1984.

38 Einige wichtige Beiträge hierzu finden sich bei Burg, Peter, Die Staatenbeziehungen im Deutschen Bund, Die Welt der deutschen Einzelstaaten zwischen Partikularismus, Dualismus und Unitarismus, in: Geschichte und Geschichtsbewusstsein, Festschrift Karl-Ernst Jeismann, hrsg. von Paul Leidinger und Dieter Metzler, S. 349–365, Münster 1990; Doering-Manteufel, Anselm, Die deutsche Frage und das europäische Staatensystem 1815–1871, München 1993; Huber, Ernst R., Deutsche Verfassungsgeschichte, Bd. I: Reform und Restauration 1789–1830; Bd. II: Der Kampf um

nach der Rechtsnatur des Bundes und dessen Verhältnis zu seinen Mitgliedern.[39] Dennoch stellt keines der jüngeren Werke die Souveränität der Gliedstaaten vor dem Hintergrund der Entstehungsgeschichte des Bundes, des Bundeszwecks, der Bundeskompetenzen und der Bundesprinzipien dar, um auf diese Weise den Umfang der Souveränität zu hinterfragen. Stattdessen beschreiben sie in der Regel entweder die historischen Verhältnisse oder beschränken sich auf Teilaspekte der Rechtsbeziehungen im Deutschen Bund.[40]

Einheit und Freiheit 1830–1850; Laufs, Adolf, Rechtsentwicklung in Deutschland, Berlin 1996, S. 169 ff.; Müller, Jürgen, Deutscher Bund und deutsche Nation, Göttingen 2006; ders., Der Deutsche Bund 1815–1866, München 2006; Nipperdey, Thomas, Deutsche Geschichte 1800–1866, 5. Auflage, München 1991, S. 92 ff.; Rumpler, Helmut, Deutscher Bund und Deutsche Frage 1815–1866, Wien 1990; Siemann, Wolfram, Vom Staatenbund zum Nationalstaat, 2. Teil, Das Werden der Nation – Entscheidungen, Ereignisse und Umbrüche, München 1995; Wadle, Elmar, Staatenbund oder Bundesstaat? Ein Versuch über die alte Frage nach den föderalen Strukturen in der deutschen Verfassungsgeschichte zwischen 1815 und 1866, in: Brauneder, Wilhelm, Staatliche Vereinigung: Fördernde und hemmende Elemente in der deutschen Geschichte, Berlin 1998, S. 137–170; Willoweit, Dietmar, Verfassungsgeschichte, §§ 29–34, 5. Auflage, München 2005.

39 Klüber (Übersicht der diplomatischen Verhandlungen, Erste Abtheilung, S. 123) beschrieb das Verhältnis von Bund und Gliedstaaten wie folgt: „Demnach sollten die jetzt unabhängigen Staaten Teutschlands, nachdem sie vor Auflösung der Reichs-Verbindung Theile eines Staatskörpers gewesen waren, nach ihrer Erlösung vom fremden Joche wieder zu einer gewissen Gesammtheit, zu einem politischen Ganzen, so fest wie möglich vereinigt werden." Laufs (Rechtsentwicklung, S. 220) merkt zur Beschreibung des Deutschen Bundes als völkerrechtlichen Vereins souveräner Fürsten an: „Doch sie definierte den Bund nur unvollständig und unterschlug die staatsrechtlichen Elemente." Wadle (Bundesstaat oder Staatenbund, S. 149) stellt fest: „Mit der Erkenntnis, dass es sich bei der Bundesakte um einen Vertrag völkerrechtlicher Qualität gehandelt hat, ist freilich noch nicht entschieden, ob auch der durch den Vertrag geschaffenen Institution eine rein völkerrechtliche Qualität zukommt oder ob sie bereits staatsrechtliche Bedeutung hat." Bluntschli (Staatswörterbuch, Bd. II, S. 289, Fn. 10) lehnt hingegen jeden Ansatz bundesstaatlicher Tendenzen ab: „Es wurde zwar behauptet, Deutschland sey ein Bundesstaat. Allein wenn man der Beweisführung genauer nachgeht, so wird man als Grund einer solchen Behauptung entweder Selbsttäuschung oder die Absicht andere zu täuschen, erkennen." Zu Relativierung der Souveränität im Deutschen Bund außerdem: Rumpler, Föderalismus als Problem der deutschen Verfassungsgeschichte des 19. Jahrhunderts (1815–1871); Waitz, Das Wesen des Bundesstaates, S. 494 ff.

40 Ludwig Bentfeld (Der Deutsche Bund als nationales Band 1815–1866) schildert beispielsweise detailliert das Zustandekommen von Bundesmaßnahmen in der Bundesversammlung, behandelt die Rechtsgrundlagen des Deutschen Bundes jedoch nur

C. Erkenntnisinteresse

Diese Arbeit will die Lücke schließen, die noch immer bei der rechtshistorischen Aufarbeitung des Deutschen Bundes besteht, indem anhand der damaligen Rechtsverhältnisse geklärt wird, welche Rechte die Souveränität der Bundesmitglieder umfasste. Hierzu soll zusammenhängend dargestellt werden, in welcher Wechselbeziehung die Einflussnahmemöglichkeiten des Deutschen Bundes und die den Fürsten garantierte Souveränität zueinander standen und welche Rückschlüsse sich hieraus in Bezug auf die staatsrechtliche Qualität des Deutschen Bundes ziehen lassen.

I. Die Untersuchung des Umfangs der Souveränitätsschranken im Deutschen Bund

Wie sich bereits aus dem gewählten Titel ergibt, will diese Studie in erster Linie darlegen, welchen Umfang die Souveränität der Bundesmitglieder besaß. Hierzu ist zum einen zu klären, welche Herrschaftsbefugnisse bei der Gründung des Deutschen Bundes überhaupt mit dem Begriff „Souveränität" verbunden wurden. Zum anderen ist zu eruieren, inwieweit die einzelstaatlichen Herrschaftsbefugnisse

---

am Rande; Michael Kotulla (Deutsche Verfassungsgeschichte – Vom Alten Reich bis Weimar) konnte in seinem Lehrbuch zur deutschen Verfassungsgeschichte von 1495 bis 1934 selbstverständlich nur am Rande auf die Rechtsbeziehungen im Deutschen Bund eingehen; Jürgen Müller (Der Deutsche Bund 1815–1866) veröffentlichte 2006 einen guten historischen Gesamtüberblick über den Deutschen Bund, der jedoch die rechtshistorischen Fragen nach Souveränität und Herrschaftsmacht im Bund praktisch unberücksichtigt ließ; Wolfram Siemann (Vom Staatenbund zum Nationalstaat – Deutschland 1806–1871) schuf wohl das vollständigste jüngere Werk über die Situation im Deutschen Bund und stellte dabei auch die Rechtsverhältnisse der Gliedstaaten dar, ohne allerdings der Frage nach deren Souveränität vor dem Hintergrund des Bundesrechts aus einem rechtshistorischen Blickwinkel nachzugehen; Elmar Wadle (Staatenbund oder Bundesstaat? – Ein Versuch über die alte Frage nach den föderalen Strukturen in der deutschen Verfassungsgeschichte zwischen 1815 und 1866) rückte die Frage nach der Rechtsnatur des Deutschen Bundes in den Vordergrund seines Beitrags, ohne hierbei jedoch im Detail auf den Umfang der Souveränität vor dem Hintergrund des Bundeszwecks, der Bundeskompetenzen und deren Umsetzung sowie der Bundesprinzipien eingehen zu können; Elmar Wienhöfer (Das Militärwesen des Deutschen Bundes und das Ringen zwischen Österreich und Preußen um die Vorherrschaft in Deutschland 1815–1866) fokussierte sich hingegen bei seiner Darstellung des Deutschen Bundes auf dessen Militärverhältnisse.

durch die Bundesgesetze, durch Maßnahmen des Bundes und durch das Verhalten der anderen Mitglieder eingeschränkt wurden.

Mit dem Begriff „Souveränität“ wird in der Regel die höchste und legitime Herrschaftsmacht für ein bestimmtes Gebiet definiert.[41] Die Rechtsordnung des Deutschen Bundes enthielt mit den Bundeskompetenzen und den Bundespflichten jedoch Vorschriften, die geeignet waren, eine solch umfassende Herrschaftsmacht der Gliedstaaten in Frage zu stellen. Es erscheint daher zweifelhaft, ob die Mitglieder des Deutschen Bundes überhaupt so weitreichende Herrschaftsbefugnisse besitzen konnten, wie es die Bezeichnung ihrer Herrscher als „souveraine Fürsten“ vermuten lässt.

Wie bereits bei der Darstellung der Ausgangslage beschrieben, bestand der Hauptzweck des Deutschen Bundes in der Bewahrung der Unabhängigkeit und Unverletzlichkeit seiner Mitglieder sowie in der Erhaltung der inneren und äußeren Sicherheit Deutschlands. Hierzu wurden der Bundesversammlung spätestens durch die Wiener Schlussakte so viele Kompetenzen übertragen, dass sich die Frage aufdrängt, ob die bundesrechtlich verbriefte Souveränität überhaupt (noch) mit der Verfassungsrealität im Deutschen Bund im Einklang stand. Die weitgehend nur rudimentär reglementierten Befugnisse des Bundes werfen folglich bei genauerer Betrachtung eine Reihe von Fragen auf, die bislang noch nicht umfassend beantwortet wurden.

Da die „Bundesgrundgesetze“[42] keinen konkreten Kompetenzkatalog beinhalteten,[43] mussten die Befugnisse des Bundes gegenüber seinen Mitgliedern vornehmlich über den Bundeszweck hergeleitet werden. Der Bund konnte demzufolge in die Rechte seiner Mitglieder eingreifen, wenn die Aufrechterhaltung der Sicherheit und die Bewahrung der Unabhängigkeit der (anderen) Gliedstaaten dies

41 Vgl. Schliesky, Souveränität und Legitimität, S. 125 ff. mit Verweisen auf Gamper, Staat und Verfassung, S. 48; Mäder, Wesen der Souveränität, S. 54; Möller, Fürstenstaat, S. 277.

42 So die häufig verwendete Bezeichnung der Bundesakte und der Wiener Schlussakte, obwohl es sich hierbei nicht um Gesetze im eigentlichen Sinne, sondern vielmehr um völkerrechtliche Verträge handelte; hierzu näher in Kapitel 3.

43 Wie es beispielsweise beim Entwurf des europäischen Verfassungsvertrages vorgesehen war. Der Vertrag über eine Verfassung Europas (nachfolgend „VVE“, abgedruckt im Amtsblatt der Europäischen Union, Nr. C310 vom 16. Dezember 2004) sah entsprechende Kompetenzen in Art. I-12 i. V. m. den jeweiligen Spezialregelungen in Artikel III vor. Der VVE wurde am 29.10.2004 von den Mitgliedern der Europäischen Union unterzeichnet, trat aber bislang nicht in Kraft, da er nicht in allen Mitgliedstaaten ratifiziert wurde (siehe hierzu Möllers, Verfassungsgebende Gewalt, S. 272 ff.).

erforderte.[44] Jeder solche Eingriff in die einzelstaatliche Herrschaftsmacht eines Staates bedeutete jedoch zwangsläufig eine Beschränkung seiner Unabhängigkeit. Dennoch regelte die Bundesakte nicht, wie das daraus resultierende Spannungsverhältnis zu lösen war. Zur Erforschung des Umfangs der Souveränität soll daher im Folgenden untersucht werden, inwieweit der Deutsche Bund das Recht besaß – oder sich dieses zumindest nahm –, die Herrschaftsbefugnisse seiner Mitglieder zu verkürzen, um seinen Sicherheitszweck zu erfüllen.

Nach der Gründung des Bundes wurden verschiedene neue Bundeskompetenzen geschaffen, die potenziell geeignet waren, die Herrschaftsbefugnisse der deutschen Staaten weiter einzuschränken. Neben der Ausgangsfrage nach der Souveränität im Jahr 1815 gilt es daher zu untersuchen, inwieweit sich die Souveränitätsverhältnisse im Zuge der Fortentwicklung des Bundesrechts veränderten.

Dem Bund gehörten kurz nach seiner Gründung neben den beiden Hauptmächten Österreich und Preußen 12 mittelgroße deutsche Königreiche, Kurfürsten- und Großherzogtümer sowie 27 Klein- und Kleinststaaten an.[45] Bereits aufgrund dieser ungleichen Größenverhältnisse erscheint eine einheitliche Bewertung der Souveränität aller Bundesmitglieder kaum möglich. Vor diesem Hintergrund soll ebenfalls der Frage nachgegangen werden, ob überhaupt eine generelle Aussage über die Souveränität aller Gliedstaaten getroffen werden kann. Das Erkenntnisinteresse erstreckt sich mithin auch auf die Beantwortung der Frage, ob und inwieweit der Bund die Herrschaftsmacht der großen, der mittleren und der kleinen Staaten unterschiedlich stark einschränkte.

Zusammenfassend formuliert besteht das vornehmliche Ziel der Untersuchung darin, festzustellen, welche Souveränitätsrechte den deutschen Staaten auch nach

44 Vgl. Huber, Verfassungsgeschichte, Bd. I, S. 597; Kotulla, Verfassungsgeschichte, Rn. 1359.

45 Siehe hierzu: Kotulla, Verfassungsrecht, Bd. I, S. 48: Nach Aufnahme Hessen-Homburgs in den Bund am 7. Juli 1817 setzte sich der Bundesbestand aus dem Kaiserreich Österreich, den Königreichen Preußen, Bayern, Hannover, Sachsen und Württemberg, dem Kurfürstentum Hessen (Kassel), den Großherzogtümern Baden, Hessen-Darmstadt, Luxemburg, Mecklenburg-Schwerin, Mecklenburg-Strelitz, Oldenburg und Sachsen-Weimar-Eisenach, den Herzogtümern Anhalt-Bernburg, Anhalt-Dessau, Anhalt-Köthen, Braunschweig, Holstein-Lauenburg, Nassau, Sachsen-Coburg-Saalfeld, Sachsen-Gotha-Altenburg, Sachsen-Hildburghausen und Sachsen-Meiningen, den Fürstentümern Liechtenstein, Hohenzollern-Hechingen, Hohenzollern-Sigmaringen, Lippe, Reuß-Ebersdorf, Reuß-Greiz, Reuß-Lobenstein, Reuß-Schleiz, Schaumburg-Lippe, Schwarzburg-Rudolstadt, Schwarzburg-Sondershausen und Waldeck, dem Landgrafentum Hessen-Homburg sowie den freien Städten Bremen, Frankfurt, Hamburg und Lübeck zusammen.

der Gründung des Deutschen Bundes noch zustehen sollten und inwieweit die hieraus folgenden Souveränitätsprinzipien bei der Schaffung und Anwendung des Bundesrechts gegenüber den einzelnen Gliedstaaten umgesetzt wurden.

II. Die Untersuchung der rechtlichen Qualität des Deutschen Bundes als Folge der bestehenden Souveränitätsverhältnisse

Die Souveränität der Mitglieder einer Staatenverbindung steht regelmäßig in einem unmittelbaren Zusammenhang zu deren rechtlicher Qualität.[46] Während der Deutsche Bund, dem Wortlaut der Bundesgrundgesetze entsprechend, überwiegend als Zusammenschluss unabhängiger Staaten und damit als Staatenbund qualifiziert wird, wurde insbesondere während seines Bestehens vereinzelt auch die Auffassung vertreten, dass es sich bei diesem um einen Bundesstaat gehandelt habe.[47]

---

46 Siehe zu diesem Zusammenhang Brie, Theorie der Staatenverbindungen, S. 102 ff.; Jellinek, Allgemeine Staatslehre, S. 762 ff.; Jellinek, Staatenverbindungen, S. 293 ff.; Kaufmann, Die europäische Integration, S. 215; Kuschnick, Integration in Staatenverbindungen, S. 66; Laband, Das Staatsrecht des Deutschen Reichs, Bd. I, S. 55; Sempf, Die deutsche Frage, S. 145; Schliesky, Souveränität und Legitimität, S. 473; siehe insbesondere auch unten Kapitel 1 G.I.

47 So kam beispielsweise der deutsche Hofrat und Geschichtsprofessor Arnold Heeren (Der Deutsche Bund im Verhältnis zu dem Europäischen Staatensystem, S. 20) im Jahr 1816 zu folgender Schlussfolgerung: „Der Ausdruck Bund schließt Beydes in sich, sowohl den Begriff des Staatenbundes als eines Bundesstaates; und schon ist gefragt worden: zu welcher von beyden Arten der Deutsche Bund zu rechnen sey. Die Antwort ergibt sich leicht; wir entscheiden klar und bestimmt für die letztere. Die Scheidungslinie zwischen einem Staatenbund und einem Bundesstaat ist nicht schwer zu ziehen. Ein Staatenbund ist eine Verbindung von Staaten auf beschränkte aber auch zuweilen auf unbeschränkte Zeit, ohne einen gemeinsamen politischen Mittelpunct, zu verschiedenartigen Zwecken; ein Bundesstaat hingegen eine Verbindung von Staaten auf beständig zu einem Hauptzweck, dem der Existenz als Staat mit einem gemeinsamen Mittelpunct." Humboldt hingegen erklärte 1816 (zitiert nach Huber, Verfassungsgeschichte, Bd. I, S. 563), „dass der Deutsche Bund [...] ein richtiger Staatenbund ist, der sich aber zur Erreichung seines inneren und äußeren Zwecks durch die Akte bestimmten Beziehungen einer Einheit und einen Zusammenhang gegeben hat, welche ihm in diesen Beziehungen zu einem Bundesstaat machen". Heutige Abgrenzungen zwischen Bundesstaat und Staatenbund sind zu finden bei Dahm/Delbrück/Wolfrum, Völkerrecht, Bd. I/2, S. 198 f.; siehe hierzu auch Beck,

Über die Kategorisierung der Rechtsnatur des Deutschen Bundes bestand demnach im 19. Jahrhundert genauso Uneinigkeit wie heute über diejenige der Europäischen Union.[48] Dennoch wurde bislang die Frage nach dem Wesen des Deutschen Bundes oft mit der pauschalen Aussage abgehandelt, es handele sich hierbei um einen „reinen“[49] Staatenbund souveräner Einzelstaaten.[50]

Um zu klären, inwieweit der Deutsche Bund trotz etwaiger Schranken der Souveränität seiner Mitglieder tatsächlich als ein idealtypischer Staatenbund angesehen werden kann, soll die rechtliche Qualität des Deutschen Bundes durch diese Studie ebenfalls hinterfragt werden.

D. Methodik und Gang der Untersuchung

Wie bereits aufgezeigt, gilt es, den Umfang der Souveränität der Gliedstaaten, den Inhalt des Bundeszwecks und die staatsrechtliche Qualität des Deutschen Bundes zu untersuchen. Der Umfang der Souveränität hängt dabei unmittelbar

---

Sachwörterbuch der Politik, S. 144; Creifelds, Rechtswörterbuch, S. 1264, „Staatenbund“; Schlochauer, GRUR 1957, 213 (214 ff.); Sempf, Die deutsche Frage unter besonderer Berücksichtigung der Konföderationsmodelle, S. 145.

48 Kristoferitsch (Vom Staatenbund zum Bundesstaat, S. 209, Fn. 760 m. w. N.) merkt hierzu richtig an: „Die Einordnung der EU bereitet der Rechtswissenschaft nach wie vor erhebliche Schwierigkeiten“. Siehe auch Böckenförde, Staat, Nation, Europa, S. 118; Koppensteiner, Die Europäische Integration, S. 48 ff. m. w. N.; Oeter, Souveränität als Problem in der europäischen Verfassungsentwicklung, S. 705 f.; Weber, Zur Verfassung der Europäischen Gemeinschaft, S. 328.

49 So zum Beispiel Mayer-Tasch, Politische Theorien des Verfassungsstaats, S. 198: „Auch der Deutsche Bund von 1815 blieb noch reiner Staatenbund.“

50 Im 19. Jahrhundert konstatierte Klüber (Übersicht der diplomatischen Verhandlungen, Erste Abtheilung, S. 124), dass „sie [die Vereinigung der deutschen Staaten] föderativ, mithin völkerrechtlich seyn solle; ein Staatenbund“, und Bluntschli (Staats-Wörterbuch, Bd. II, S. 289) erläuterte: „Die politische Gestalt, die Deutschland durch die Bundesakte vom 8. Juni 1815 erhielt, ist die des Staatenbundes“. Im 20. Jahrhundert wurde hierzu von Stapelfeld (Wirtschaft und Gesellschaft, S. 25) ausgeführt, dass durch die Bundesakte ein „Staatenbund von Einzelstaaten ohne Souveränität“ geschaffen worden sei; wohingegen Siemann (Vom Staatenbund zum Nationalstaat, S. 325) eine solch einseitige Sichtweise kritisierte: „Die Mehrheit der Verfassungshistoriker neigt heute dazu, den Deutschen Bund auf einen bloßen Staatenbund zu reduzieren. [...] Dieses Bild ist zu statisch, denn es verkennt, wie sich der Bund im Laufe der Jahrzehnte immer mehr bundesstaatliche Elemente aneignete, um seine Politik durchzusetzen.“

von den Kompetenzen ab, die dem Bund aufgrund des Bundeszwecks zustanden. Die Beurteilung der Qualität der 1815 geschaffenen Staatenverbindung ergibt sich wiederum aus der Zuordnung der Souveränitätsrechte. Dreh- und Angelpunkt der Untersuchung muss folglich die Souveränität sein.

Vor der eigentlichen Untersuchung wird in Kapitel 1 dargestellt, wie der Begriff der Souveränität seit dem Mittelalter herangezogen wird, um die jeweils bestehenden politischen Machtstrukturen zu legitimieren. Sodann folgt in Kapitel 2 eine Herleitung der Souveränitätsprinzipien, die im Deutschen Bund gelten sollten, anhand der Ereignisse, die zur Gründung des Deutschen Bundes führten, bevor in Kapitel 3 unter Heranziehung des Bundesprimärrechts und in Kapitel 4 am Beispiel der Wehrorganisationsgesetze bewertet wird, inwieweit die Souveränitätsprinzipien im Bundesrecht umgesetzt wurden. Kapitel 5 enthält schließlich eine exemplarische Darstellung der Umsetzung des Bundesrechts gegenüber verschiedenen Staaten unterschiedlicher Größe.

Kapitel 1 („Souveränität als stetig variierendes Attribut der Herrschaftsmacht") erläutert als Einstieg in die Erforschung der Souveränitätsverhältnisse im Deutschen Bund, welche Rechtspositionen in der Regel mit dem Begriff der Souveränität verbunden werden. Hierzu wird die Entwicklung des Souveränitätsbegriffs herangezogen, um dessen zeitübergreifenden Wesensgehalt zu ermitteln. Zum Abschluss des Kapitels werden diejenigen Rechte herausgearbeitet, die Mitglieder einer Staatenverbindung üblicherweise nicht auf diese übertragen dürfen, wenn sie ihre Souveränität nicht verlieren wollen.

Kapitel 2 („Die Souveränitätsprinzipien im Deutschen Bund") stellt dar, welche historischen Entwicklungen dazu führten, dass die deutschen Fürsten in der Bundesakte als „souverain" bezeichnet wurden, und wie sich die Einbindung der Gliedstaaten in den Deutschen Bund generell auf deren Souveränität auswirkte. Zunächst wird hierzu anhand des Pressburger Friedensvertrages, der Rheinbundakte und der Verträge von Ried, Fulda und Frankfurt erläutert, welche Souveränitätsrechte den Fürsten bereits während der napoleonischen Ära und in den Befreiungskriegen zuerkannt wurden. Sodann werden die Hintergründe zur Aufnahme des Wortes „souverain" in die Bundesakte auf dem Wiener Kongress thematisiert. Hierdurch soll aufgezeigt werden, welche Rechte die deutschen Staaten 1815 mit dem Begriff der Souveränität verbanden und demzufolge auch bei der Gründung des Deutschen Bundes einforderten. Der letzte Abschnitt dieses Kapitels behandelt die Souveränitätsbeschränkungen, die generell mit der Gründung des Deutschen Bundes einhergehen mussten, ohne dass der Fokus bereits an dieser Stelle auf konkrete Bundesgesetze oder -maßnahmen gerichtet wird. In diesem Zusammenhang wird dargelegt, welche Einschränkungen der gliedstaatlichen Souveränität sich aufgrund des Bundeszweck ergaben, welche Möglichkeiten die Bundesmitglieder besaßen, die auf den Bund übertragenen Herrschaftsbefugnisse zurückzuerlangen, und welche rechtliche Form der Deutsche Bund nach den Vorstellungen seiner Gründungsväter besitzen sollte.

Kapitel 3 („Die Umsetzung der Souveränitätsprinzipien im Bundesprimärrecht") zeigt auf, inwieweit die auf dem Wiener Kongress für Deutschland beschlossenen Souveränitätsgrundsätze in der Bundesakte und später in der Wiener Schlussakte umgesetzt wurden. Hierzu wird zunächst anhand der Bundesakte dargestellt, ob deren inhaltliche Regelungen überhaupt im Einklang mit den Souveränitätszielen standen, die die Mitglieder des Deutschen Bundes mit dessen Gründung erreichen wollten. Im weiteren Verlauf dieses Kapitels wird aufgezeigt, welche Änderungen das Bundesprimärrecht erfuhr und wie sich diese auf die Souveränität auswirkten. Hierzu werden nicht nur die Regelungen der Wiener Schlussakte, sondern auch die Karlsbader Gesetze als „Quasi-Primärrecht" in chronologischer Reihenfolge begutachtet, um dem engen zeitlichen und programmatischen Zusammenhang beider Regelwerke gerecht zu werden.

Kapitel 4 („Die Umsetzung der Souveränitätsprinzipien am Beispiel der Wehrorganisationsgesetze") greift die Bundeskriegsverfassung und die Regelungen zu den Bundesfestungen auf, um an deren Beispiel zu erläutern, welche Einschränkungen die Souveränität der Bundesmitglieder durch bundesrechtliche Bestimmungen erfuhr, die nicht dem Primärrecht zuzurechnen waren. Die Wehrorganisationsgesetze werden zu diesem Zweck herangezogen, weil der Deutsche Bund eine Staatenverbindung darstellte, die vornehmlich sicherheitspolitische Aufgaben erfüllen sollte. Die militärischen Mitwirkungspflichten der Gliedstaaten können folglich im besonderen Maße demonstrieren, inwieweit die Souveränitätsrechte der Bundesmitglieder eingeschränkt wurden, damit der Bund seinen sicherheitspolitischen Auftrag wahrnehmen konnte.

Kapitel 5 („Die Umsetzung der Souveränitätsprinzipien am Beispiel der Anwendung des Bundeszwangs") soll schließlich aufzeigen, inwieweit sich die Bundeseinflüsse auf verschieden große Staaten unterschiedlich stark auswirkten. Da die Bundesmitglieder (vom Gewicht ihrer Stimme in der Bundesversammlung einmal abgesehen[51]) gemäß Art. 3 BA allesamt die gleichen Rechte besaßen, lassen sich eventuelle Unterschiede des Umfangs ihrer Herrschaftsmacht nicht allein anhand der bundesrechtlichen Gegebenheiten feststellen. Zur Beantwortung der gegenständlichen Frage nach dem Umfang der Souveränität der einzelnen

51 Hierzu näher unten Kapitel 3 A.II.2.

Gliedstaaten muss deshalb auch ein Blick auf die Umsetzung des Bundesrechts gegenüber einzelnen Mitgliedern geworfen werden. Während in den Kapiteln 3 und 4 vornehmlich die Souveränitätsauswirkungen der für alle Bundesmitglieder gleichermaßen geltenden Rechtssätze des Bundes thematisiert werden, wird deshalb in Kapitel 5 durch die exemplarische Darstellung konkreter Bundeszwangsmaßnahmen aufgezeigt, welche souveränitätsrelevanten Rückschlüsse sich aus der zwangsweisen Durchsetzung des Bundesrechts ziehen lassen. Hierdurch soll insbesondere ermittelt werden, wie sich die Größe und Machtstellung eines Gliedstaates auf den Umfang der Souveränitätseinbußen auswirkten, die dieser im Fall einer gegen ihn gerichteten Bundeszwangsmaßnahme erfuhr.

Kapitel 1. Souveränität als stetig variierendes Attribut der Herrschaftsmacht

Durch das gewählte Forschungsthema sollen die Rechtverhältnisse im Deutschen Bund in Bezug auf die Souveränität seiner Mitglieder untersucht werden. Gemäß Art. 1 BA stellte der Deutsche Bund eine Vereinigung der souveränen deutschen Fürsten dar. Die oft nur wenig relativierte Aussage, beim Deutschen Bund habe es sich um einen Staatenbund souveräner Einzelstaaten gehandelt,[52] basiert somit auf dem Wortlaut, der zur Beschreibung des Deutschen Bundes in dessen Gründungsvertrag gewählt wurde. Wie bereits der Titel dieser Arbeit nahelegt, soll nachfolgend die Frage beantwortet werden, ob die Gliedstaaten im Deutschen Bund tatsächlich so frei von bundesrechtlichen Einflüssen waren, wie Art. 1 BA vermuten lassen könnte.

Die Rechte, die mit dem Begriff der Souveränität verbunden werden, verändern sich permanent.[53] Aus diesem Grund stellt „Souveränität" einen normativen Rechtsbegriff dar, der als so „schillernd" und „facettenreich" empfunden wird wie kaum ein anderes Wort in der Staatslehre und des Staatsrechts.[54] Die Ursache für den ständigen Wandel des Souveränitätsbegriffs liegt, wie beispielsweise Aleksandra Lewicki zutreffend erörtert, darin begründet, dass er immer „jeweils die normative Gestaltung [annahm], die erklärende und rechtfertigende Kraft für zeitgenössische Fragen politischer Ordnung bot".[55] Die „theoretische Legitimierung von Herrschaftsgewalt" stellt mithin einerseits einen „zeitübergreifenden gemeinsamen Nenner" der Souveränität dar,[56] erschwert andererseits aber auch

52 Kuschnick (Integration in Staatenverbindungen, S. 15) stellt hierzu fest: „Statt eines einheitlichen deutschen Staates entstand der Deutsche Bund als ein lose gefügter Staatenbund". Nipperdey (Deutsche Geschichte 1800–1866, S. 355) beginnt seine Ausführungen zum Deutschen Bund mit den Worten: „Auf dem Wiener Kongress war Deutschland als Staatenbund der souveränen Einzelstaaten, als Deutscher Bund eben, organisiert worden", und Stapelfeld (Wirtschaft und Gesellschaft, S. 25) beschreibt den Deutschen Bund als einen „Staatenbund von Einzelstaaten ohne Souveränität".

53 Siehe Schliesky, Souveränität und Legitimität, S. 59 ff.

54 Schliesky, Souveränität und Legitimität, S. 57, mit Verweis auf entsprechende Beschreibungen bei Hillgruber, Souveränität – Verteidigung eines Rechtsbegriffs, S. 1073; Maurer, Staatsrecht, § 1 Rn. 9.

55 Lewicki, Souveränität im Wandel, S. 120.

56 Klippel, Brunner/Conze/Koselleck, Geschichtliche Grundbegriffe, Bd. VI, S. 104.

eine zeitübergreifende Bestimmung der Rechte, die vom Begriff der Souveränität umfasst werden.[57]

Folglich gilt es zunächst, das generelle Souveränitätsverständnis des 19. Jahrhunderts zu begreifen, bevor im Rahmen von rechtshistorischen Untersuchungen der Frage nachgegangen werden kann, welchen Inhalt der Souveränitätsbegriff hatte, der den Rechtsvorschriften des Deutschen Bundes zugrunde gelegt wurde.

A. Der Ursprung des Souveränitätsbegriffs

Die wörtliche Bedeutung von Souveränität wird in Lexika mit „unumschränkter Macht", „Unverantwortlichkeit", „Selbstherrschaft", „höchster Herrschaftsgewalt eines Staates", „Hoheitsgewalt", „Unabhängigkeit" und „Überlegenheit" wiedergegeben.[58] Etymologisch entstammt der Begriff dem lateinischen „super", „superus", „superioritas", „superanus", was mit „zuhöchst" übersetzt werden kann.[59] Der französische Begriff „souveraineté" bedeutet so viel wie „höchste Gewalt" oder „Herrschaft" bzw. „Staatsgewalt" oder „Staatshoheit".[60]

Die Begriffe „soverain", „soveraineté" oder „sovrainetez" tauchten erstmals im 12. Jahrhundert auf.[61] Anfangs gebrauchte man sie in religiösen Texten für Gott, welcher als „le souverain père" bezeichnet wurde.[62] Das Adjektiv „souverain" und das Substantiv „souveraineté" dienten seit dem frühen 13. Jahrhundert in Frankreich zur Kennzeichnung von Herrschaftspositionen.[63] Der Terminus „souverain" wurde damals für Vorgesetzte verschiedener Hierachieebenen verwendet,[64] insbesondere für Personen, die einen „Rechtsstreit letztinstanzlich beenden konnten".[65] Demzufolge galt die Bezeichnung „souverain" ursprünglich nicht allein Königen,

57 Siehe zur Schwierigkeit einer einheitlichen Definition Dreier, Ort der Souveränität, S. 16; Imboden, Souveränitätslehre, S. 20.

58 Duden, Fremdwörterbuch, S. 731; Grimm/Grimm, Souveränität, S. 1822; Posener, Rechtslexikon, Souveränität, S. 526.

59 Dagtoglou, Evangelisches Staatslexikon, Bd. II, S. 2320 ff.; siehe auch Gamillscheg, Etymologisches Wörterbuch, S. 82.

60 Gamillscheg, Etymologisches Wörterbuch, S. 821.

61 Vgl. Tobler, Altfranzösisches Wörterbuch, Bd. IX, Art. Soveraineté, Sp. 1032.

62 Cordes, Handwörterbuch zur Rechtsgeschichte, S. 1714.

63 Entsprechend Quaritsch (Souveränität, Entstehung und Entwicklung des Begriffs, S. 13), der diesbezüglich resümierte: „Seit dem 13. Jh. werden Substantiv und Adjektiv mit Herrschaftspositionen verbunden."

64 Klippel, in: Brunner/Conze/Koselleck, Geschichtliche Grundbegriffe, Bd. VI, S. 100.

65 Quarisch, Gegenstand und Begriffe der Verfassungsgeschichtsschreibung, S. 36.

sondern auch untergeordneten Fürsten. Das im Mittelalter herrschende Lehnswesen prägte die weitere Entwicklung des Souveränitätsbegriffs. Da der König an der Spitze der lehnsrechtlichen Hierarchie stand, war er der „souverains par dessus tous“.[66] Gleichzeitig gestand man weiterhin auch „anderen Mitgliedern der Lehnspyramide“ das Attribut „souverain“ zu.[67]

Das Wort „souverain“ beschrieb demzufolge ursprünglich die Beziehung zwischen mehreren Personen verschiedener Hierarchieebenen, nicht aber zwingend die erhabene Stellung des Königs und seiner Befugnisse. Hierfür wurden vielmehr Begriffe wie „autorité“, „majestez“ oder „poesté“ verwendet.[68]

B. Konkretisierung des Souveränitätsbegriffs durch Bodin

Die Verwendung des Souveränitätsbegriffs änderte sich vielerorts mit Jean Bodins 1576 erschienenem Werk *Six livres de la République*, den Sechs Büchern über den Staat.[69] Bodin schrieb dieses Buch in einer Zeit voller Gewalt, Unruhen und Bürgerkriege, in der sich die Bevölkerung nach Ruhe und Normalität sehnte.[70] Da dieser Zustand nach Ansicht Bodins am ehesten durch einen alleinherrschenden Monarchen zu erreichen war, hielt er es für unabdingbar, dass das Gemeinwesen von einer absoluten und unteilbaren Gewalt gelenkt wird, die er mit dem Begriff „souverain“ beschrieb.[71] Bodins Definition von Souveränität lautete dementsprechend: „La souveraineté est la puissance absolue et perpétuelle“.[72] Bodin machte

66 Quarisch, Souveränität, Entstehung und Entwicklung des Begriffs, S. 13; Klippel (Brunner/Conze/Kosselleck, Geschichtliche Grundbegriffe, Bd. VI, S. 101) verweist darauf, dass Beaumanoir (Coutumes de Beauvaisis, S. 23 f.) die Spitzenstellung des Königs im Königreich im Jahr 1280/83 mit dem Begriff „souveraineté“ beschrieb.

67 Klippel, in: Brunner/Conze/Koselleck, Geschichtliche Grundbegriffe, Bd. VI, S. 100.

68 Siehe Klippel, in: Brunner/Conze/Koselleck, Geschichtliche Grundbegriffe, Bd. VI, S. 102, mit Verweis auf David, Souveraineté, S. 279 ff.

69 Bodin wurde 1529 in Frankreich geboren. Er gab dem Begriff der Souveränität in der Staatswissenschaft eine völlig neue Bedeutung. Ausführlich zu Bodins Souveränitätsbegriff: Mayer-Tasch, Jean Bodin, S. 23 ff.

70 Siehe hierzu Schliesky, Souveränität und Legitimität, S. 73.

71 Siehe Böckenförde, Die Entstehung des Staates, S. 101.

72 Bodin, Six livres de la république, Bd. I, S. 180; übersetzt in Bodin [Wimmer], Sechs Bücher über den Staat, Bd. I, S. 179: „Die Souveränität ist die absolute und immerwährende Macht“.

hierdurch den Begriff der Souveränität zum Synonym für eine Herrschaftsposition, die weder teilbar war, noch durch eine irdische Gewalt oder durch menschliche Rechtssätze begrenzt werden konnte.[73]

Wichtigstes Merkmal der Souveränität war für Bodin die Gesetzgebungskompetenz, die für ihn das ultimative Mittel der Herrschaftsausübung darstellte.[74] Daneben bewertete er auch die Währungs- und Finanzhoheit und den militärischen Oberbefehl als zentrale Elemente der Souveränität.[75] Die Herrschaftsmacht des Königs kann daher laut Bodin nur dann als „souverain" bezeichnet werden, wenn sie allein durch die göttliche Macht und die grundlegenden Gesetze des Königreiches beschränkt wird.[76]

Bodin definierte folglich einen Souveränitätsbegriff, der auf die königliche Herrschaftsgewalt bezogen und somit fest mit einer bestimmten Person verknüpft war. Gleichzeitig war es für ihn unerlässlich, dass die souveräne Herrschaftsposition von keiner anderen Gewalt im Staat abhing und allenfalls vertraglich, also freiwillig, beschränkt wurde.[77] Bodin definierte Souveränität demzufolge als eine personenbezogene, absolute und unteilbare Machtposition.

---

73 Schliesky (Souveränität und Legitimität, S. 74) erläutert Bodins Souveränitätsdefinition (diese nach Bodin (Wimmer), Sechs Bücher über den Staat, Bd. I, S. 124) wie folgt: „Die Definition von ‚absolut' und ‚dauernd' erfolgt anhand einer negativen Abgrenzung: Die Souveränität wird weder durch irgendeine andere Gewalt, durch menschliche Rechtssätze, noch durch eine Frist begrenzt." Siehe hierzu auch Jellinek, Allgemeine Staatslehre, S. 453 ff.

74 Bodin (Six livres de la république, Bd. I, S. 223) beschreibt die Rechte, die sich aus der Gesetzgebungskompetenz ergeben, mit den Worten: „Sous ceste mesme puissance de donner et casser la loy sont compris tous les autres droits et marques de souveraineté"; weshalb die Gesetzgebungskompetenz generell (wie zum Beispiel bei Klippel, Brunner/Conze/Koselleck, Geschichtliche Grundbegriffe, Bd. VI, S. 108) als Kern der bodinschen Souveränitätsvorstellung angesehen wird: „die Rolle der Gesetzgebungskompetenz als Oberbegriff für alle anderen Kompetenzen des Souveräns [vermittelt] dem Souveränitätsbegriff Bodins ein rational-dynamisches Element, […] auf dem dann die Gesetzgebungsprojekte der aufgeklärten Absolutisten beruhen".

75 Müller (Bundesstiftung, S. 83) beschreibt diese wesentlichen Elemente der bodinschen Souveränität wie folgt: „Absolute und dauernde Gewalt umfasst nach Bodin neben der Gerichts- und Finanzhoheit des Herrschers das Recht, Gesetze für alle zu erlassen und über Krieg und Frieden zu entscheiden." Die diesbezüglichen Ausführungen in der Primärliteratur sind zu finden bei Bodin, Six livres de la république, Bd. I, Kap. 10.

76 Siehe Bodin, Six livres de la république, Bd. I, S. 152; Bd. V, S. 802 ff.

77 Müller (Bundesstiftung, S. 83) resümiert dies wie folgt: „Die Ausübung der Souveränität ist demzufolge bei Bodin religiös und naturrechtlich eingeschränkt."

C. Entwicklung des Souveränitätsbegriffs in Deutschland

Die von Bodin zur Souveränität entwickelten Theorien waren auf die Verhältnisse in Deutschland kaum anwendbar, da das HRRdN mit dem Kaiser zwar ein Oberhaupt besaß, die Reichsstände in ihren Territorien aber eine weitgehend reichsunabhängige Politik betreiben konnten.[78]

I. Das mittelalterliche und frühneuzeitliche Deutschland

Bereits seit der Frühphase des HRRdN benötigte der Kaiser die Reichsstände zur Legitimation seiner Macht und zur Ausübung wesentlicher Regierungsgeschäfte.[79] Im Mittelalter hatte sich zunächst die Wahl des Kaisers durch die Kurfürsten gewohnheitsrechtlich etabliert.[80] Dieses Gewohnheitsrecht wurde durch die Goldene Bulle im Jahr 1356 schließlich reichsgrundgesetzlich verankert,[81] was dazu führte, dass sich die Territorialgewalten immer stärker herausbilden konnten.[82]

Auf dem Wormser Reichstag im Jahre 1495 billigten die Fürsten dem Kaiser die Einführung einer einheitlichen Steuer zu und bewilligten zudem 50.000 Gulden als sogenannte „Türkenhilfe“, die dazu dienen sollte, die Grenze gegen das Osmanische Reich zu sichern.[83] Im Gegenzug erhielten die Kurfürsten eine stärkere Beteiligung an den „laufenden Reichsgeschäften“.[84] Die daraus resultierenden Rechtsverhältnisse lassen sich gut am Beispiel des Reichsregiments darstellen, obwohl dieses selbst nur während einer kurzen Phase von 1495 bis 1531 bestand. In dieser Zeit oblagen die Regierungsgeschäfte dem Reichsregiment, dessen Ehrenvorsitz

78 Siehe zum HRRdN: Aretin, Das Alte Reich 1648–1806; Duchhardt, Deutsche Verfassungsgeschichte 1495–1806; Köbler, Historisches Lexikon der deutschen Länder; Die deutschen Geschichte vom Mittelalter bis zur Gegenwart; Kotulla, Verfassungsgeschichte, Rn. 13–1152.

79 Vgl. Duchhardt, Deutsche Verfassungsgeschichte, S. 13 ff.

80 Vgl. Stolleis, Geschichte des öffentlichen Rechts, Bd. I, S. 184, Fn. 337.

81 Deutsche Übersetzung des Textes der Deutschen Bulle bei Altmann, Goldene Bulle, S. 107 ff.

82 Siehe zu diesem stetigen Prozess Bookmann, Geschichte des Mittelalters, S. 99 ff.; Schmidt, Geschichte des Alten Reiches, S. 9 ff.; Stern, Staatsrecht, S. 73 ff.

83 Hartz, Die Gesetzgebung des Reichs, S. 19; siehe zum Wormser Reichstag auch Kotulla, Verfassungsgeschichte, Rn. 54 ff.

84 Willoweit, Deutsche Verfassungsgeschichte, S. 99.

dem Kaiser gebührte, das aber ansonsten mit Kurfürsten, Fürsten und weiteren Reichsunmittelbaren besetzt war.[85] Im Reichsregiment spiegelten sich mithin die Machtverhältnisse des HRRdN wider: Nur das Zusammenwirken von Kaiser und Kurfürsten ließ eine uneingeschränkte Herrschaftsposition entstehen.[86] Da der Kaiser das Reich ab dieser Zeit kaum noch ohne die Mitwirkung der Reichsstände führen konnte, ist der diesbezüglichen Einschätzung Schlieskys zuzustimmen, dass die Reichsreform von 1495 zu „verfassungsrechtlich dokumentierten Machteinbußen des Kaisers" geführt habe.[87]

An den Mitwirkungsrechten der Reichsstände änderte sich auch nach Auflösung des Reichsregiments kaum etwas. Die Herrschaftsgewalt im HRRdN übten weiterhin der Kaiser und die Fürsten teilweise gemeinsam nebeneinander, teilweise aber auch gegeneinander aus. Eine verfassungsrechtlich verbindliche Konzeption der Verteilung von Herrschaftsgewalt bestand zu dieser Zeit noch nicht.[88]

Auch wenn die mittelalterlichen und frühneuzeitlichen Verhältnisse im HRRdN nicht zum Gegenstand umfassender zeitgenössischer Abhandlungen über die Souveränität von Kaiser und Reichsständen gemacht wurden,[89] erkannte man dennoch die komplexen Beziehungen, die jeweils zur Ausübung der Herrschaftsgewalt notwendig waren.[90] Losgelöst von souveränitätstheoretischen Erwägungen nahm in Deutschland der Einfluss der Reichsstände gegenüber dem Kaiser immer weiter zu. Die Notwendigkeit der rechtlichen Legitimation der kaiserlichen Macht durch die Kurfürsten führte letztendlich dazu, dass Kaiser und Fürsten ihre Herrschaftsmacht nicht mehr ohne den anderen Part uneingeschränkt wahrnehmen konnten. Obwohl Bodins Forschungen bereits seit dem Ende des 16. Jahrhunderts immer wieder herangezogen wurden, um auch in Deutschland die Grundlagen für die dogmatische Herleitung eines „Reichsstaatsrechts" zu schaffen,[91] lässt sich der

85 Siehe zum Reichsregiment Kraus, Reichsregiment, S. 10 ff.

86 Vgl. Schliesky, Souveränität und Legitimität, S. 67 ff.

87 Schliesky, Souveränität und Legitimität, S. 67, mit Verweisen auf Krieger, Reichsreform im Spätmittelalter, S. 46 f.; Schmidt, Geschichte des Alten Reiches, S. 39.

88 Vgl. Moraw, Der Staat 1998, S. 7 (24).

89 Siehe jedoch über das Aufgreifen der Forschungen Bodins in Deutschland gegen Ende des 16. Jahrhunderts Stolleis, Geschichte des öffentlichen Rechts, Bd. I, S. 175 f.

90 Quaritsch (Staat und Souveränität, S. 511) merkt hierzu an: „Die Systemprinzipien des souveränen Staates sind im 17. und 18. Jahrhundert nur in einzelnen [...] Fällen [...] und nicht immer voll realisiert worden."; hierzu auch Heydte, Geburtsstunde des souveränen Staates, S. 98.

91 Stolleis, Geschichte des öffentlichen Rechts, Bd. I, S. 175, mit diesbezüglichen Verweisen u. a. auf Hoke (Bodins Einfluss auf die Anfänge der Dogmatik des deutschen

bodinsche Begriff der Souveränität auf keine Person im HRRdN anwenden, da niemand eine solche absolute und ungeteilte Machtposition innehatte.

II. Deutschland nach dem Westfälischen Frieden

Durch den Westfälischen Frieden, der den Dreißigjährigen Krieg am 24. Oktober 1648 beendete, wurde für das HRRdN ein „Grundgesetz“ geschaffen, das erstmals in der deutschen Geschichte das bestehende System gemeinsamer Herrschaftsausübung fixierte.[92] Dabei begründeten die Friedensverträge keinen umfassenden Wandel der Verfassungsordnung des Deutschen Reiches. Sie schrieben vielmehr nur die faktisch bereits vollzogenen Veränderungen in der verfassungsrechtlichen Entwicklung fest, um den Status quo zu konservieren.[93]

Die Friedensverträge festigten die bisherigen Vorrechte der Reichsstände. Art. VIII § 1 IPO[94] sicherte ihnen hierzu neben ihren „alten Rechten, Vorrechten, Freiheiten [und] Privilegien“ auch das „ius territoriale“, die Landeshoheit im eigenen Territorium, zu. Die Friedensverträge definierten allerdings nicht die Rechte, die von der Landeshoheit umfasst werden sollten. Deshalb konnten diese nur anhand der tatsächlichen Verteilung der Herrschaftsmacht im HRRdN ermittelt werden. Bernd Kremer bringt die mit der Landeshoheit verbundenen Rechte zutreffend auf den Punkt, indem er feststellt, dass die Landeshoheit die Gesamtheit derjenigen Rechte beschrieb, die den Landesherren im eigenen Territorium zustanden.[95] Kremer führt hierzu mit Verweis auf Johann Püttner[96] und Friedrich Carl von Moser[97] aus, dass mit der Landeshoheit ein umfassender Herrschaftsbegriff

Reichsstaatsrechts, in: Denzer (Hrsg.), Jean Bodin, 1973, S. 315–332). Quaritsch (Staat und Souveränität, S. 473) verweist darauf, dass zumindest die Reichpublizisten in eine Sackgasse geraten mussten, die zur Transformation der Lehren Bodins „maiestras realis“ von „maiestas personalis“ unterscheiden wollten.

92 Vgl. Böckenförde, Der Staat 1969, S. 449 (453); Wyduckel, Rechtstheorie 1998, Sonderheft Westfälischer Frieden, S. 211 (226).

93 Schliesky (Souveränität und Legitimität, S. 87) beschreibt dies so: „Der Westfälische Frieden begründet keine neue Verfassungsordnung im Sinne einer Wendemarke. Vielmehr werden die verfassungsrechtlichen Entwicklungen und Erfahrungen des vergangenen Jahrhunderts mit der Absicht einer Bewahrung des status quo ante festgeschrieben“.

94 Instrumentum Pacis Osnabrugensis („IPO“), abgedruckt bei Hoffmann, Quellen zum Verfassungsorganismus, S. 169–195.

95 Vgl. Kremer, Der Westfälische Friede, S. 228 ff.

96 Püttner, Beyträge zum teutschen Staats- und Fürstenrechte, Th. 1, XIX.

97 Moser, Von der Landeshoheit im Geistlichen, S. 61.

verbunden wurde, der einerseits „alles, was die Wohlfahrt eines Staates erfordert“,[98] umfasste, der aber eben wegen der „Ein- und Unterordnung der Territorien in das Reichsganze“ dennoch einer Begrenzung bedurfte.[99] Mit der Landeshoheit war somit eine Rechtsposition entstanden, die einerseits eigenständige Rechte der Reichsstände begründete, andererseits aber auch von der noch immer bestehenden Reichstreue geprägt war.

Die Regelungen in Art. VIII § 1 IPO bedeuteten für den Kaiser mithin weitere Machteinbußen.[100] Außerdem wurde den Reichsständen durch Art. VII § 2 Abs. 1 IPO reichsgesetzlich das „Stimmrecht bei allen Beratungen über Reichsgeschäfte“ garantiert. Dieses Teilnahmerecht an den Reichsangelegenheiten erhob den Reichstag, die Vertretung der Stände, zum zentralen Regierungsorgan. Der Westfälische Frieden schrieb demzufolge fest, dass neben dem Kaiser auch die Stände Träger der reichspolitischen Entscheidungen waren und bleiben sollten.[101]

Der Westfälische Frieden stellte keine komplette Neuordnung der Verhältnisse im Reich dar. Obwohl den Reichsständen das „ius territoriale“ versprochen worden war, konnte dieses Recht nicht als eine uneingeschränkte Herrschaftsposition verstanden werden. Den Landesherren wurde vielmehr nur zugesichert, innerhalb ihres eigenen Territoriums regieren zu können. Zumindest durch die Herrschaftsrechte des Kaisers, die sich aus Art. XVII §§ 7, 8 IPO ergaben, konnte die Landeshoheit zur Wahrung des Friedens jedoch durchbrochen werden. Der Westfälische Frieden garantierte folglich den Fortbestand des Reiches, blockierte gleichzeitig jedoch auch „dessen Staatswerdung“.[102]

III. Versuche zur Anpassung des Souveränitätsbegriffs

An den Verhältnissen im HRRdN und den Bestimmungen des Westfälischen Friedens ist zu erkennen, dass die von Bodin beschriebene Souveränität nicht auf die

98 Kremer, Der Westfälische Friede, S. 229, mit Zitat nach Püttner, Beyträge zum teutschen Staats- und Fürstenrechte, Th. 1, XIX, S. 320.

99 Kremer, Der Westfälische Friede, S. 229.

100 Schmidt (Westfälische Frieden, S. 50) beschreibt die Ergebnisse des Westfälischen Friedens beispielsweise als ein System der „doppelten Staatlichkeit“; siehe zu den Rechten von Kaiser und Fürsten auch Böckenförde, Der Staat 1969, S. 449 (454).

101 Siehe Müller, Der Regensburger Reichstag, S. 22.

102 Schmidt, Westfälische Frieden, S. 71.

Verhältnisse in Deutschland anwendbar war.[103] Weder der Kaiser noch die Reichsstände besaßen in Deutschland die Machtfülle, die Bodin mit dem Begriff der Souveränität verband. Insbesondere bedurften beide Parteien im Reichstag der Mitwirkung der jeweils anderen Seite, um neue Reichsgesetze beschließen zu können. Gerade die Gesetzgebungsbefugnis stellte für Bodin aber das wesentliche Element der Souveränität dar.

Während in der Zeit nach dem Westfälischen Frieden in den meisten Ländern Europas absolutistische Strukturen entstanden, fehlte es im HRRdN an einer ausreichend starken Zentralmacht für einen entsprechenden Reichsabsolutismus,[104] obgleich es unter Karl V. bereits im 16. Jahrhundert entsprechende Tendenzen gegeben hatte.[105] Aus diesem Grund bildete sich der Absolutismus nicht auf Reichsebene, sondern allenfalls in den einzelnen Territorien heraus.[106] Dies nahmen viele Reichsstände zum Anlass, ihre neu erlangte Größe und Macht auch souveränitätstheoretisch untermauern zu lassen.[107] Infolgedessen entstanden auch in Deutschland verschiedene Theorien zur Zuordnung der Souveränität, die man über die Rechtsnatur des Reiches zu klären versuchte. Bekannte zeitgenössische Publizisten zu diesem Thema waren unter anderem Samuel von Pufendorf im 17. Jahrhundert und Johann Stephan Püttner im 18. Jahrhundert.[108]

Obwohl der strukturelle Unterschied zwischen dem föderalen Deutschen Reich und dem unitaristischen Frankreich kaum größer hätte sein können, wollte Pufendorf für Deutschland eine Souveränitätskonzeption entwickeln, die auf den

---

103 Schmidt (Westfälische Frieden, S. 49) merkt hierzu beispielsweise sogar an: „Doch bereits die von Jean Bodin an den französischen Verhältnissen entwickelte Kategorie Souveränität sperrt sich – wie auch immer modifiziert – gegen eine Übertragung auf die Verfassungsverhältnisse im Reich."

104 Siehe zum europäischen Absolutismus generell Anderson, Perry, Die Entstehung des absolutistischen Staates, Frankfurt 1979; Kunisch, Johannes, Absolutismus – europäische Geschichte vom Westfälischen Frieden bis zur Krise des Ancien Régime, 2. Auflage, Göttingen 1999; zum Absolutismus in Frankreich: Cosandey, Fanny/Descimon, Robert, L'absolutisme en France – Histoire et historiographie (Points Seuil; Bd. 313) Edition du Seuil, Paris 2002.

105 Vgl. Winkelbauer, Ständefreiheit und Fürstenmacht, S. 317.

106 Vgl. Link, Die Bedeutung des Westfälischen Friedens, S. 1 (8).

107 Siehe zu diesem Thema insbesondere Wyduckel, Rechtstheorie 1998, Sonderheft Westfälischer Frieden, S. 211 (231).

108 Über Pufendorf allgemein: Denzer, Verfassung des Deutschen Reiches, S. 281 ff.; über Püttner: Link, Staatsdenker des 17. und 18. Jahrhunderts, S. 310 ff.; wichtigstes Werk Püttners zur Rechtsnatur des Reiches: Beyträge zum Teutschen Staats- und Fürsten-Rechte.

Theorien Bodins basierte.[109] Für Pufendorf war, ebenso wie für Bodin, eine ungeteilte und unabhängige Herrschaftsmacht ein wesentliches Kriterium der Souveränität. Gleichzeitig erkannte er an, dass Souveränität im Rahmen der Funktionsteilung durch verschiedene Organe gemeinsam ausgeübt werden konnte, solange die Herrschaftsmacht an sich ungeteilt blieb.[110] Da die gemeinsame Ausübung der Herrschaftsmacht in Deutschland über eine bloße Funktionsteilung deutlich hinausging und die Herrschaftsgewalt somit nicht in einer Person konzentriert war, stellte das Deutsche Reich für Pufendorf ein „Monstrum" dar, das nur als irreguläres Staatsgebilde eingeordnet werden könne.[111]

Letztlich verbarg sich hinter Pufendorfs Einschätzung das Eingeständnis, den eigentlichen Rechtscharakter des Reiches nicht überzeugend erklären zu können. Da im HRRdN des 17. Jahrhunderts die Herrschaftsgewalt gemeinsam von Kaiser und Ständen ausgeübt wurde, konnte nach Pufendorfs Vorstellungen weder dem Kaiser noch den Reichsständen Souveränität attestiert werden. Ganz Deutschland wäre danach ein souveränitätsentkleideter Raum gewesen.

In der Mitte des 18. Jahrhunderts formte Johan Stephan Püttner die Theorie einer gemeinsamen Souveränität von Kaiser und Reichsständen. Nach seinen Vorstellungen behielt der Kaiser weiterhin die althergebrachten Reservatsrechte, wohingegen den Reichsständen alle neuen Herrschaftsrechte zustehen sollten.[112] Nach den Vorstellungen Püttners lag damit der Großteil der Macht, die „plenitudo potestatis",[113] bei den einzelnen Fürsten. Trotzdem sollte auch der Kaiser eine wesentliche Herrschaftsposition beanspruchen dürfen, sodass nach der Vorstellung Püttners eine höchste und absolute Reichsgewalt erst durch Addition der fürstlichen und der kaiserlichen Macht entstehen konnte.[114] Püttner schuf damit einen Souveränitätsbegriff, der nicht mehr unmittelbar an eine einzelne Person gebunden war, sondern ein Zusammenwirken mehrerer Herrschaftsebenen im Wege der Kompetenzverteilung zuließ. Die Theorien Püttners wurden allerdings nur vereinzelt aufgegriffen, wie beispielsweise vom Rechtsprofessor Johan Christian Majer, der in seinem 1800 erschienenen Werk *Teutsche Staatskonstitution* die Auffassung vertrat, dass sich durch den Westfälischen Frieden die „Reichs- und Landeshoheit verzweyfacht" habe.[115]

---

109 Siehe hierzu Pufendorf, De Statu Imperii Germanici, VI, § 4; Behme, Naturrecht und Staat, S. 131.

110 Siehe Behme, Naturrecht und Staat, S. 146.

111 Pufendorf, De Statu Imperii Germanici, S. 94.

112 Siehe Püttner, Beyträge zum Teutschen Staats- und Fürsten-Rechte, S. 190 ff.

113 Püttner, Beyträge zum Teutschen Staats- und Fürsten-Rechte, S. 320.

114 Siehe Püttner, Beyträge zum Teutschen Staats- und Fürsten-Rechte, S. 320 ff.

115 Majer, Teutsche Staatskonstitution, Bd. I, S. 26.

Obwohl durch eine solche Verdoppelung der Hoheitsrechte die Situation im Reich hätte beschrieben werden können, verhinderte das absolutistische Machtstreben der Reichsstände, dass sich Püttners Theorien im Reich durchsetzen konnten.[116] Die deutschen Fürsten zogen stattdessen nach wie vor lieber die Theorien Bodins heran, um auf dieser Basis ihre angestrebte Distanzierung vom Reichsverband rechtstheoretisch zu untermauern.[117] Aus diesem Grund bedienten sie sich zur Beschreibung ihrer Landeshoheit zunehmend des Begriffs der Souveränität.[118]

IV. Fazit

Anhand der Entwicklungsgeschichte des Souveränitätsbegriffs ist zu erkennen, dass dieser seit jeher eine hervorragende Rechtsposition beschreibt, die grundsätzlich nicht durch andere Herrschaftsmächte beschränkt werden konnte. Ursprünglich wurde die Rechtsprechungsbefugnis zur Bewertung von Souveränität herangezogen. Seit den Zeiten Bodins dient hierzu in erster Linie die Rechtsetzungsbefugnis. Um Souveränität besitzen zu können, war demzufolge eine Legislativgewalt erforderlich, die allenfalls durch grundlegende Gesetze oder zwischenstaatliche Verträge eingeschränkt werden durfte.

Während in Frankreich diese Rechtsetzungsbefugnis dem König oblag, wurde sie in Deutschland immer mehr gemeinsam von Kaiser und den Reichsständen ausgeübt.[119] Da somit weder Kaiser noch Reichsstände für sich genommen eine uneingeschränkte Machtfülle besaßen, waren die Theorien Bodins nicht auf die Verhältnisse in Deutschland übertragbar. Spätestens seit dem Westfälischen Frieden war die Herrschaftsbefugnis in Deutschland vielmehr, wie Schliesky prägnant ausführt, „institutionell auf mehrere Schultern verteilt".[120]

Der Begriff der Souveränität hätte somit für Deutschland eigentlich neu definiert werden müssen. Eine umfassende Neudefinition blieb allerdings aus. Stattdessen erlangten die einzelnen Territorialgewalten eine immer stärkere und zunehmend reichsunabhängige Herrschaftsposition. Obwohl das Reich damit noch immer zur Ausübung der Herrschaftsgewalt notwendig und berufen war, wuchs

116 Siehe Wyduckel, Rechtstheorie 1998, Sonderheft Westfälischer Frieden, S. 211 (231).

117 Vgl. Willoweit, Deutsche Verfassungsgeschichte, S. 200; siehe auch Schliesky, Souveränität und Legitimität, S. 89 ff.

118 Siehe hierzu: Fassbender, Der offene Bundesstaat, S. 164 f.; Steiger, ZaÖRV 1999, S. 609 (614).

119 Siehe Schliesky, Souveränität und Legitimität, S. 88 ff.

120 Schliesky, Souveränität und Legitimität, S. 90.

gleichzeitig die Herrschaftsmacht der Reichsstände in ihren Territorien. Bis zum Untergang des HRRdN gab es demzufolge in Deutschland keine Souveränität im Sinne Bodins. Trotzdem interpretierten die deutschen Fürsten die ihnen zugesicherte Landeshoheit zunehmend als Souveränität, um hierdurch die eigene Position im Reich zu stärken.

D. Der Inhaber der Souveränität im 19. Jahrhundert

Wie bereits der Titel dieser Studie zeigt, soll die Souveränität der Gliedstaaten des Deutschen Bundes untersucht werden. Dies setzt voraus, dass der zeitgenössische Souveränitätsbegriff beim Staat – und nicht etwa bei dessen Fürsten – anknüpft. Heutzutage sind die Begriffe „Staat“ und „Souveränität“ so eng miteinander verbunden,[121] dass es selbstverständlich erscheint, den Begriff der Souveränität zur Beschreibung der Staatsgewalt und damit auch des Staates heranzuziehen.[122] Diese obligatorische Wechselbeziehung hat es aber nicht immer gegeben. Wie die Entwicklungsgeschichte des Souveränitätsbegriffs zeigt, wurden noch in der Spätphase des HRRdN praktisch ausschließlich natürliche Personen mit dem Attribut „souverän“ versehen. Auch als der alte Reichskörper, der den einzelnen Reichsständen zur Erlangung einer uneingeschränkten Herrschaftsposition noch im Wege stand, im Jahre 1806 aufgelöst wurde,[123] war diese Souveränitätsproblematik keinesfalls gelöst; sie wurde nur von der Ebene des Reiches auf die Ebene der einzelnen Territorien bzw. der gerade entstehenden Staaten verlagert.

In vielen deutschen Gebieten wurden Verfassungen erlassen, durch die die Landstände Mitwirkungsrechte bei der Gesetzgebung erhielten.[124] Mit der Gründung des

---

121 Quaritsch (Staat und Souveränität, S. 506) beschreibt (wenn auch kritisch) die Beziehung, in der Staat und Souveränität gesetzt werden, wie folgt: „Um die Verfassungsstruktur des modernen Staates aufscheinen zu lassen, wurde ein rechtliches Kriterium gewählt: die Souveränität.“ Siehe zur Verknüpfung von Souveränität und Staatlichkeit auch Doehring, Allgemeine Staatslehre, Rn. 271; Hobe, Der offene Verfassungsstaat, S. 93 ff.; Krüger, Allgemeine Staatslehre, S. 852 ff.; Singer, Nationalstaat und Souveränität, S. 28 ff.; Zipellius, Allgemeine Staatslehre, S. 70; kritisch hierzu: Schliesky, Souveränität und Legitimität, S. 311 ff.

122 Vgl. Schliesky, Souveränität und Legitimität, S. 58 m. w. N.

123 Dazu näher unten Kapitel 2 A.

124 Die landständischen Verfassungen der Gliedstaaten des Deutschen Bundes sind abgedruckt bei Kotulla, Verfassungsrecht, jeweils bei dem Staat, den sie konstituierten. Eine Übersicht zu den landständischen Verfassungen findet sich bei Huber, Verfassungsgeschichte, Bd. I, S. 656 ff.; siehe hierzu auch Krüger, Landständische Verfassung, S. 7 ff.

Deutschen Bundes wurde schließlich die Einführung von landständischen Verfassungen durch Art. 13 BA zur Bundespflicht erhoben.[125] Die Verfassungen gewährten den Ständeversammlungen oft echte Mitspracherechte bei der Gesetzgebung und der Steuerbewilligung,[126] sodass die Herrschaftsgewalt innerhalb ihrer Geltungsbereiche meist nur von den Landesherren und den Landständen gemeinsam ausgeübt werden konnte.[127] Durch das zunehmende Ringen von Monarchen, Ständen und später auch dem Bürgertum um die Herrschafts- und Mitspracherechte in den neu entstandenen Staaten wurde immer evidenter, dass keine allumfassende Herrschaftsmacht in einer natürlichen Person vereint sein konnte.[128] Aus diesem Grund wurde im Laufe des 19. Jahrhunderts der Begriff „souverän" auch in Deutschland mehr und mehr zur Beschreibung einer Eigenschaft von Staaten statt von natürlichen Personen verwendet.[129]

Die meisten Fürsten der deutschen Mittelstaaten verfolgten das Ziel, einerseits alleinige Inhaber der Herrschaftsgewalt zu bleiben, andererseits aber auch „die Integrationswirkung einer Verfassung, und zwar einer Repräsentativverfassung, zu nutzen, um die staatliche Einheit" zu festigen.[130] Keinesfalls wollten sie jedoch wieder zum altständischen System zurückkehren,[131] da sie annahmen, eine Stärkung des Adels werde zwangsläufig zu einer „Destabilisierung ihrer Staaten" führen.[132]

---

125 Dazu näher unten Kapitel 3 A.III.1.

126 Vgl. Stern, Staatsrecht der Bundesrepublik Deutschland, Bd. V, S. 234.

127 Quaritsch (Staat und Souveränität, S. 485) zitiert zur Verdeutlichung dieser Situation Otto Mayer (Festschrift Laband, Bd. I, S. 57) mit den Worten: „beide [Monarch und Ständeversammlung] vereint sind der unbeschränkte Souverän".

128 Schliesky (Souveränität und Legitimität, S. 97) beschreibt dies wie folgt: „Politisch gilt es, den Dualismus zwischen Fürst und Ständen [...] zu bewältigen." Siehe hierzu auch Huber, Verfassungsgeschichte, Bd, II, S. 374 ff.; Stolleis, Geschichte des öffentlichen Rechts, Bd. II, S. 106 f.

129 Siehe hierzu: Bluntschli, Allgemeines Staatsrecht, S. 10 ff.; Dahlmann, Politik, S. 4; Dreier, Staatslexikon, Art. Souveränität, Sp. 1207; Quaritsch, Staat und Souveränität, S. 481 ff.; Schulze, Einleitung in das deutsche Staatsrecht, S. 160 ff.; Stolleis, Geschichte des öffentlichen Rechts, Bd. I, S. 107 ff.; Zachariae, Deutsches Staatsrecht, § 18.

130 Mit den hier zitierten Worten beschreiben Frotscher/Piroth (Verfassungsgeschichte, S. 135) beispielsweise die Intentionen, die in Württemberg mit der Einführung einer Verfassung verfolgt wurden.

131 Siehe zu den Unterschieden zwischen einer altständischen Verfassung und einer Repräsentativverfassung Jarcke, Die Ständischen Verfassungen, S. 18 ff.; Gentz, Unterschied zwischen landständischen und Repräsentativverfassungen, S. 219 ff.

132 Willoweit, Verfassungsgeschichte, S. 279; siehe hierzu auch Frotscher/Piroth, Verfassungsgeschichte, S. 135.

Vor diesem Hintergrund etablierte sich zunächst die Lehre vom monarchischen Prinzip, die 1820 durch Art. 57 WSA bundesrechtlich verankert wurde. Hiernach sollte „die gesammte Staatsgewalt in dem Oberhaupte des Staats vereinigt bleiben, und der Souverain [...] nur in der Ausübung bestimmter Rechte an die Mitwirkung der Stände gebunden werden". Die Lehre vom monarchischen Prinzip versuchte damit rechtstheoretisch, die grundsätzlich unanfechtbare Stellung der Landesherren trotz aller bestehenden konstitutionellen Strömungen zu verteidigen.[133]

Während die Lehre vom monarchischen Prinzip ein Instrument der Reaktionäre zur Aufrechterhaltung der fürstlichen Macht darstellte, versuchten die liberalen Staatsrechtler im 19. Jahrhundert, die noch immer bestehende Verknüpfung von Monarch und Souveränität zu überwinden.[134] Ihr Ziel bestand somit darin, das öffentliche Recht endgültig von einem personenbezogenen Souveränitätsbegriff zu emanzipieren.[135]

In den 1830er Jahren wurde mit der „Lehre vom Staat als juristischer Person"[136] dem Staat eine eigene Rechtspersönlichkeit zugesprochen.[137] Die Begründer dieser Lehre vertraten die Auffassung, dass Handlungen der Landesherren nicht (mehr) kraft des eigenen fürstlichen Rechts erfolgen sollten, sondern im „Namen und im Dienste des Staates" ausgeübt werden müssen.[138] Mit der Lehre vom Staat als juristischer Person ging die Lehre von der Staatssouveränität einher. Deren Ursprung kann bei Klüber gesehen werden, der in seinem Werk Öffentliches *Recht des Teutschen Bundes und der Bundesstaaten* den Fürsten nur noch als Organ des Staates ansah und ihn nicht mehr selbst als souveräne Instanz betrachtete.[139] Damit

133 Stern (Staatsrecht der Bundesrepublik Deutschland, Bd. V, S. 212) beschreibt dies wie folgt: „Nach diesem Motto des Monarchischen Prinzips blieb dem Souverän die Substanz der Staatsgewalt."

134 Siehe hierzu Huber, Verfassungsgeschichte, Bd. II, S. 374 ff.

135 Siehe Quaritsch, Staat und Souveränität, S. 482.

136 Schulze (Einleitung in das deutsche Staatsrecht, S. 162 f.) definierte die Staatsgewalt beispielsweise als eine „höchste", „unverantwortliche", „unwiderstehliche", „einheitliche und unteilbare" sowie „dauernde" irdische Gewalt. Zu den Theorien ausführlich: Bluntschli, Allgemeines Staatsrecht, S. 10 ff.; Quaritsch, Staat und Souveränität, S. 481 ff.; Zachariae, Deutsches Staatsrecht, § 18; zeitgenössisch hierzu: Dahlmann, Politik, S. 4: „der Staat ist [...] eine geistig geeinigte Persönlichkeit".

137 Vgl. Schulze, Einleitung in das deutsche Staatsrecht, S. 160 ff.; siehe auch Dreier, Staatslexikon, Art. Souveränität, Sp. 1207; Stolleis, Geschichte des öffentlichen Rechts, Bd. I, S. 107 ff.

138 Haverkate, Brunner/Conze/Koselleck, Geschichtliche Grundbegriffe, Bd. VI, S. 72.

139 Klüber (Öffentliches Recht des Teutschen Bundes und der Bundesstaaten, S. 4) formulierte dies wie folgt: „Er [der Fürst] ist Repräsentant des Staates nach Aussen

wurde erstmalig der Monarch zu einer „gouvernementalen Instanz“ reduziert.[140] Mit der Lehre von der Staatssouveränität konnten im Laufe des 19. Jahrhunderts die existierenden innerstaatlichen Herrschaftsstrukturen besser erklärt werden. Da zudem der Liberalismus innerhalb des Bildungsbürgertums Deutschlands zunehmend mehr Anhänger fand,[141] wandelte sich auch der Souveränitätsbegriff allmählich von einer personellen zu einer institutionellen Eigenschaftsbeschreibung.[142]

Wie bereits aufgezeigt, wurde in den Bundesgrundgesetzen das monarchische Prinzip als Bundesgrundsatz festgeschrieben, um die besondere Herrschaftsstellung der Landesherren hervorzuheben. Bei der Gründung des Deutschen Bundes konnten (und sollten) folglich die Rechtsverhältnisse zwischen dem Deutschen Bund und seinen Mitgliedern nicht mit dem Begriff „Souveränität“ beschrieben werden. Aus diesem Grund wurden diese – im Gegensatz zu den Fürsten – in den Bundesgrundgesetzen nicht mit dem Attribut „souverain“ versehen,[143] sondern lediglich „unabhängig“ genannt.[144]

Da sich die Lehre von der Staatssouveränität im Laufe des 19. Jahrhunderts immer stärker etablierte, erscheint eine einheitliche Aussage zu den Souveränitätsverhältnissen im Deutschen Bund schwierig.

In Bezug auf die gegenständliche Untersuchung lässt sich dieses Problem allerdings überwinden: Der Wandel des Souveränitätsbegriffs betraf vornehmlich den innerstaatlichen Aspekt der Legitimation der Herrschaftsmacht. Nachfolgend soll jedoch nicht die innerstaatliche Legitimation der Herrschaftsgewalt bewertet werden. Stattdessen besteht das Erkenntnisinteresse darin, den Umfang der Souveränität zu erfassen, den die Gliedstaaten trotz ihrer Einbindung in den Deutschen Bund

---

Oberhaupt desselben im Inneren.“ Die Staatskonzeption Klübers wurde insbesondere von Preußen als Gefährdung der Krone betrachtet, weshalb Klübers Werk zum Gegenstand eines Disziplinarverfahrens wurde und es an keiner preußischen Universität mehr als Lehrstoff verwendet werden durfte; vgl. hierzu Stintzing/Landsberg, Geschichte der Rechtswissenschaft, S. 168 ff.

140 Quaritsch, Staat und Souveränität, S. 482.

141 Siehe Huber, Verfassungsgeschichte, Bd. II, S. 374 ff.

142 Jellinek (Allgemeine Staatslehre, S. 475) konstatiert beispielsweise: „Souveräne Staatsgewalt ist daher eine Gewalt, die keine höhere über sich kennt“; Klüber (Öffentliches Recht des Teutschen Bundes und der Bundesstaaten, S. 4) erläuterte: „Staatsgewalt […] heißt das Recht, die Mittel zu dem Zweck des Staates zu wählen“, und Schulze (Einleitung in das Staatsrecht, S. 169) führte gar aus: „Der allgemeine Wille volonté générale ist der einzig wahre Souverain.“

143 Zeitgenössische Ansichten zu diesem Thema bei Rotteck/Welcker, Staats-Lexikon, Bd. X, S. 672.

144 Vgl. Art. 2 BA, Artt. 1, 2, 15, 35, 53 WSA.

behielten. Die Bundesgrundgesetze richteten sich jedoch gleichermaßen sowohl an die deutschen Fürsten als auch an ihre Staaten. Besonders deutlich machten dies die beiden ersten Artikel der Wiener Schlussakte, die den Deutschen Bund als einen „völkerrechtlichen Verein der deutschen souveränen Fürsten" und gleichzeitig als eine „Gemeinschaft selbstständiger, unter sich unabhängiger Staaten" beschrieben.

Auch wenn in der ersten Hälfte des 19. Jahrhunderts überwiegend noch die Fürsten selbst und nicht deren Staaten als Inhaber der Souveränität angesehen wurden, so implizierten die Bundesgrundgesetze folglich dennoch, dass die Souveränitätsrechte den deutschen Staaten zumindest mittelbar über ihre Fürsten zuteilwerden sollten. Zudem besteht heute weitgehend Einigkeit dahingehend, dass der Deutsche Bund keine Vereinigung mehrerer Fürsten, sondern eine solche mehrerer Staaten darstellte.[145] Aus diesem Grund können zur Bewertung der Rechtsverhältnisse im Deutschen Bund einheitlich die Gliedstaaten zum Forschungsgegenstand gemacht werden, ohne unterscheiden zu müssen, ob diesen bereits selbst Souveränität zustehen sollte oder ob sie diese nur von ihren Monarchen ableiten konnten.

E. Die untersuchungsrelevanten Aspekte der Souveränität

Bereits aus dem Titel dieser Abhandlung ergibt sich, dass nicht alle Aspekte der einzelstaatlichen Souveränität thematisiert werden sollen. Den Schwerpunkt bilden nicht die Herrschafts- und Legitimationsstrukturen innerhalb der deutschen Staaten, sondern ihre Herrschaftsbefugnisse im Verhältnis zum Bund und den anderen Gliedstaaten. Demzufolge werden die rein innerstaatlichen Rechtsverhältnisse nicht vom Untersuchungsgegenstand umfasst. Die Abgrenzung zwischen innerstaatlicher Herrschaftsgewalt und der Auswirkung von äußeren Einflüssen erfolgt häufig anhand einer Differenzierung zwischen innerer und äußerer Souveränität.[146]

---

145 Bluntschli (Deutsches Staats-Wörterbusch, Bd. III, S. 25) stellte hierzu beispielsweise 1858 fest: „Da schlossen die deutschen Fürsten und freien Städte – und zwar die ersteren nicht für ihre Personen sondern nach den Grundsätzen des Staats- und Völkerrechts als rechtmäßige Vertreter ihrer Staaten, deren höchste Gewalt ihr eigenes Recht, – diesen völkerrechtlichen Verein." Siehe zur Einordnung des Deutschen Bundes als Verbindung von Staaten auch Bentfeldt, Der Deutsche Bund als nationales Band, S. 470 f.; Brater, Staatswörterbuch, Bd. IV, S. 25; Kotulla, Verfassungsgeschichte, Rn. 1312; Pfizer, Die Entwicklung des Öffentlichen Rechts, S. 195.

146 Vgl. Kriele, Einführung in die Staatslehre, S. 55.

Die innere Souveränität knüpft an die innerstaatliche Herrschaftsgewalt an. Herbert Krüger beschrieb sie als „Machtvollkommenheit im Inneren“,[147] Alex Singer definierte sie als das selbstbestimmte Handeln eines Staates in territorialer und personeller Hinsicht[148] und Arthur Benz konstatierte, dass ein Staat dann innere Souveränität besitzt, wenn ihm die „letzte Entscheidungs- und höchste Durchsetzungsgewalt in seinem Territorium zukommt“.[149] Nach allen Ansichten ist die Rechtssetzungsbefugnis eines Staates das maßgebliche Kriterium für dessen innere Souveränität.[150] Ein Staat besitzt dann innere Souveränität, wenn die gesamte Herrschaftsmacht vom Staat ausgeht und dieser über die geltenden Rechtssätze eigenständig bestimmen kann.

Im Gegensatz zur inneren Souveränität beschreibt die äußere Souveränität die Stellung eines Staates im Verhältnis zu anderen Staaten. Aus völkerrechtlicher Sicht wird ein Staat als souverän bewertet, wenn er ein eigenständiges Völkerrechtssubjekt ist[151] und selbst darüber entscheiden kann, welchen völkerrechtlichen Verpflichtungen er sich unterwirft.[152] Die Staatsrechtler erkennen einem Staat Souveränität zu, wenn er „in seinem Gebiet unabhängig und kraft der durch ihn selbst gesetzten Kompetenzordnung seine Angelegenheiten bestimmt“.[153] Wie zu erkennen ist, nähern sich die staats- und völkerrechtlichen Definitionen dem Begriff der Souveränität zwar aus zwei unterschiedlichen Richtungen, kommen aber zu demselben Ergebnis: Ein Staat verfügt über äußere Souveränität, wenn er selbst entscheiden kann, ob seine Herrschaftsmacht durch völkerrechtliche Verträge eingeschränkt werden soll.

Die freie Entscheidung über die Ausübung von Herrschaftsmacht stellt damit das entscheidende Bewertungskriterium für die innere und die äußere Souveränität dar. Dementsprechend besteht heutzutage weitgehend Einigkeit darüber,

---

147 Krüger, Allgemeine Staatslehre, S. 853.

148 Vgl. Singer, Nationalstaat und Souveränität, S. 31.

149 Benz, Der moderne Staat, S. 104.

150 Vgl. Benz, Der moderne Staat, S. 104; Krüger, Allgemeine Staatslehre, S. 880; Singer, Nationalstaat und Souveränität, S. 173.

151 Als Völkerrechtsubjekte werden alle politischen Gebilde angesehen, denen durch die Völkerrechtsordnung die Fähigkeit zuerkannt wird, Träger völkerrechtlicher Rechte und/oder Pflichten zu sein; siehe Ipsen, Völkerrecht, S. 52.

152 Vitzthum (Völkerrecht, S. 25) führt beispielsweise aus, äußere Souveränität bedeute, „keinem fremden Willen, sondern nur dem Völkerrecht unterworfen zu sein und Völkerrechts-Unmittelbarkeit zu besitzen“; ähnlich Ipsen, Völkerrecht, S. 61.

153 Benz, Der moderne Staat, S. 104; entsprechend auch Krüger, Allgemeine Staatslehre, S. 161; Randelzhofer, Staatsgewalt und Souveränität, § 15 Rn. 25 ff.

dass mit innerer und äußerer Souveränität nur „zwei Seiten derselben Medaille" beschrieben werden,[154] die sich gegenseitig bedingen.[155] Denn ein Staat kann seine Herrschaftsmacht im Inneren nur frei entfalten, wenn er ohne Einfluss durch einen anderen Staat oder eine Staatenverbindung selbst Recht setzen und vollziehen kann.[156] Umgekehrt wird ein Staat nur dann über den Umfang seiner völkerrechtlichen Verpflichtungen entscheiden können, wenn er in der Lage ist, die eingegangenen zwischenstaatlichen Verpflichtungen auch innerstaatlich umzusetzen.

Kerngegenstand der folgenden Untersuchung ist der souveränitätsrelevante Einfluss des Deutschen Bundes auf seine Gliedstaaten. Die Bundesvorschriften wirkten sich dabei unmittelbar auf bestimmte Bereiche der Staatsgewalt aus und schränkten demzufolge die Herrschaftsmacht der Bundesmitglieder auch innerstaatlich ein. Eine Beschränkung auf den einen oder den anderen Aspekt der Souveränität verbietet sich schon deshalb, weil der Umfang der staatlichen Herrschaftsmacht nicht ermittelt werden kann, ohne gleichzeitig die Reichweite des Bundeseinflusses auf die innerstaatlichen Verhältnisse darzulegen.

Obgleich Legitimationsgrundsätze innerhalb der deutschen Staaten nachfolgend weitgehend ausgeblendet werden, dürfen die Ausführungen somit nicht auf den Begriff der äußeren Souveränität reduziert werden. Vielmehr ist zu untersuchen, welchen Einfluss der Deutsche Bund insgesamt auf die Souveränität seiner Mitglieder – also auch auf deren innerstaatliche Strukturen – hatte. Es sind demzufolge nur diejenigen Aspekte der Souveränität aus der Untersuchung auszuklammern, die nicht an das Verhältnis der einzelnen Staaten zum Deutschen Bund anknüpfen.

---

154 Seiler, Der souveräne Verfassungsstaat, S. 69 und S. 109 (Fn. 230); siehe auch Jellinek, Lehre von den Staatenverbindungen, S. 23 ff.; Zippelius, Allgemeines Staatsrecht, S. 66; hingegen auch im Ergebnis noch zwischen innerer und äußerer Souveränität differenzierend Benz, Der moderne Staat, S. 104.

155 Nach Jellinek (Die Lehre von den Staatenverbindungen, S. 23) ist die äußere Souveränität ein „Reflex" der inneren Souveränität; Schliesky (Souveränität und Legitimität, S. 364) sieht in diesem Zusammenhang die innere Souveränität eines Staates als „Voraussetzung" für dessen äußere Souveränität; siehe hierzu auch Randelzhofer, Staatsgewalt und Souveränität, § 15 Rn. 24.

156 Siehe zu den Möglichkeiten eines Staates, dieses Recht zu beschränken, ohne die eigene Souveränität zu verlieren, unten Kapitel 1 G.

F. Der zeitübergreifende Wesensgehalt der Souveränität

Um trotz aller Veränderungen, denen der Souveränitätsbegriff im Laufe der Geschichte unterlag, eine brauchbare Arbeitsgrundlage für die nachfolgende Untersuchung zu erhalten, muss der Umfang der Rechte, die gemeinhin mit dem Begriff der Souveränität verbunden werden, auf den zeitübergreifenden Wesensgehalt dieses Rechtsbegriffs reduziert werden. Hierdurch lässt sich im Verlauf der Untersuchung feststellen, ob der den Bundesgrundgesetzen zugrunde gelegte Souveränitätsbegriff dem generellen Grundverständnis von Souveränität entspricht oder ob den Rechtsgrundlagen des Deutschen Bundes ein eigener Souveränitätsbegriff zugrunde gelegt wurde.

Bereits bei der Darstellung der Entwicklungsgeschichte wurde deutlich, dass mit Souveränität seit jeher eine erhabene Herrschaftsposition beschrieben wurde. Seit den Zeiten Bodins wird mit dem Begriff der Souveränität die höchste Herrschaftsmacht innerhalb eines bestimmten Gebietes verbunden.[157] Bereits Bodin vertrat dabei die Auffassung, dass eine solche Herrschaftsmacht zur Bewahrung des Friedens und der Ordnung unerlässlich sei.[158]

Um Machtkonflikte zu vermeiden, die dem ordnungsfördernden Zweck der Souveränität widersprechen, durfte es in einem Gebiet nach überwiegender Auffassung immer nur eine rechtlich legitimierte Herrschaftsgewalt geben, damit diese als souverän bewertet werden kann.[159] Die Existenz einer allumfassenden Herrschaftsmacht stellte folglich immer eine zeitübergreifende Grundvoraussetzung für das Bestehen von Souveränität dar.[160] Die hierzu notwendige Machtfülle soll der jeweilige Inhaber der Herrschaftsmacht besitzen, wenn er

---

157 Siehe hierzu die jeweiligen Ausführungen bei Schliesky, Souveränität und Legitimität, S. 57 (generell), S. 87 ff. (Westfälischer Frieden), S. 96 ff. (Herausbildung der Staatssouveränität), S. 125 ff. (Deutschland nach dem Zweiten Weltkrieg) und S. 137 ff. (heutige Begriffsmerkmale der Souveränität) mit Verweisen auf Gamper, Staat und Verfassung, S. 48; Mäder, Wesen der Souveränität, S. 54; Möller, Fürstenstaat, S. 277.

158 Siehe oben Kapitel 1 B; vgl. zur Verfolgung dieses Zwecks auch Krüger, Allgemeine Staatslehre, S. 850 f.

159 Schliesky, Souveränität und Legitimität, S. 145: „Wer höchste Gewalt ist, muss einzig sein.“; siehe auch Krüger, Allgemeine Staatslehre, S. 855.

160 Dies wird auch durch die Entwicklungsgeschichte seit den Zeiten Bodins belegt, siehe oben Kapitel 1 B ff.

alle hoheitlichen Befugnisse – also Legislative, Judikative und Exekutive – in seiner Person vereint.[161]

Der mit der Etablierung einer souveränen Herrschaftsstellung verbundene Zweck konnte zudem nur erreicht werden, wenn der Inhaber der Herrschaftsmacht (zumindest auch) die Aufrechterhaltung der öffentlichen Sicherheit innerhalb seines Herrschaftsgebietes anstrebte.[162] Die Prämisse, einen geordneten Zustand zu gewährleisten, stellt folglich seit Bodin einen weiteren zeitübergreifenden Aspekt der Souveränität dar, der auch als Legitimität der Herrschaftsmacht bezeichnet wird.[163]

Die Legitimität einer Herrschaftsstellung bemisst sich grundsätzlich an den jeweiligen rechtlichen und politischen Rahmenbedingungen,[164] wobei zwei unterschiedliche Ansätze zu deren Bewertung herangezogen werden. Die Politikwissenschaft nähert sich dem Begriff von der empirischen Seite und definiert diese als den „messbaren Grad der Anerkennung politischer Herrschaft"[165], während die Soziologie zur Beurteilung der Legitimität einer Herrschaftsposition an normative Elemente anknüpft und die Motive betrachtet, die dazu führen, dass eine politische Ordnung akzeptiert wird.[166] Um möglichst einheitlich beurteilen zu können, ob eine Herrschaftsstellung rechtlich legitimiert ist, werden oftmals empirische und normative Ansätze kombiniert und eine politische Ordnung wird als rechtlich legitimiert bewertet, wenn sie „anerkennungswürdig" erscheint.[167] Anerkennungswürdig soll eine politische Ordnung sein, wenn sie zweckdienlich ausgestaltet ist, die notwendige Herrschaftsautorität besitzt und gleichzeitig

---

161 Siehe hierzu Stern, Staatsrecht, Bd. II, S. 533 ff.; zur Möglichkeit der Delegierung entsprechender Befugnisse unten Kapitel 1 G.II.

162 Schliesky (Souveränität und Legitimität, S. 590, Fn. 12) resümiert dies wie folgt: „Bei allen inhaltlichen Wandlungen der Begriffe ist gleich geblieben, dass die Souveränität der Herrschaftsgewalt gebilligt und damit grundsätzlich als legitim betrachtet wird, wenn und soweit die Herrschaftsgewalt für Frieden und Sicherheit sorgt."

163 Vgl. Schliesky, Souveränität und Legitimität, S. 151 ff.

164 Siehe Schliesky, Souveränität und Legitimität, S. 151 ff.; siehe auch Höreth, Die Europäische Union im Legitimationsdilemma, S. 80; Ronge, Legitimität durch Subsidiarität, S. 102.

165 Schliesky, Souveränität und Legitimität, S. 152, mit diesbezüglichen Verweisen auf Höreth, Die Europäische Union im Legitimationsdilemma, S. 80; Zippelius, Allgemeine Staatslehre, S. 114 f.

166 Vgl. Schliesky, Souveränität und Legitimität, S. 152; Weber, Wirtschaft und Gesellschaft, S. 19 ff.; Zippelius, Allgemeine Staatslehre, S. 56.

167 Schliesky, Souveränität und Legitimität, S. 152, mit Verweis auf Habermas, Legitimationsprobleme, S. 39.

Strukturen bestehen, die den rechtlichen Umfang der Herrschaftsmacht vorgeben.[168] Die Strukturen einer politischen Ordnung genügen den für die Legitimität erforderlichen Anforderungen, wenn sie unter Zugrundelegung allgemeiner rechtlicher und sittlicher Gesichtspunkte als billigungswürdig erscheinen.[169] Soweit diese Anerkennungswürdigkeit nicht besteht, kann eine souveräne Stellung nicht erzwungen werden, indem ohne rechtliche Legitimation die Grenzen der legitimen Herrschaftsmacht durchbrochen werden, um so eine neue Herrschaftsmacht zu etablieren.

Festgehalten werden kann, dass mit der Souveränität seit Bodin der Zweck verfolgt wurde, den anerkannten Inhaber der Herrschaftsmacht mit so umfänglichen Machtbefugnissen auszustatten, dass dieser die Sicherheit und innere Ordnung innerhalb seines Herrschaftsbereichs gewährleisten kann. Die Vollkommenheit der Herrschaftsmacht sowie ihre Anerkennungswürdigkeit stellen somit den zeitübergreifenden Wesensgehalt dar,[170] den man gemeinhin mit dem Begriff „Souveränität" verbindet.

G. Generelle Aspekte der Souveränität innerhalb von Staatenverbindungen

Den Erörterungsgegenstand bilden die in den Deutschen Bund eingegliederten Staaten. Um festzustellen, wie souverän diese waren, ist noch zu klären, wie das souveränitätsrechtliche Spannungsverhältnis normalerweise gelöst wird, das immer dann entsteht, wenn sich Staaten zu einer Staatenverbindung zusammenschließen.[171] Bei jeder Verbindung von Staaten werden Verträge abgeschlossen, die das künftige Miteinander der Vertragsstaaten regeln. Diejenigen Rechte, die vertraglich auf die Staatenverbindung übertragen werden, können ihre Mitglieder fortan nicht mehr selbst ausüben, ohne die Regeln der Staatenverbindung zu verletzen.[172]

---

168 Hierzu Schliesky, Souveränität und Legitimität, S. 152, mit Verweis auf Hennis, Legitimität, S. 9 (24), und Smend, Staatsrechtliche Abhandlungen, S. 119 f.

169 Siehe Schliesky, Souveränität und Legitimität, S. 160; vgl. auch Württemberger, Die Legitimität staatlicher Herrschaft, S. 16; Zippelius, Allgemeine Staatslehre, S. 116.

170 So definiert von Krüger, Allgemeine Staatslehre, S. 853.

171 Der Begriff der Staatenverbindung wird hier als Oberbegriff für alle föderalen Zusammenschlüsse verwendet. Er umfasst damit sowohl Bundesstaaten als auch Staatenbünde.

172 Zu den Bundesgesetzen und dem Ausmaß an Einschränkungen der Herrschaftsbefugnisse der einzelnen Gliedstaaten näher unten Kapitel 3 A.II und Kapitel 3 C.II.

Darüber hinaus kann die Beachtung der zwischenstaatlichen Regeln für die Legitimität der staatlichen Herrschaftsmacht unverzichtbar sein.[173]

Eine mit der Eingliederung in eine Staatenverbindung einhergehende Beschränkung der Herrschaftsmacht führt nur unter bestimmten Voraussetzungen zum Verlust von Souveränität und Staatlichkeit, wobei sich die Beurteilung der Souveränität des Mitglieds einer Staatenverbindung maßgeblich daran bemisst, ob ein Staat trotz dessen Eingliederung in eine Staatenverbindung weiterhin die vollkommene und legitime Herrschaftsgewalt besitzt.[174]

I. Staatenbund und Bundesstaat

Ausgangspunkt jeder Prüfung der Souveränität innerhalb einer Staatenverbindung sollte die rechtliche Qualität sein, die der Staatenverbindung zukommen soll. Zu unterscheiden ist insofern hauptsächlich zwischen Bundesstaaten und Staatenbünden. Ein Bundesstaat besitzt typischerweise sowohl Staatsqualität als auch Souveränität.[175] Im Staatenbund verbleiben hingegen Staatlichkeit und Souveränität grundsätzlich bei den einzelnen Gliedstaaten.[176] Die Qualität einer Staatenverbindung und die Souveränität ihrer Mitglieder bedingen sich somit gegenseitig.

---

173 Siehe oben Kapitel 1 F.

174 Da dies den zeitübergreifenden Wesensgehalt der Souveränität ausmacht, siehe oben Kapitel 1 F.

175 Vgl. Laband, Das Staatsrecht des Deutschen Reichs, Bd. I, S. 55; Sempf, Die deutsche Frage, S. 145; im Ergebnis auch Kuschnick, Integration in Staatenverbindungen, S. 66; anderer Ansicht Kristoferitsch (Vom Staatenbund zum Bundesstaat, S. 42 ff.), der sich der Unterscheidung von einem eher rechtstheoretischen Ansatz nähert und die Souveränität als kein geeignetes Abgrenzungskriterium ansieht. Er vertritt deshalb die Auffassung, zwischen Bundesstaat und Staatenbund bestehe nur ein gradueller und kein systematischer Unterschied.

176 So unter anderem Jellinek, Allgemeine Staatslehre, S. 763. Da die Abgrenzung zwischen Bundesstaat und Staatenbund anhand der traditionellen Kriterien oftmals schwierig ist, hat das Bundesverfassungsgericht in Bezug auf die Europäische Union zusätzlich den Begriff des „Staatenverbundes" eingeführt (BVerfG, 2 BvE 2/08 vom 30.6.2009; BVErfGE 89; 155). Im Ergebnis wird hierdurch aber nur ein Staatenbund beschrieben, der sich in einem Transformationsprozess auf dem Weg zum Bundesstaat befindet, sodass der Staatenverbund nicht als neuer Typus der Staatenverbindungen anzusehen ist; ebenso gesehen von Schliesky, Souveränität und Legitimität, S. 473; anderer Ansicht: Kaufmann, Die europäische Integration, S. 215.

Bundesstaaten und Staatenbünde lassen sich oft dadurch voneinander abgrenzen, dass im Bundesstaat dem Gesamtstaat die Kompetenz-Kompetenz zusteht.[177] Aufgrund dieser Machtfülle ist es dem Bundesstaat möglich, die Kompetenzen zur Wahrnehmung neuer Staatsaufgaben an sich zu binden. Seine Mitglieder können hoheitliche Befugnisse deshalb nur im Rahmen der ihnen durch den Bund übertragenen Kompetenzen wahrnehmen. In Staatenbünden hingegen entscheiden grundsätzlich die einzelnen Staaten, welche Kompetenzen der Bund erhält.[178]

II. Kompetenzhoheit und Kompetenzumfang als Bewertungsmaßstäbe

Wie bereits erörtert, wird ein Staat als souverän angesehen, wenn er seine Staatsgewalt auf rechtlich legitimierter Basis umfänglich ausüben kann.[179] Zur Beantwortung der Frage nach der Souveränität der Mitglieder einer Staatenverbindung wird deshalb darauf abgestellt, ob den einzelnen Mitgliedern oder dem Bund eine solche Herrschaftsgewalt zukommt.

Da auch die Mitglieder einer Staatenverbindung immer gewisse Befugnisse auf diese delegieren, kann eine unbeschränkte rechtliche Unabhängigkeit der Staatsgewalt nicht zur Voraussetzung für Souveränität gemacht werden.[180] Stattdessen wird die Abgrenzung zwischen Bundesstaaten und Staatenbünden anhand der Qualität und Quantität der Herrschaftsbefugnisse bemessen, die den Gliedstaaten verbleiben, wobei das Ergebnis meist von der Kompetenz-Kompetenz innerhalb der Staatenverbindung abhängig gemacht wird.[181]

---

177 Jellinek (Staatenverbindungen, S. 294) stellte hierzu beispielsweise fest, dass nur der Bundesstaat, nicht aber der Staatenbund seine Kompetenzen „verengen und erweitern kann“; entsprechender Auffassung auch Brie, Theorie der Staatenverbindungen, S. 105; Zippelus, Allgemeine Staatslehre, S. 65; anderer Ansicht: Kristoferitsch, Vom Staatenbund zum Bundesstaat, S. 34.

178 Zu diesem Thema: Jellinek, Allgemeine Staatslehre, S. 763; Sempf, Die deutsche Frage, S. 145 ff.; Wadle, Staatenbund oder Bundesstaat, S. 141 f.

179 Siehe oben Kapitel 1 F.

180 So das Bundesverfassungsgericht in seinem Lissabon-Urteil und in seinem Maastricht-Urteil in Bezug auf die Delegierung von Kompetenzen auf die Europäische Union, in: BVerfG, 2 BvE 2/08 vom 30.6.2009; BVerfGE 89, 155 (190); vgl. auch Alshut, Der Staat in der Rechtsprechung des Bundesverfassungsgerichts, S. 61; Baumgart, NJ 2009, S. 309 (310).

181 Vgl. Zipellius, Allgemeine Staatslehre, S. 60; siehe auch Annacker, Der fehlende Rechtsakt im Gemeinschafts- und Unionsrecht, S. 213.

Das Bundesverfassungsgericht hat beispielsweise in Bezug auf die Souveränität der Bundesrepublik Deutschland im europäischen Integrationsprozess klargestellt, dass die europäischen Staaten so lange ihre Souveränität nicht verlieren, wie sie selbst über die weiteren Kompetenzzuweisungen entscheiden können.[182] Solange die Zuweisung weiterer Kompetenzen der einzelstaatlichen Zustimmung bedürfe, bleiben nach Ansicht des Bundesverfassungsgerichts die einzelnen Mitglieder die „Herren der Verträge" und damit souverän.[183] In seinem Lissabon-Urteil hat das Bundesverfassungsgericht dies im Jahr 2009 bekräftigt und betont, dass die Europäische Union kein staatsanaloges Niveau erreichen dürfe, durch das sie wesentliche Gesetzgebungszuständigkeiten erlange, weil Deutschland andernfalls seine Souveränität verlieren könnte.[184]

Die auch vom Bundesverfassungsgericht herangezogene Kompetenz-Kompetenz ist sicherlich ein geeignetes Kriterium, um festzustellen, wann die Gliedstaaten einer Staatenverbindung auf jeden Fall die eigene Souveränität verloren haben. Es verbietet sich jedoch der Umkehrschluss, dass die Mitglieder einer Staatenverbindung so lange souverän bleiben, wie noch irgendein eigener Mitwirkungsakt für die Übertragung weiterer Kompetenzen erforderlich ist. Spätestens wenn die Staatenverbindung alle wesentlichen Kompetenzen erlangt hat, stellt die Kompetenzhoheit nämlich nur noch eine leere Hülle und keinen Garanten für die gliedstaatliche Souveränität mehr dar. Aus diesem Grund relativiert auch das Bundesverfassungsgericht die Möglichkeit zur Übertragung von Kompetenzen auf die Europäische Union dahingehend, dass „Aufgaben und Befugnisse von substantiellem Gewicht" bei den Mitgliedstaaten verbleiben müssen.[185] In seinem Lissabon-Urteil führte das Verfassungsgericht hierzu konkret aus, dass die Europäische Union keinen Kompetenzumfang erhalten darf, der an die „politische Gestaltungsmacht" und den „Grad an selbständiger Willensbildung" eines Bundesstaates heranreicht.[186]

Es wird demzufolge deutlich, dass die Kompetenz-Kompetenz nicht das alleinige Kriterium zur Bewertung der Souveränität darstellt. Stattdessen ist zusätzlich darauf abzustellen, ob nur so viele Aufgaben und Befugnisse von den Mitgliedern einer Staatenverbindung auf diese übertragen werden, dass noch substanzielle

182 Siehe Schliesky, Souveränität und Legitimität, S. 143; Zuleeg, Die föderativen Grundsätze der Europäischen Union, S. 2846.
183 BVerfGE 89, 155 (193), „Maastricht-Urteil".
184 Siehe BVerfG, 2 BvE 2/08 vom 30.6.2009 Rn. 264.
185 BVerfGE 89, 155 (193).
186 Siehe BVerfG, 2 BvE 2/08 vom 30.6.2009 Rn. 264.

Befugnisse bei den Gliedstaaten verbleiben.[187] Die Hauptproblematik dieser Definition liegt darin, zu beurteilen, welche Aufgaben eines Staates substanziell sind. Auch kann man ihr nicht entnehmen, wie viele solcher substanziellen Aufgaben und Befugnisse zur Erhaltung der Souveränität notwendig sind. Wegen dieses Defizits lässt sich keine allgemeingültige Aussage darüber treffen, welche Aufgaben und Befugnisse bei dem einzelnen Mitgliedstaat verbleiben müssen, um diesen als souverän qualifizieren zu können. Es bedarf stattdessen jeweils einer einzelfallbezogenen Prüfung unter Heranziehung aller maßgeblichen Aspekte.

III. Rückabwicklungsmöglichkeiten

Auch wenn substanzielle Aufgaben und Befugnisse nur partiell auf eine Staatenverbindung übertragen werden, wird die Souveränität ihrer Mitglieder stärker als in Staatenbünden üblich eingeschränkt, wenn diese die einmal übertragenen Rechte nicht wieder zurückerhalten können. Ultima Ratio zur Rückerlangung der übertragenen Herrschaftsbefugnisse ist dabei immer der Austritt aus der Staatenverbindung. Dementsprechend wurde im Maastricht-Urteil beispielsweise angemerkt, dass es für den Fortbestand der Souveränität der Bundesrepublik Deutschland unerlässlich sei, dass diese die Möglichkeit behält, ihre Unionszugehörigkeit notfalls „durch einen gegenläufigen Akt“ wieder aufzuheben.[188]

Zur Beurteilung der Rückabwicklungsmöglichkeiten innerhalb einer Staatenverbindung ist nicht maßgeblich, ob das Gemeinschaftsrecht einen Austritt vorsieht, sondern ob die Legitimität der Mitgliedstaaten unabhängig von der Einbindung in die Staatenverbindung besteht oder (nur) von dieser abgeleitet wird.[189] Solange es sich bei einer Staatenverbindung um einen rein völkerrechtlich organisierten,

---

187 Ähnlich auch Randelzhofer, Staatsgewalt und Souveränität, § 15, Rn. 23 ff.; dazu mit anderer Sichtweise Schliesky, Souveränität und Legitimität, S. 143.

188 BVerfG, Europäische Union und Grundgesetz, in: NJW 1993, S. 3047 (3051 und 3053); so in Bezug auf die Europäische Union geregelt in Art. 50 EUV.

189 Vgl. Hommelhoff/Kirchhoff, Staatenverbund, S. 11 ff.; Zimmermann, Staatennachfolge, S. 62 f.; zustimmend auch Dahm, Völkerrecht, Bd. 1–2, S. 199, der für den umgekehrten Fall mit Hinblick auf Art. 77 der Verfassung der UdSSR vom 7.10.1977 darauf hinweist, dass den Sowjetrepubliken ein Austritt aus der UdSSR gemeinschaftsrechtlich erlaubt, aber dennoch unmöglich war; Zuleeg (Die föderativen Grundsätze der Europäischen Union, 2846 (2851)) hingegen verneint ein generelles Austrittsrecht auch für den Fall, dass sich ein Staat nicht ausdrücklich unumstößlich der Rechtsordnung einer Staatenverbindung unterworfen hat.

echten Staatenbund handelt, können dessen Mitglieder aufgrund ihrer völkerrechtlichen Stellung jederzeit wieder aus dem Bund austreten.[190] In diesem Fall genießen die Gliedstaaten und nicht der Staatenbund die völkerrechtliche Anerkennung, sodass ihre Herrschaftsmacht auch nach einem Austritt aus dem Staatenbund rechtlich legitimiert wäre.[191] Dies gilt nach überwiegender Auffassung im Rahmen der vorgenannten Voraussetzungen sogar dann, wenn sich die Mitgliedstaaten einer Staatenverbindung ausdrücklich völkerrechtlich verpflichtet haben, nicht wieder aus der Staatenverbindung auszutreten.[192] Denn durch den Austritt aus einer auf unbestimmte Zeit geschlossenen Staatenverbindung werden nur völkerrechtliche Verträge gebrochen; die einzelstaatliche Legitimität des austretenden Staates wird hiervon hingegen nicht tangiert, da dessen völkerrechtliche Anerkennung ohnehin nicht vom Verbleib in der Staatenverbindung abhängt.

Wenn hingegen die Staatenverbindung eine Qualität erlangt, die dazu führt, dass nicht mehr die einzelnen Gliedstaaten, sondern primär die Staatenverbindung als legitimes Völkerrechtssubjekt wahrgenommen wird, würden Erstgenannte durch eine Abkehr von der Staatenverbindung das Fundament ihrer Herrschaftsmacht verlieren. In diesem Fall ist ein rechtlich legitimer Austritt aus der Staatenverbindung regelmäßig nicht möglich. Stattdessen wäre eine Loslösung aus der Gemeinschaft nur noch im Wege der Sezession umsetzbar. Die Sezession stellt jedoch – im Gegensatz zum rein völkerrechtlichen Vertragsbruch – die Aufhebung einer höchsten verfassungsrechtlichen Ordnung dar, sodass dafür die Grenzen der rechtlich legitimierten Herrschaftsmacht durchbrochen werden müssen.[193] Ein Austritt aus einer Staatenverbindung ist mithin so lange möglich, wie die gliedstaatliche Ordnung unabhängig von der Gemeinschaftsordnung besteht und die Mitglieder als selbstständige Staaten völkerrechtlich anerkannt sind.

Problematisch wird die beschriebene Abgrenzung in den Fällen, in denen Souveränität und Staatlichkeit der Gliedstaaten einerseits formell anerkannt werden, die Staatenverbindung andererseits jedoch ein so enges Band um ihre Mitglieder legt, dass nicht mehr erkennbar ist, ob die Garantie der Souveränität oder der

---

190 Vgl. in Bezug auf die Europäische Union Schorkopf, in: Grabitz/ Hilf/Nettesheim, Das Recht der Europäischen Union, Art. 7, Rn. 55.

191 Vgl. Kuschnick, Integration, S. 22; siehe dazu auch Haack, Verlust der Staatlichkeit, S. 137; Huber, Maastricht, S. 33 f.

192 Siehe Dahm, Völkerrecht, Bd. I-II, S. 197; Haack, Verlust der Staatlichkeit, S. 138; Robert, Politisches System, S. 176; bereits im 19. Jahrhundert vergleichbar gesehen von Jellinek, Staatenverbindungen, S. 175; Pfitzer, Entwicklung des öffentlichen Rechts, S. 44; Rotteck/Welcker, Staats-Lexikon, Band III, S. 111.

193 Siehe Haack, Verlust der Staatlichkeit, S. 139.

dauerhafte Fortbestand der Staatenverbindung anerkennungswürdiger erscheint. Um in diesen Fällen einen legitimen Austritt von einer Sezession abgrenzen zu können, ist im Einzelfall anhand der Gesamtumstände zu bewerten, ob der Austritt aus der Gemeinschaft für den Austretenden als reine Vertragsverletzung oder als verfassungsrelevanter und rechtlich nicht legitimierter Akt zu beurteilen ist.[194]

Zur Bewertung der Souveränität im Deutschen Bund muss man mithin die Frage beantworten, ob der Austritt eines Mitgliedstaates zum Verlust seiner Anerkennung durch die anderen deutschen und europäischen Staaten geführt hätte. Falls dies geschehen wäre, ist davon auszugehen, dass der Deutsche Bund trotz der wiederholten Betonung der Souveränität der deutschen Fürsten bereits ein staatsanaloges Niveau erreicht hatte.

IV. Fazit

In Bezug auf die Souveränität von Mitgliedern einer Staatenverbindung kann festgehalten werden, dass ein Staat seine Souveränität behält, wenn ihm eigene Hoheitsrechte zur eigenen Ausübung verbleiben und wenn er über den Umfang der Delegierung von Rechten und Befugnissen jederzeit selbst entscheiden kann.[195] Hierfür muss der Gliedstaat zum einen selbst die Kompetenzhoheit und wesentliche Entscheidungsbefugnisse behalten.[196] Zum anderen muss er die Übertragung von Rechten und Befugnissen zumindest durch einen Austritt aus der Staatenverbindung auf rechtlich legitimierter Basis rückabwickeln können.

194 Vgl. Haack, Verlust der Staatlichkeit, S. 139.

195 Vgl. Hobe, Der offene Verfassungsstaat, S. 127; Zippelius, Allgemeine Staatslehre, S. 70 ff.

196 Vgl. Krüger, Allgemeine Staatslehre, S. 848 f.; siehe auch Zippelius, Allgemeine Staatslehre, S. 72.

Kapitel 2. Die Souveränitätsprinzipien im Deutschen Bund

Die Gründung des Deutschen Bundes erfolgte in einer Zeit der politischen Umbrüche. Als 1815 auf dem Wiener Kongress die Bundesakte verhandelt und beschlossen wurde, waren noch keine zehn Jahre seit dem Untergang des HRRdN vergangen und der Schlussakt der französischen Vorherrschaft in Europa stand mit der Schlacht von Waterloo sogar noch bevor.[197] Inwieweit diese Ereignisse das Souveränitätsverständnis in Deutschland beeinflussten, wird nachfolgend anhand der politischen Gegebenheiten dargestellt, die dazu führten, dass die deutschen Monarchen in der Bundesakte als „souveraine Fürsten“ bezeichnet wurden.

A. Der Souveränitätsbegriff in Deutschland zwischen 1805 und 1815

Die Entstehung des Deutschen Bundes war nicht das Resultat spontaner Entscheidungen auf dem Wiener Kongress, sondern das Ergebnis eines historischen Prozesses, der lange vor 1815 begann. Wie bereits im vorangehenden Kapitel aufgezeigt, lagen die Wurzeln des deutschen Partikularismus bereits in dem Territorialgefüge des 1806 aufgelösten alten Reiches begründet. Im Laufe der beinahe tausendjährigen Geschichte dieses Gebildes hatten die Reichsstände dem Kaiser immer mehr Rechte abgerungen, die jeweils mit einiger Verzögerung unter anderem im Statutum in favorem principum von 1231,[198] der Goldenen Bulle

---

197 Siehe zur damaligen Gesamtlage in Westeuropa Kotulla, Verfassungsgeschichte, Rn. 1181 ff.; Nipperdey, Deutsche Geschichte 1800–1866, S. 82 ff.; Stern, Staatsrecht, Bd. V, S. 182.

198 Deutsche Übersetzung des Textes bei Zeumer, Quellensammlung, 44, Nr. 47 (1231, Mai 1); siehe zum Statutum auch Klingelhöfer, Reichsgesetze von 1220, 1231/32 und 1235, S. 61 ff.

von 1356[199] und dem Westfälischen Frieden von 1648[200] auch rechtlich verankert wurden.[201]

Mehr als nur mittelbare Auswirkungen auf die Souveränitätsverhältnisse im Deutschen Bund hatte allerdings erst die napoleonische Ära. Die geschichtlichen Entwicklungen in den letzten Jahren vor der Gründung des Deutschen Bundes können deshalb zur Auslegung der 1815 in der Bundesakte festgeschriebenen Souveränität herangezogen werden.

I. Der Friede von Pressburg

Bereits seit 1792 führte Frankreich mit wechselnden Bündnispartnern Kriege gegen seine europäischen Nachbarn.[202] Österreich und Preußen erlitten in diesen Koalitionskriegen bereits vor 1805 mehrere Niederlagen.[203] Nachdem eine aus Großbritannien, Russland und Österreich bestehende Koalition in der Dreikaiserschlacht bei Austerlitz von Napoleon geschlagen worden war, schlossen Frankreich und Österreich am 26. Dezember 1805 den Frieden zu Pressburg.[204] Dieser Friedensvertrag stellte eine der bittersten Niederlagen Österreichs dar und war für die Donaumonarchie mit Gebietsabtretungen und Reparationszahlungen verbunden.[205] Gleichzeitig wurde Bayern und Württemberg aufgrund des Friedensvertrages von Pressburg die Königswürde zuteil und beiden vorgenannten Bündnispartnern Frankreichs sowie Baden die „plénitude de la souveraineté“ zuerkannt.[206]

---

199 Deutsche Übersetzung des Textes der Deutschen Bulle bei Altmann, Goldene Bulle, S. 107 ff.; siehe zur Goldenen Bulle u. a. Eisenhardt, Die Rechtswirkung der Goldenen Bulle, S. 75 ff.

200 Text abgedruckt bei Hoffmann, Quellen zum Verfassungsorganismus, S. 169 ff.; siehe zum Westfälischen Frieden auch Böckenförde, Der Staat 1969, 449 (453); Schliesky, Souveränität und Legitimität, S. 87; Wyduckel, Rechtstheorie 1998, Sonderheft Westfälischer Frieden, 211 (226).

201 Zur Entstehung der Landesherrschaft insgesamt auch Stern, Staatsrecht, Bd. V, S. 73 ff.

202 Siehe zu diesen sogenannten Koalitionskriegen Nipperdey, Deutsche Geschichte 1800–1866, S. 82 ff.; Schmidt, Wandel durch Vernunft, S. 236 ff.

203 Siehe zu deren Niederlagen im ersten und zweiten Koalitionskrieg Kotulla, Verfassungsgeschichte, Rn. 864 ff.

204 Der Text des Friedensvertrages ist abgedruckt bei Meyer, CJCG, Bd. I, S. 65 ff.; vgl. auch Duchhardt, Altes Reich und europäische Staatenwelt, S. 97.

205 Duchhardt, Altes Reich und europäische Staatenwelt, S. 98.

206 Vgl. Weikl, Krise ohne Alternative, S. 84 f.; siehe auch Oer, Pressburg, S. 37.

Es war umstritten, ob der in dem Friedensvertrag verwendete Begriff die höchste Herrschaftsposition beschreiben sollte, die gemeinhin mit dem Begriff der Souveränität verbunden wird. Ausführungen zur Verwendung des Souveränitätsbegriffs im Deutschland des 19. Jahrhunderts liefert Katharina Weikl.[207] Sie stellt dar, dass damals der französische Begriff „souveraineté" in Deutschland sowohl im Sinne einer absoluten bodinschen Souveränität als auch zur Beschreibung der Landeshoheit der ehemaligen Reichsstände verwendet wurde,[208] wobei man unter Landeshoheit auch im 19. Jahrhundert noch die „Staatsgewalt über einen Partikularstaat [...] in Unterordnung unter die Reichsstaatsgewalt" verstand.[209]

Da der Begriff „souveraineté" somit einerseits dazu diente, einen Zustand völliger rechtlicher Unabhängigkeit zu beschreiben, dieser Begriff andererseits aber auch als Synonym für die Landeshoheit auf Herrschaftsbefugnisse angewendet wurde, die durch eine übergeordnete Ebene begrenzt waren, war man sich in Deutschland nicht einig, wie weit der Umfang der durch den Pressburger Friedensvertrag gewährten Souveränitätsrechte reichen sollte.[210]

In Bayern wurde mehrheitlich davon ausgegangen, dass mit dem Pressburger Friedensvertrag keine vollständige Souveränität erlangt werden sollte, mit der eine Auflösung des Reichsverbandes hätte einhergehen müssen.[211] Ebenso interpretierte Friedrich I. von Württemberg die im Friedensvertrag von Pressburg garantierte Souveränität nur als Landeshoheit, die vornehmlich dazu diente, die Mitspracherechte der eigenen Landstände einzuschränken.[212] Dementsprechend standen für Friedrich I. von Württemberg die im Friedensvertrag garantierte Souveränität und die weiterhin bestehende Einbindung in das HRRdN nicht im Widerspruch zueinander.[213] Auch Karl Friedrich von Baden teilte die Auffassung, dass den süddeutschen Parteien des Pressburger Friedens keine vollständige Souveränität zukommen sollte, da diese sich nicht mit der bisherigen Reichsverfassung vereinbaren lasse und da diese festlege, dass weder Preußen und Österreich noch den süddeutschen Staaten eine Souveränität im Sinne des europäischen

---

207 Vgl. Weikl, Krise ohne Alternative, S. 84 ff.
208 Vgl. Weikl, Krise ohne Alternative, S. 85.
209 Weikl, Krise ohne Alternative, S. 85, mit Zitat nach Schultze-Gävernitz, Einleitung in das deutsche Staatsrecht, S. 263.
210 Vgl. Oer, Pressburg, S. 37; Weikl, Krise ohne Alternative, S. 85.
211 Siehe Quint, Souveränitätsbegriff, S. 150 ff.; Weikl, Krise ohne Alternative, S. 88.
212 Vgl. Sauer, Napoleons Adler, S. 67 ff.; Weikl, Krise ohne Alternative, S. 85.
213 Vgl. Weikl, Krise ohne Alternative, S. 86.

Völkerrechts gebühre.[214] Karl Friedrich kritisierte damit indirekt, dass der Begriff „plénitude de la souveraineté" auch zur Beschreibung der Landeshoheit herangezogen wurde, und deutete gleichzeitig an, dass der Begriff der Souveränität nur verwendet werden dürfe, um eine absolute Machtfülle im Sinne Bodins zu beschreiben.

Während die Höfe und Regierungen der süddeutschen Signaturmächte in den Souveränitätsgarantien des Pressburger Friedensvertrages somit hauptsächlich eine Bestätigung ihrer Landeshoheit sahen,[215] vertraten diejenigen Gesandten dieser Territorien, die unmittelbar an den Friedensverhandlungen mit Frankreich beteiligt waren, die Auffassung, dass Bayern, Württemberg und Baden durch den Pressburger Friedensvertrag eine absolute Souveränität erlangt hätten.[216] Dementsprechend konstatierte beispielsweise der württembergische Gesandte nach der Unterzeichnung des Friedensvertrages, dass Württemberg nun „nicht mehr dem deutschen Staatsverband, sondern Europa" gehöre.[217]

Aus den unterschiedlichen Interpretationen des Pressburger Friedensvertrages geht hervor, dass sich in Deutschland zu Beginn des 19. Jahrhunderts noch keine einheitliche Definition für den Begriff der Souveränität etabliert hatte. Ob eine vollumfängliche Machtfülle im Sinne Bodins oder nur die Landeshoheit beschrieben werden sollte, hing daher immer von der Zielrichtung ab, die mit der Verwendung des Begriffs verfolgt wurde.

II. Souveränität im Rheinbund

Im Jahre 1806 zerfiel das Deutsche Reich unter dem Einfluss Frankreichs, als sich 16 deutsche Reichsstände mit Frankreich verbündeten und zum Rheinbund zusammenschlossen, um ihre dauernde Loslösung vom Reich zu verkünden.[218]

---

214 Äußerung Karl Friedrichs in einem Schreiben an Reitzenstein vom 19. Dezember 1805, abgedruckt in Obser, Correspondenz, Bd. V, S. 404; übernommen von Weikl, Krise ohne Alternative, S. 87.

215 Vgl. Quint, Souveränitätsbegriff, S. 150 ff.; Weikl, Krise ohne Alternative, S. 89.

216 Vgl. Weikl, Krise ohne Alternative, S. 87.

217 Vgl. Weikl, Krise ohne Alternative, S. 87, mit Zitat nach Hölzle, Württemberg, S. 8.

218 Text der Austrittserklärung bei Kotulla, Verfassungsrecht, Bd. I, S. 490 f. Der Austritt war bereits durch die Rheinbundakte vorgegeben: „seront séparés a perpétuité du territoire de l'Empire Germanique", Text der Rheinbundakte bei Kotulla, Deutsches Verfassungsrecht, Bd. 1, S. 506 ff.; die Rheinbundakte wird fortan „RBA" abgekürzt.

Die aus diesen Ereignissen resultierenden Souveränitätsansprüche der deutschen Fürsten wirkten sich auf die spätere Gestaltung des Deutschen Bundes aus.[219]

1. Der Untergang des Heiligen Römischen Reiches deutscher Nation

Der Rheinbund wurde 1806 auf Initiative Frankreichs gegründet, um die deutschen Staaten – mit Ausnahme Österreichs und Preußens – in einer französisch protegierten Föderation zu verbinden.[220] Nachdem hierzu am 12. Juli 1806 eine Reihe deutscher Staaten die Rheinbundakte, die fortan das Verhältnis zwischen den Rheinbundstaaten und Frankreich regeln sollte, unterzeichnet und am 25. Juli 1806 ratifiziert hatten,[221] schlossen sich nach den französischen Siegen in Jena und Auerstedt sukzessive fast alle übrigen deutschen Klein- und Mittelstaaten durch Akzessionsverträge dem Rheinbund an.[222] Lediglich Österreich, Preußen, Dänisch-Holstein und Schwedisch-Pommern sowie die Hansestädte traten diesem nicht bei. Insgesamt umfasste der Rheinbund im Jahr 1808 damit 39 deutsche Staaten.[223]

Mit der Gründung des Rheinbundes wurden durch Art. 2 RBA die meisten Reichsgesetze außer Kraft gesetzt. Ausnahmen hiervon bildeten der Reichsdeputationshauptschluss, durch den die kirchlichen Reichsstände säkularisiert und viele kleinere weltliche Reichsstände mediatisiert worden waren.[224] Außerdem hatten sich die Rheinbundstaaten durch Art. 3 RBA zur Loslösung vom Deutschen Reich verpflichtet. Aus diesem Grund legte Kaiser Franz II. am 6. August 1806 nicht nur

219 So auch Quint, Souveränitätsbegriff, S. 38.

220 Vgl. Sauer, Napoleons Adler, S. 136.

221 Zunächst unterzeichneten die Könige von Bayern und Württemberg, der Kurfürst-Erzkanzler Dalberg, die Großherzöge von Baden, Berg und Hessen-Darmstadt, die Herzöge von Arenberg und Nassau-Usingen, die Fürsten von Hohenzollern-Hechingen, Hohenzollern-Sigmaringen, Isenburg-Birstein, Liechtenstein, Nassau-Weilburg, Salm-Kyrburg, Salm-Salm und der Graf von der Leyen, vgl. Sauer, Napoleons Adler, S. 141.

222 Akzessionsverträge abgedruckt bei Kotulla, Verfassungsrecht, Bd. I, S. 512 ff.; das Zustandekommen der Akzessionsverträge auch dargestellt bei Huber, Verfassungsgeschichte, Bd. I, S. 76.

223 Siehe hierzu Meyer, CJCG, Bd. I, S. 88 ff.

224 Zudem enthielt er Regelungen zu den Pensionen sowie zur Schifffahrt. Text des Reichsdeputationshauptschlusses bei Kotulla, Deutsches Verfassungsrecht, Bd. I, S. 459 ff.; zu den Mediatisiertenrechten im Deutschen Bund unten Kapitel 3 A. III.2(a).

die Reichskrone nieder, sondern proklamierte gleichzeitig auch die Auflösung des HRRdN.[225]

2. Protektorat und Souveränitätsrechte

Die Rheinbundakte bildete die Grundlage für die neue Konföderation der deutschen Fürsten. Durch Art. 12 RBA erhob sich der französische Kaiser zum Protektor über alle Rheinbundstaaten, die hierdurch allerdings eher beherrscht als beschützt werden sollten.[226]

Obwohl Frankreich eine augenscheinliche Machtposition besaß, betonte die Rheinbundakte wiederholt die „Souveränität" der Rheinbundstaaten.[227] Dies führte dazu, dass in der zeitgenössischen Literatur, die kurz nach der Gründung des Rheinbundes erschien, der neue Zustand teilweise noch als „vollkommene Souverainität" der deutschen Regenten beschrieben wurde, ohne dabei die Souveränitätsbeschränkungen im Protektorat hinreichend zu berücksichtigen.[228]

Tatsächlich besaß Frankreich weder durch die Akzessionsverträge noch durch die Rheinbundakte ein ausdrückliches Interventionsrecht gegenüber den Rheinbundstaaten. Dennoch gewährte die Rheinbundakte den deutschen Fürsten keine vollumfängliche Machtfülle, sondern begrenzte den Umfang der Souveränitätsrechte. Gemäß Art. 26 RBA beschränkten sich die „droits de souveraineté" der Rheinbundfürsten auf die Gesetzgebung, die Gerichtsbarkeit, die Polizeiaufgaben und die Rekrutierung.[229] Die Positivliste in Art. 26 RBA stellte somit sicher, dass die Rheinbundfürsten im Rahmen ihrer Souveränität nur bestimmte Rechte ausüben durften. Folglich wurde den Rheinbundstaaten nur die Wahrnehmung der

---

225 Da der Kaiser aufgrund der Reichsgesetze nicht berechtigt war, das HRRdN aufzulösen, hörte es durch den nichtigen Rechtsakt von Kaiser Franz II. aus verfassungsrechtlicher Sicht nicht auf zu existieren, sondern bestand als institutionsentkleidetes Gebilde fort, das nach dem Ende der französischen Herrschaft über Deutschland hätte reaktiviert werden können; vgl. Kotulla, Deutsches Verfassungsrecht, Bd. I, S. 16.

226 Vgl. Hoffmann, Der Befreiungskrieg, S. 83; Nipperdey, Deutsche Geschichte 1800–1866, S. 19.

227 So wird die Stellung der Fürsten in insgesamt 14 Artikeln der Rheinbundakte mit dem Wort „souverän" beschrieben: Art. 8, 17, 18, 19, 21, 22, 23, 24, 25, 26, 27, 29, 30, 31 RBA.

228 So unter anderem Gönner in seiner 1807 erschienenen Schrift: Gönner, Über den Umsturz, S. 48.

229 Art. 26 RBA: „Die Rechte der Souveränität bestehen in der Gesetzgebung, in der hohen Jurisdiction, in der hohen Polizei, in der militärischen Konscription oder Rekrutirung und in dem Rechte der Auflagen."

innerstaatlichen Angelegenheiten zugesichert, sodass ihnen auch nach dem Untergang des HRRdN eine absolute Herrschaftsmacht verwehrt blieb.[230]

Für Napoleon war es im Übrigen selbstverständlich, dass er immer dann in die Belange der Rheinbundstaaten eingreifen konnte, wenn dies zum Vorteil Frankreichs notwendig erschien.[231] Um die Rheinbundstaaten noch enger an sich zu binden, forcierte Frankreich dort beispielweise auch die Angleichung des Rechts an den Code Civil.[232]

Als Konsequenz der rein innerstaatlichen Souveränitätszuweisung fehlten den Rheinbundstaaten weitgehende äußere Herrschaftsbefugnisse. Zwar waren die Rheinbundstaaten befugt, untereinander Verträge abzuschließen. Völkerrechtliche Verträge oder gar militärische Konventionen mit Drittstaaten waren gemäß Art. 8 RBA hingegen ausdrücklich untersagt. Ausnahmen von diesem Grundsatz ließ Napoleon nur zu, wenn dies zum Vorteil Frankreichs geschah. Dementsprechend „durften“ Westfalen und das Bergische Großherzogtum Gebiete an Frankreich abtreten, obwohl hierdurch Rheinbundgebiete an einen Nicht-Rheinbundstaat übertragen wurden und die Gebietsveränderungen damit Art. 8 RBA widersprachen.[233]

Die Rheinbundstaaten besaßen ebenfalls keine eigene Entscheidungsbefugnis über Krieg und Frieden; ihre Politik war vielmehr durch die in Art. 35 RBA geregelten Beistandspflichten direkt mit der Kriegspolitik Frankreichs verknüpft. Da Kriege während der napoleonischen Ära in der Regel auf Initiative Frankreichs (und nicht der Rheinbundstaaten) geführt wurden, war Frankreich der alleinige Nutznießer der gegenseitigen Bündnispflichten. Darüber hinaus konnte gemäß Art. 36 Abs. 2 RBA bei einer Bedrohungslage nur der französische Kaiser entscheiden, ob die Konföderationstruppen mobilisiert werden sollten oder nicht. Dies bedeutete eine weitere Schwächung der Positionen der Rheinbundstaaten.

Die Regelungen der Rheinbundakte und die Dominanz der napoleonischen Herrschaftsmacht gaben Frankreich folglich die beinahe uneingeschränkte Möglichkeit, über Krieg und Frieden der Rheinbundstaaten zu bestimmen. Zumindest außenpolitisch waren diese somit von Frankreich abhängig, sodass sie in diesem

230 Vgl. Kotulla, Verfassungsgeschichte, Rn. 1160.

231 Huber (Verfassungsgeschichte, Bd. I, S. 82) beschreibt dieses sich selbst gegebene Recht Napoleons wie folgt: „Doch galt es dem Autoritäts- und Machtbewusstsein Napoleons als selbstverständlich, daß die gegebenen Verhältnisse [im Rheinbund] ihm auch ohne förmlichen Rechtstitel jede notwendig erscheinende Einmischung gestatten würden.“

232 Hierzu Fehrenbach, Politischer Umbruch, S. 49 ff.

233 Vgl. Kotulla, Deutsches Verfassungsrecht, Bd. I, S. 24.

Bereich keine eigene höchste Herrschaftsgewalt besaßen. Die innerstaatlichen Handlungsbefugnisse der Rheinbundstaaten wurden hingegen durch die Rheinbundakte nur wenig begrenzt. Da ihnen durch Art. 26 RBA substanzielle Herrschaftsbefugnisse zuerkannt wurden, konnten sich die einzelnen Rheinbundstaaten weitgehend unabhängig organisieren und verwalten. Wie sich nicht zuletzt an der Angleichung des Rechts an den Code Civil erkennen lässt, steuerte Frankreich jedoch teilweise auch den Umfang dieser innerstaatlichen Unabhängigkeit.

3. Die Souveränitätseinschätzung der Rheinbundstaaten

Aufgrund der Dominanz Frankreichs und der Eingrenzung der Souveränitätsrechte durch Art. 26 RBA besaßen die Rheinbundfürsten nur beschränkte Herrschaftsbefugnisse, obwohl jedem einzelnen von ihnen durch die Artt. 17–24 RBA entweder die „toute souveraineté" oder zumindest die Ausübung der „droits de souveraineté" zugesichert worden war. Dies ließ auch die Oberhäupter der Rheinbundstaaten zu der Erkenntnis gelangen, dass im Rheinbund noch nicht der angestrebte Grad der Unabhängigkeit erreicht worden war.[234] Daher verfolgten die meisten Rheinbundstaaten – insbesondere Bayern – von Anfang an das Ziel, den unerwünschten Rheinbund so schnell wie möglich wieder aufzulösen.[235]

Die deutschen Fürsten befürchteten außerdem, dass die eigene Souveränität nicht nur unmittelbar durch den Protektor, sondern auch durch einen mit immer mehr Befugnissen ausgestatteten Rheinbund weiter beschränkt werden könnte. Als sich im September 1806 die Nachricht verbreitete, Napoleon verlange, dass der Rheinbund eigene oberste Legislativ-, Exekutiv- und Judikativorgane erhalte, kam es deshalb zu heftigsten Protesten der Rheinbundfürsten. Ihrer Auffassung nach würde durch einen solchen Schritt die Souveränität der konföderierten Staaten gänzlich aufgehoben.[236]

Auch in den folgenden Jahren stieß der von Napoleon forcierte Versuch, im Rheinbund eine kollektive Verfassung einzuführen, bei den Rheinbundstaaten auf Widerstand. Als ein einheitliches Organisationsstatut wegen des französischen Drucks unausweichlich erschien, verlangten die Rheinbundfürsten, dass zumindest die Gesetzgebungskompetenz, die Entscheidung über den Eintritt in einen Krieg und die Steuerhoheit nicht beim Bund liegen dürfe, weil ohne diese Rechte

---

234 So beispielsweise der bayerische Minister Montgelas über den Rheinbund, vgl. Quint, Souveränitätsbegriff und Souveränitätspolitik, S. 227.

235 Siehe Raumer, Préfecture francaise, S. 643.

236 Siehe Doeberl, Rheinbundverfassung, S. 12.

keine einzelstaatliche Souveränität mehr bestehen könne.[237] Nicht zuletzt wegen dieses erbitterten Widerstandes scheiterte am Ende der Versuch, eine Rheinbundverfassung einzuführen.

4. Schlussfolgerungen

Dem Wortlaut und Regelungsgehalt der Rheinbundakte lässt sich entnehmen, dass Napoleon den Rheinbundstaaten nur nach innen gerichtete Herrschaftsbefugnisse zugestand. Soweit das Verhältnis der Rheinbundstaaten zu Frankreich betroffen war, behielt er hingegen die Zügel in der Hand. Obwohl sich der Umfang der Unabhängigkeit der Rheinbundstaaten damit auf innerstaatliche Herrschaftsbefugnisse beschränkte, wurde ihnen durch die Rheinbundakte das Attribut „souveraineté" zugebilligt. Aufgrund der Beschränkung ihrer Herrschaftsrechte waren die Rheinbundfürsten jedoch nicht souverän im Sinne des absolutistischen Souveränitätsverständnisses Bodins.

Die Situation im Rheinbund belegt somit, dass die deutschen Fürsten auch nach dem Untergang des HRRdN keine vollumfängliche Souveränität besaßen. Überdies zeigt der Vergleich des alten Reiches mit dem Rheinbund, dass Napoleon nunmehr die Herrschaftsmacht der einzelnen Fürsten stärker beschränkte als einst der Reichskörper. Dennoch hatten die Rheinbundfürsten durch die Loslösung vom Reich und den Zusammenschluss zum Rheinbund zwei ihrer anvisierten Ziele erreicht: Sie wurden entsprechend den Vorgaben des Pressburger Friedensvertrages als „souverain" bezeichnet und konnten nach wie vor die eigene Innenpolitik weitgehend frei von äußeren Einflüssen organisieren. Gerade der Widerstand, der sich in den einzelnen Rheinbundstaaten gegen die Konföderation regte, bestätigte jedoch, dass die deutschen Fürsten nach mehr als dieser rein inneren Souveränität, deren Umfang nicht über die bisherige Landeshoheit hinausging, strebten. Sie wollten die ihnen gewährte innerstaatliche Herrschaftsmacht behalten und sich gleichzeitig von den Einflüssen Frankreichs befreien.

Anhand der Rheinbundakte lassen sich in Bezug auf die Verwendung des Souveränitätsbegriffs im beginnenden 19. Jahrhundert deshalb zwei entscheidende Feststellungen treffen: Er wurde einerseits, wie der Begriff der Landeshoheit, zur Beschreibung rein innerstaatlicher Herrschaftsbefugnisse verwendet. Damit wurde mit Souveränität eine Herrschaftsposition beschrieben, die nicht die von Bodin

237 Vgl. Doeberl, Rheinbundverfassung, S. 80 ff.; siehe auch Quint, Souveränitätsbegriff und Souveränitätspolitik, S. 245; eine Rheinbundverfassung wurde tatsächlich nie eingeführt.

geforderte absolute Herrschaftsmacht umfasste. Andererseits lässt sich aus der abschließenden Aufzählung der konkreten Rechte in Art. 26 RBA, die im Rheinbund vom Begriff der Souveränität umfasst sein sollten, auch schlussfolgern, dass sich das generelle zeitgenössische Souveränitätsverständnis nicht zwangsläufig auf innerstaatliche Herrschaftsrechte beschränkte, sodass der Umfang der Souveränität ausdrücklich eingeschränkt werden musste, wenn mit dieser keine absolute Machtfülle verbunden sein sollte.

III. Preußen und Österreich in der Rheinbundzeit

Österreich und Preußen besaßen in der Spätphase des HRRdN aufgrund ihrer Größe und ihrer militärischen Mittel eine Sonderstellung. Mit ihren verheerenden Niederlagen in den gegen Frankreich geführten Kriegen schwand ihr Einfluss während der napoleonischen Ära allerdings erheblich.[238]

1. Preußen

Preußen hatte bis 1795 im ersten Koalitionskrieg an der Seite Österreichs gekämpft, dann aber im Gegensatz zu seinem Koalitionspartner einen separaten Friedensvertrag mit Frankreich abgeschlossen.[239] Bis 1806 verfolgte Preußen eine Politik der Neutralität und bescherte damit ganz Norddeutschland relativ ruhige und geordnete Verhältnisse. Gleichzeitig büßte die einst mächtige preußische Armee aufgrund überfälliger Reformen und wegen Schwächen in der Kommandostruktur einen Großteil ihrer vormaligen Stärke ein.[240]

1806 scheiterte eine mit Frankreich angestrebte Vereinbarung über die Aufteilung Deutschlands. Nachdem zusätzlich ein an Frankreich gerichtetes preußisches Ultimatum zum Abzug aller in Deutschland befindlichen französischen Truppen ergebnislos verstrichen war, erklärte Preußen Frankreich am 9. Oktober 1806 den Krieg.[241] Die darauf folgende verheerende Niederlage in den Schlachten von Jena

238 Zur Entwicklung bis 1806: Kotulla, Verfassungsgeschichte, Rn. 945 ff. (Habsburg-Österreich) und Rn. 1032 ff. (Brandenburg-Preußen); zur Entwicklung aufgrund der Niederlagen gegen Napoleon: Aretin, Vom Deutschen Reich zum Deutschen Bund, S. 100 ff.; Kotulla, Verfassungsgeschichte, Rn. 1243 ff. (Österreich) und Rn. 1198 ff. (Preußen).

239 Siehe hierzu Simon, Basler Frieden 1795, S. 17 ff.

240 Vgl. Aretin, Vom Deutschen Reich zum Deutschen Bund, S. 102.

241 Siehe hierzu auch Kotulla, Verfassungsgeschichte, Rn. 1200.

und Auerstedt und die anschließende Besetzung Berlins durch französische Truppen brachten Preußen an den Rand des Untergangs.

Der nach Ostpreußen geflohene König Friedrich Wilhelm III. versuchte durch eine Reaktivierung seines Bündnisses mit Russland, eine vollständige Vormachtstellung Frankreichs zu verhindern. Hierzu vereinbarten Preußen und Russland am 26. April 1807 mit dem Vertrag von Bartenstein die Wiederherstellung der Grenzen von 1805. Gleichzeitig planten sie die Errichtung eines „konstitutionellen Bundes", der die Westgrenze entlang des Rheins absichern sollte.[242] Preußen und Russland vereinbarten damit bereits 1807 die Gründung derjenigen deutschen Föderation, die schließlich 1815 auf dem Wiener Kongress ins Leben gerufen wurde.[243]

Das Bündnis zwischen Preußen und Russland war jedoch nicht von langer Dauer. Nachdem die russische Armee am 14. Juni 1807 bei Friedland von Napoleon geschlagen wurde, verbündete sich Russland im Tilsiter Friedensvertrag mit Frankreich. Preußen sah sich hierdurch gezwungen, diesem Friedensvertrag unter kapitulationsgleichen Bedingungen ebenfalls zuzustimmen. Hierdurch verlor es seine polnischen Besitzungen sowie seine Gebiete westlich der Elbe. Darüber hinaus musste Preußen seine Heeresgröße auf 42.000 Mann reduzieren und wurde zu immensen Reparationszahlungen verpflichtet.[244] Zudem wurde Preußen 1812 gezwungen, gemeinsam mit Napoleons Grande Armée gegen Russland in den Krieg zu ziehen.[245]

2. Österreich

Um die Schmach des Pressburger Friedens zu kompensieren, erklärte Österreich Frankreich den Krieg, als 1809 ein Großteil der französischen Streitmacht im Krieg gegen Spanien gebunden war. Aber auch die Schlachten dieses durch Österreich ausgelösten fünften Koalitionskrieges, bei dem England an der Seite Österreichs kämpfte, verliefen zugunsten Frankreichs, sodass ein halbes Jahr nach dem Beginn der kriegerischen Auseinandersetzungen am 14. Oktober 1809 der Friedensvertrag von Schönbrunn geschlossen wurde. Durch diesen verlor Österreich weitere Gebiete und musste sich zu weiteren Reparationszahlungen verpflichten.[246]

---

242 Vgl. Kotulla, Verfassungsgeschichte, Rn. 1201.

243 Zum Vertrag von Bartenstein: Häusser, Deutsche Geschichte, Bd. III, S. 98 f.

244 Hierzu insgesamt: Kotulla, Verfassungsgeschichte, Rn. 1202 f.

245 Siehe zu den Auswirkungen innerhalb Preußens Kotowski, Wilhelm von Humboldt, S. 1346 ff.

246 Siehe hierzu Kotulla, Verfassungsrecht, Bd. I, S. 23 f.

Durch den Friedensvertrag von Schönbrunn wurde Österreich außerdem gezwungen, sich der Kontinentalsperre gegen England anzuschließen und ein Militärbündnis mit Frankreich einzugehen. Dieses führte im Jahr 1812 schließlich zur Beteiligung Österreichs am Krieg gegen Russland.

3. Fazit

Im Gegensatz zu den Rheinbundstaaten wurden Preußen und Österreich nicht in das Korsett eines von Frankreich dominierten Bundes gezwängt. Obwohl die Souveränität beider Staaten damit nicht durch eine neu geschaffene Staatenverbindung begrenzt wurde, waren sie aufgrund ihrer wiederholten militärischen Niederlagen der Überlegenheit Frankreichs ausgesetzt. Die Herrschaftsmacht Österreichs und Preußens wurde somit nicht rechtlich, sondern nur faktisch begrenzt, da Frankreich über mehrere Jahre hinweg das außenpolitische Handeln Österreichs und Preußens bestimmen konnte. Spätestens nachdem sich die beiden Staaten ab 1813 von der faktischen Überlegenheit Frankreichs lösen konnten,[247] besaßen sie eine durch keine äußeren Einflüsse begrenzte Souveränität.

IV. Souveränitätsgarantien in den Allianzverträgen

Als Frankreich 1812 seine Grande Armée für den Russlandfeldzug aufstellte, konnte es nicht nur die Rheinbundstaaten, sondern auch Preußen und Österreich auf seine Seite zwingen. Erst nachdem Napoleons Armee vom russischen Winter besiegt worden war, wechselten die deutschen Staaten nach und nach die Fronten.[248]

Die Ereignisse in Russland führten dazu, dass der Ruf nach völliger Loslösung von der französischen Vorherrschaft in Deutschland immer lauter wurde.[249] Als erster deutscher Staat schloss Preußen mit Russland ein Bündnis gegen Frankreich. Kurz darauf, am 9. September 1813, konnte Preußen im Vertrag von Teplitz Österreich dazu bewegen, der Koalition gegen Napoleon beizutreten.[250] Die Machtverhältnisse in Europa hatten sich damit grundlegend verändert.

---

247 Siehe unten Kapitel 2 A.IV.

248 Siehe hierzu Nipperdey, Deutsche Geschichte 1800–1866, S. 82 f.; Stern, Staatsrecht, Bd. V, S. 183 f.

249 Siehe Quint, Souveränitätsbegriff und Souveränitätspolitik, S. 260.

250 Siehe Nipperdey, Deutsche Geschichte 1800–1866, S. 86 f.; Stern, Staatsrecht, Bd. V, S. 184; Beitrittsvertrag abgedruckt bei Meyer, CJCG, Bd. I., S. 144 f.

1. Der Vertrag von Ried

Die Rheinbundstaaten waren zunächst noch mit Frankreich verbündet, wechselten jedoch sukzessive die Seiten.[251] Als erster Rheinbundstaat vollzog Bayern den Frontwechsel und schlug sich am 8. Oktober 1813 durch den mit Österreich geschlossenen Vertrag von Ried auf die Seite der antinapoleonischen Koalition.[252] Österreich garantierte Bayern in diesem Vertrag, sowohl im eigenen Namen als auch stellvertretend für alle Allianzpartner, dass es „losgelöst von jedem Bande und frei von ausländischer Einwirkung die volle Souveränität genießt".[253]

In Bezug auf die Auslegung des Inhalts der Souveränität, die Bayern garantiert wurde, ist bemerkenswert, dass im Allianzvertrag statt des sonst gebräuchlichen Begriffs „plénitude de souveraineté" die gewährten Souveränitätsrechte mit „la souveraineté pleine et entière" umschrieben wurden. Das Begriffspaar „pleine et entière" stellt ein Hendiadyoin dar, das im Französischen noch heute zur Beschreibung eines Vollrechts verwendet wird.[254] Die Wortwahl des Allianzvertrages lässt folglich darauf schließen, dass die neuen Souveränitätsrechte nicht auf den Umfang der vormaligen Landeshoheitsrechte beschränkt sein sollten. Dementsprechend besteht heutzutage weitgehende Einigkeit darüber, dass Bayern durch

---

251 Siehe Kotulla, Verfassungsgeschichte, Rn. 1183 ff.; Nipperdey, Deutsche Geschichte 1800–1866, S. 86 f.; Stern, Staatsrecht, Bd. V, S. 184.

252 Abgedruckt bei Kotulla, Verfassungsrecht, Bd. I, S. 545.

253 Art. 4 des Rieder Vertrages, deutsche Übersetzung abgedruckt bei Kotulla, Verfassungsrecht, Bd. I, S. 549; die Garantien waren nicht nur im eigentlichen Bündnisvertrag, sondern auch im gleichzeitig geschlossenen Geheimvertrag (beide Verträge abgedruckt bei Kotulla, Verfassungsrecht, Bd. I, S. 549 ff.) enthalten: Art. 4 Bündnisvertrag: „S. M. l'Empereur d'Autriche garantit tant en son nom qu'au nom de Ses Alliés, à S. M. le Roi de Bavière la jouissance libre et paisible, ainsi que la Souveraineté pleine et entière de tous les états, villes, domaines et fortresses, dont Elle se trouvoit en possession avant le commencement des hostilités."; Art. 1 der Gesonderten Geheimartikel des Vertrages von Ried: „Les deux hautes parties contractantes regardent comme un des objects principaux de leur effords dans la guerre actuelle, la dissolution de la confédération du Rhin et l'independance entière absolue de la Bavière, de sorte que dégagée et placée hors de toute influence étrangère, Elle jouisse de la plénitude de Sa souveraineté."

254 So wird zum Beispiel der Begriff „Volleigentum" mit „propriété pleine et entière" übersetzt. Siehe zur Verwendung des Begriffspaares „pleine et entière" in Bezug auf die Beschreibung einer vollumfänglichen Neutralität auch Brunner/Conze/Koselleck, Geschichtliche Grundbegriffe, Bd. IV, S. 327.

den Vertrag von Ried eine volle und uneingeschränkte Souveränität versprochen wurde.[255]

Aufgrund der Souveränitätsgarantie im Vertrag von Ried wiesen die Signale für die künftige Struktur Deutschlands bereits in eine klare Richtung: Ein deutscher Nationalstaat war nunmehr nicht mehr realisierbar, ohne die vertraglichen Verpflichtungen gegenüber Bayern wieder rückgängig zu machen. Dies erkannte insbesondere auch der preußische Freiherr vom Stein, der einen deutschen Bundesstaat mit einer starken Zentralgewalt schaffen wollte und deshalb Protest gegen den Vertrag von Ried erhob.[256] Dessen ungeachtet schloss sich Preußen dem Vertrag von Ried gemeinsam mit Russland am 4. November 1813 an.

2. Die Verträge von Fulda und Frankfurt

Bereits bevor Preußen dem Vertrag von Ried beigetreten war, hatten die Anhänger eines deutschen Nationalstaates, allen voran Freiherr vom Stein, gefordert, zumindest mit den restlichen Rheinbundstaaten in althergebrachter Siegermanier zu verfahren und diese Staaten nach ihrer Besetzung in Sequestration zu nehmen.[257] Hierdurch sollte doch noch eine Ausgangslage geschaffen werden, die die „nationaldeutschen Bundesstaatspläne Steins mächtig gefördert" hätte.[258]

Viele der Rheinbundstaaten erkannten jedoch diese Absichten rechtzeitig genug, um sich dem Vorbild Bayerns anzuschließen und die Fronten zu wechseln.[259] Daraufhin wurde im Vertrag von Fulda am 2. November 1813 zunächst ein Waffenstillstandsvertrag mit Souveränitätsgarantien zwischen Österreich und Württemberg geschlossen.[260] Kurz darauf entstanden in Frankfurt

---

255 Vgl. Kotulla, Verfassungsgeschichte, Rn. 1183; Kotulla, Verfassungsrecht, Bd. I, S. 26; Nipperdey, Deutsche Geschichte 1800–1866, S. 87; Zippelius, Kleine deutsche Verfassungsgeschichte, S. 86.

256 Vgl. Huber, Verfassungsgeschichte, Bd. I, S. 494; zu Steins Plänen näher unten Kapitel 2 B.I.

257 Siehe hierzu mit Verweis auf Steins diesbezügliche Kommentare in seiner Denkschrift Huber, Verfassungsgeschichte, S. 495, Fn. 1.

258 Huber, Verfassungsgeschichte, Bd. I, S. 495.

259 Siehe Huber, Verfassungsgeschichte, S. 495.

260 Abgedruckt bei Kotulla, Verfassungsrecht, Bd. I, S. 554; siehe zum Abschluss dieser Verträge Kotulla, Verfassungsgeschichte, Rn. 1185 ff.; Nipperdey, Deutsche Geschichte 1800–1866, S. 87 f.

weitgehend gleichlautende Verträge mit Baden, Hessen-Darmstadt, Nassau, Sachsen-Meiningen, Sachsen-Coburg-Saalfeld, Lippe-Detmold und Liechtenstein.[261] Preußen und Russland schlossen sich den Friedensverträgen zeitnah an.

Die Souveränitätsgarantien, die durch die Verträge von Fulda und Frankfurt besiegelt wurden, waren im Gegensatz zum Vertrag von Ried nicht vorbehaltlos und wurden auch nicht mit dem klarstellenden Zusatz „pleine et entière" aufgewertet. Nach dem Wortlaut der Verträge sollte die Souveränität der unterzeichnenden Rheinbundstaaten zudem nur so weit reichen, wie diese der Herstellung und Sicherung der Unabhängigkeit[262] und der territorialen Neuordnung Deutschlands nicht entgegensteht.[263] Die Regelungen in den Verträgen von Fulda und Frankfurt ließen dementsprechend eine Auslegung zu, die den Umfang der garantierten Souveränität auf die Rechte beschränkte, die bereits den Reichsständen im Rahmen ihrer Landeshoheit zustanden.

Auch wenn die gegenüber den meisten deutschen Staaten abgegebenen Souveränitätsgarantien somit unter Vorbehalten standen, zeichnete sich immer konkreter ab, dass eine Neuordnung Deutschlands nicht erfolgen konnte, ohne zumindest die vormaligen Landeshoheitsrechte der deutschen Staaten zu beachten. Die Verträge von Fulda und Frankfurt manifestierten folglich für ganz Deutschland den föderalen Kurs, der in bereits in Ried eingeschlagen worden war.

3. Bewertung der Allianzverträge in Bezug auf die Souveränitätsgarantien

Insbesondere der Vertrag von Ried lässt Rückschlüsse auf den Umfang der Souveränität zu, die den Gliedstaaten zukünftig durch die Bundesgrundgesetze zuteilwerden sollte. Während alle anderen Staaten nur Souveränitätsrechte erhielten, die durch die Sicherung des Friedens und der Unabhängigkeit Deutschlands begrenzt werden konnten, wurde Bayern im Vertrag von Ried eine uneingeschränkte Souveränität zugesichert. Die diesbezüglichen Differenzierungen in den einzelnen

261 Diese jeweils einzeln abgedruckt bei Kotulla, Verfassungsrecht, Bd. I, S. 561 ff.

262 Art. 1 Satz 2 der geheimen Zusatzvereinbarung des Vertrages von Fulda mit Württemberg.

263 Art. 1 der Zusatzvereinbarung mit Baden im Vertrag von Frankfurt und Art. 4 der weiteren Frankfurter Verträge.

Allianzverträgen machten deutlich, dass fortan die Zustimmung Bayerns erforderlich war, wenn dessen Souveränitätsrechte begrenzt werden sollten.

Aufgrund der Einschränkungen in den weiteren Akzessionsverträgen musste die Souveränität der anderen vormaligen Rheinbundstaaten hingegen nur so weit gewahrt bleiben, wie dies mit der Erhaltung des Friedens und der Unabhängigkeit Deutschlands vereinbar war. Wird der bayerische Sonderfall einmal ausgeblendet, ist in Bezug auf die übrigen deutschen Staaten festzuhalten, dass deren durch die Allianzverträge vorgezeichnete Souveränitätsrechte nicht ausschlossen, dass ihre Herrschaftsbefugnisse im Zuge der Neuordnung Deutschlands eingeschränkt wurden. Die Souveränitätsrechte, die die deutschen Staaten – mit Ausnahme Bayerns – verlangten bzw. durchsetzen konnten, waren somit darauf ausgerichtet, in ein gesamtdeutsches Sicherheitssystem eingebettet zu werden. Demzufolge konnten sie sich auf die Rechte beschränken, die den deutschen Fürsten vormals im Rahmen ihrer Landeshoheit zustanden. Gleichzeitig zeigte der Vertrag von Ried, dass Bayern auf bereits zugesicherte Souveränitätsrechte verzichten musste, falls die deutschen Staaten durch die zukünftige Neuordnung Deutschlands keine vollumfängliche Souveränität erhalten sollten. Die Ausgestaltung der künftigen Struktur Deutschlands war somit durch die Allianzverträge in wesentlichen Grundzügen bereits 1813 präjudiziert.[264]

V. Fazit

Die Inhalte und Interpretationen des Pressburger Friedens, der Rheinbundakte und der 1813 geschlossenen Friedensverträge zeigen, dass es in Deutschland bis zum Wiener Kongress keine einheitliche Definition des Begriffs „souveraineté“ gab. Der französische Begriff wurde sowohl im Sinne der vormaligen Landeshoheit als auch als absolute Souveränität (im Sinne Bodins) ausgelegt. Welche Interpretation des Souveränitätsbegriffs im Einzelfall richtig sein sollte, war nur dem Gesamtkontext zu entnehmen. Als Auslegungshilfen konnten dabei sowohl die Adjektive herangezogen werden, die die „souveraineté“ konkretisierten, als auch und insbesondere die Zielsetzungen derjenigen Staaten, die den Begriff „souveraineté“ in ihren Verträgen verwendeten.

264 Siehe Kotulla, Verfassungsrecht, Bd. I, S. 29.

Aufgrund der deutlichen Wortwahl im Vertrag von Ried sah es so aus, als wenn sich zumindest Bayern zukünftig nicht mit einer reinen Landeshoheit zufriedengeben würde. Eine Einschränkung der Souveränitätsrechte der Mitglieder einer zukünftigen deutschen Föderation war jedoch nur noch „mit der ausdrücklichen Zustimmung Bayerns möglich“.[265]

B. Souveränitätsforderungen auf dem Wiener Kongress

Nachdem Napoleon in der Völkerschlacht bei Leipzig vorläufig besiegt worden war,[266] war es an der Zeit, Deutschland und Europa eine neue Ordnung zu geben. Wie bereits durch die Verträge von Ried, Fulda und Frankfurt präjudiziert wurde, bestimmte Art. 6 des ersten Pariser Friedens vom 30. Mai 1814, dass Deutschland föderativ organisiert werden sollte.[267] Die Gründung eines deutschen Nationalstaates kam hingegen kaum noch in Betracht,[268] weil die deutschen Fürsten nicht bereit waren, auf die Garantien der Friedensverträge zu verzichten.[269]

Seine konkrete Gestalt erhielt der Deutsche Bund auf dem Wiener Kongress. Obwohl den deutschen Mittelstaaten – insbesondere Bayern – bereits in den Friedensverträgen zugesichert worden war, dass ihre Souveränitätsansprüche bei der Neuordnung Deutschlands berücksichtigt werden, gab es auf diesem bis zum

---

265 Kotulla, Verfassungsrecht, Bd. I, S. 26.

266 Nachzulesen bei Kleßmann, Deutschland unter Napoleon, S. 245 ff.; Wenzlik, Die napoleonischen Kriege.

267 Art. 6 des ersten Pariser Friedens, abgedruckt bei Meyer, CJCG, Bd. I, S. 242: „Les états de l’Àllemagne seront independant et unis par un lien féderatif“, die deutschen Staaten sollen unabhängig und durch einen föderativen Verband vereinigt sein; siehe hierzu auch Aretin, Vom Deutschen Reich zum Deutschen Bund, S. 158; Zoepfl, Grundsätze des gemeinen deutschen Staatsrechts, S. 272.

268 Ein Nationalstaat wurde insbesondere von Reichsfreiherr Heinrich vom und zum Stein befürwortet, der beim Wiener Kongress als russischer Gesandter auftrat. Als gebürtiger Nassauer und späterer preußischer Beamter fühlte er sich aber vornehmlich als Deutscher. Deutlich geht seine deutsch-nationale Gesinnung aus seinem Brief vom 1.12.1812 an Münster hervor, Text in: Stein, Briefe und Amtl. Schr. Bd. III S. 817.

269 Siehe zu den Forderungen der deutschen Mittelstaaten Huber, Verfassungsgeschichte, Bd. I, S. 558 ff.

letzten Tag Diskussionen über die genaue Ausgestaltung der zukünftigen Souveränitätsrechte. Hauptgrund hierfür war die unterschiedliche Interessenslage in den einzelnen deutschen Staaten.[270]

I. Die verschiedenen Grundkonzeptionen für Deutschland

Trotz der Souveränitätsgarantien in den Friedensverträgen hofften zunächst insbesondere die preußischen Kongressgesandten Hardenberg und Humboldt, aus Deutschland einen bundesstaatlich organisierten Nationalstaat machen zu können. Wegen der gegenläufigen Interessen Österreichs und aufgrund des

---

270 **Österreich** hatte beispielsweise im Jahre 1815 eine Bevölkerungsstärke von 13,8 Millionen Einwohnern, die sich bis 1864 auf 19,9 Millionen erhöhte (aus: Kraus, Quellen zur Bevölkerungsstatistik Deutschlands; abweichend davon besaß Österreich mit den Teilen, die zum Bund gehörten, im Jahr 1816 nur 9,5 Millionen und 1866 12,8 Millionen Einwohner; diese Zahlen nach Bundesmatrikel, abgedruckt in Prot. Bv. 43. Sitzung vom 20.8.1818, § 210, S. 135 ff.). Es gehörten jedoch nur die Gebiete Österreichs dem Deutschen Bund an, die vormals in das HRRdN integriert waren. Dies führte dazu, dass ein Großteil des österreichischen Staatsgebietes außerhalb des Bundes lag, was sich auf die österreichische Bundespolitik auswirkte: Einerseits wollte Österreich seine traditionelle Vormachtstellung innerhalb Deutschlands auch weiterhin behalten, andererseits wäre ein zu weit ausgeprägter deutscher Nationalstaat aber nicht mit den innenpolitischen Interessen vereinbar gewesen. Dessen Bildung hätte nach Auffassung Österreichs dazu geführt, dass der nicht-deutsche Teil die Abspaltung von der Donaumonarchie und die Bildung eigener Nationalstaaten gefordert hätte (vgl. Siemann, Metternich, S. 61). Zur Erhaltung des eigenen Vielvölkerstaats hatte Österreich dementsprechend ein Interesse daran, zu starke nationale Tendenzen in Deutschland unterdrücken (vgl. Sahitolli, Der Wiener Kongress, S. 14).
Preußen hingegen besaß als zweitgrößter Staat Deutschlands mit einer Gesamtbevölkerung von ca. 10,3 Millionen Einwohnern im Jahr 1816 (aus: Kraus, Quellen zur Bevölkerungsstatistik Deutschlands; die Zahl preußischer Einwohner im Bundesgebiet betrug im Jahr 1816 gemäß der Bundesmatrikel 7,9 Millionen) zwar auch eine Bevölkerung, die aus Deutschen und Polen bestand (siehe Dlugborski, Volksbewegungen im preußisch-polnischen Gebiet, S. 153). In Preußen verstand man sich allerdings trotz der gemischten ethnischen Bevölkerungszusammensetzung als eine „territoriale Gemeinschaft“ (Salmonovicz, Königliches Preußen, S. 90), sodass hier die Gefahr einer Abspaltung der nicht-deutschen Teile im Falle der Bildung eines gesamtdeutschen Staatskörpers entsprechend geringer war.

Widerstands der Mittelstaaten[271] wurde die Bundesstaatsidee jedoch rasch wieder verworfen.[272]

Ebenso scheiterte ein Plan zur Errichtung eines neuen Kaiserreichs an den Interessen der deutschen Groß- und Mittelstaaten. Nach diesem Plan wären nur Österreich und Preußen weitestgehend eigenständig geblieben, während sich die anderen Staaten zu einer Staatenverbindung zusammenschließen sollten, die mit Österreich und Preußen unter das gemeinsame Dach einer deutschen Kaiserkrone gestellt worden wäre.[273] Preußen war gegen den Plan, weil die Kaiserkrone traditionell Österreich zugestanden hätte. Österreich hingegen wollte die deutsche Kaiserkrone nicht, weil es sie nur als Bürde ohne Vorteile ansah.[274] Auch die süddeutschen Mittelstaaten lehnten die Schaffung eines neuen Kaiserreichs ab. Sie befürchteten, dass sich die erneute Unterordnung unter eine gesamtdeutsche Krone nachteilig auf die eigenen Souveränitätsrechte auswirken könnte. Württemberg

---

271 Nachfolgend die Interessenlage der Mittelstaaten an den Beispielen Bayerns und Württembergs: **Bayern** stellte mit etwa 3,5 Millionen Einwohnern den größten Mittelstaat dar, wies aber aufgrund der Kluft zwischen Kernbayern und der neu hinzugewonnenen Pfalz nicht nur geografische, sondern auch politische Risse auf. Daher musste man sich rasch damit abfinden, dass die eigene politische Stellung auf halbem Weg zwischen Großmacht und deutschem Mittelmaß zu finden war – zu groß für den Verzicht auf bedeutende Ziele, zu klein für eine wirkliche Machtentfaltung auf europäischer Ebene (vgl. zur damaligen Einschätzung Bayerns Aretin, Deutsche Politik Bayerns, S. 38). Bayern war einer der eifrigsten Verfechter einer Triaspolitik im Deutschen Bund, mit deren Hilfe es eine größtmögliche Selbstständigkeit anstrebte. Zielsetzung der bayerischen politischen Bestrebungen war es, eine geschlossene Front der Mittelstaaten den beiden deutschen Großmächten gegenüberzustellen (vgl. Huber, Verfassungsgeschichte, Bd. I, S. 754 f.). Bayern strebte an, Deutschland eine lockere Struktur zu geben, innerhalb derer ein gemeinsames Bundesorgan so wenig Ermächtigungen wie möglich erhalten sollte. Bayern hätte deshalb eine reine Allianz der deutschen Staaten gegenüber einer engeren Verbindung vorgezogen (vgl. Burg, Die Staatenbeziehungen im Deutschen Bund, S. 352).
Ebenso wie Bayern legte auch **Württemberg** nur wenig Wert auf die Umsetzung von Maßnahmen, die durch einen Bund oktroyiert wurde. Der neue König Württembergs Wilhelm I. hätte nach seinem Amtsantritt 1816 am liebsten Deutschland weiter mediatisiert, um sich hierdurch die Territorien Badens, Hohenzollerns und des Elsass einverleiben zu können (vgl. Mästle, Württemberg und die Großmächte, S. 43 ff.).

272 Die verschiedenen Vorstellungen und Pläne sind zusammengefasst bei Kotulla, Verfassungsgeschichte, Rn. 1283 ff.

273 Siehe hierzu Huber, Verfassungsgeschichte, Bd. I, S. 553 ff.

274 Zu den Plänen zur Errichtung eines neuen Kaiserreichs: Huber, Verfassungsgeschichte, Bd. I, S. 548.

sah seine Interessen auf Erhaltung der fürstlichen Souveränität so stark gefährdet, dass es sogar die Verhandlungen abbrach, als die Bildung eines neuen Kaiserreiches diskutiert wurde.[275] Das Verhalten Württembergs verdeutlichte in prägnanter Weise, dass mit den süddeutschen Mittelstaaten nur eine Lösung gefunden werden konnte, die deren Souveränitätsansprüche ausreichend berücksichtigte.

Auch alle weiteren auf dem Wiener Kongress erörterten Möglichkeiten zur Ausgestaltung Deutschlands, die die Souveränität der Mittelstaaten nicht ausreichend beachteten, scheiterten insbesondere am Widerstand Bayerns und Württembergs.[276] Die meisten der kleineren deutschen Staaten identifizierten sich hingegen nicht mit den Souveränitätsansprüchen der vorgenannten Mittelstaaten und wären bereit gewesen, sich in ein föderatives Staatsgebilde einzufügen. Um dies zu bekräftigen, richteten sie eine Note an die deutschen Hauptmächte.[277] In dieser bestätigten sie, dass sie zur Preisgabe eigener Rechte bereit seien und einen deutschen Kaiser als gemeinsames Oberhaupt befürworteten.[278]

Wegen der eingeforderten Souveränitätsrechte der Mittelstaaten und wegen der hegemonialen Interessen der Großmächte konnte die Lösung der Deutschen Frage jedoch nur in der Gründung einer Verbindung weitgehend unabhängiger Staaten liegen. Diese stellte den kleinsten gemeinsamen Nenner aller Interessengruppen dar, sodass schließlich alle deutschen Staaten ihre Bereitschaft signalisierten, sich in eine solche Staatenverbindung einzufügen.[279]

Ein früher Umsetzungsvorschlag kam von Humboldt, der einen Staatenbund mit bundesstaatlichen Elementen schaffen wollte.[280] Die Aufgaben dieses Bundes sollten auf die Erhaltung des Friedens und der Sicherheit beschränkt bleiben; gleichzeitig sollte ein starkes Deutschland entstehen, das sich gegen äußere Feinde zur Wehr setzen kann.[281] Die außenpolitische Handlungsmacht dieses Bundes hätte nach den Plänen Humboldts einzig bei Österreich und Preußen gelegen; nur Bayern und Hannover sollten darüber hinaus Mitspracherechte für gesamtdeutsche Angelegenheiten erhalten.[282] Eine volle Souveränität hätten danach nur Österreich

275 Siehe Huber, Verfassungsgeschichte, Bd. I, S. 554.

276 Die Proteste der süddeutschen Königreiche sind dargestellt bei Huber, Verfassungsgeschichte, Bd. I, S. 548; Nipperdey, Deutsche Geschichte, S. 96.

277 Text der Note bei Klüber, Akten, Bd. I Heft 1, S. 72 ff.

278 Vgl. Hundt, Die mindermächtigen deutschen Staaten, S. 213.

279 Siehe hierzu Kotulla, Verfassungsgeschichte, Rn. 1283.

280 Denkschrift Humboldts vom 13.12.1814, aus: Stein, Briefe und Amtl. Schr., Bd. IV, S. 413 ff.

281 Dies wird genauer geschildert in Humboldt, Ideen, Ges. Schr. Bd. I.

282 Vgl. Huber, Verfassungsgeschichte, Bd. I, S. 524.

und Preußen besessen, da alle anderen Staaten auf sämtliche außenpolitischen Herrschaftsbefugnisse verzichten sollten. Aus diesem Grund wurde Humboldts Vorschlag von der Mehrheit der deutschen Kongressteilnehmer abgelehnt.

Nachdem Humboldts Konzeption gescheitert war, legte der preußische Gesandte Hardenberg einen neuen Plan vor. Hardenberg wollte die deutschen Staaten in einem unauflöslichen Bund zusammenführen, in dem die Souveränität der Einzelstaaten nur durch die gemeinsam beschlossenen Regelwerke begrenzt werden durfte.[283] Der Bund sollte die Gesetzgebungskompetenz für alles, was von „allgemeinem Interesse" sei, erhalten.[284] Durch diese Klausel wäre dem Bund die Möglichkeit eröffnet worden, alle Entscheidungen, die er für wichtig erachtete, selbst zu treffen. Vor allem die Entscheidung über Krieg und Frieden sollte einzig beim Bund liegen.[285] In Hardenbergs Plan wurden die einzelnen Landesherren konsequenterweise an keiner Stelle als souverän bezeichnet, da ihnen nur die Rechte zustehen sollten, „welche die Bundesakte nicht zum gemeinschaftlichem Besten ausnimmt oder beschränkt".[286] Demzufolge wäre die Entscheidung über die Verteilung der Befugnisse dem Bund (und nicht den Gliedstaaten) zugekommen, womit dieser die Kompetenz-Kompetenz besessen hätte.

Metternich hatte als Vertreter Österreichs vor allem die Erhaltung eines zusammenhängenden großen Habsburger Reiches im Blick.[287] Da viele Teile seines Landes außerhalb des deutschen Kerngebietes lagen, wusste er, dass ein deutscher Zentralstaat nur zweierlei bedeuten konnte: Entweder hätte es eine Aufteilung Österreichs in ein deutsches und ein nicht-deutsches Gebiet gegeben oder der Donaustaat wäre kein Teil des neuen deutschen Bundes geworden. Metternich verfolgte deshalb mit seinen Plänen zur Neuordnung Deutschlands das Ziel der Wiederherstellung der legitimen Herrschaft der Könige und Fürsten, die nach seiner Ansicht nur in den vorangegangenen eineinhalb Jahrzehnten unterbrochen worden war.[288] Um dem allgemeinen Wunsch nach Stabilität in Europa nachzukommen, war Metternich bereit, die Rechtmäßigkeit der territorialen Veränderungen nach dem Reichsdeputationshauptschluss anzuerkennen.[289] Nationalismus hingegen bedeutete

283 Vgl. Nipperdey, Deutsche Geschichte, S. 95 f.

284 Humboldt, Ges. Schr. Bd. 11, S. 295.

285 Huber (Verfassungsgeschichte, Bd. I, S. 529) stellt hierzu fest, dass der Plan Hardenbergs die „fortschreitende Unitarisierung Deutschlands möglich gemacht" hätte.

286 Huber, Verfassungsgeschichte, Bd. I, S. 529.

287 Vgl. Sahitolli, Der Wiener Kongress, S. 14; Siemann, Metternich, S. 61.

288 Vgl. Möller, Fürstenstaat oder Bürgernation, S. 650.

289 Siehe Huber, Verfassungsgeschichte, Bd. I, S. 532 f.

für ihn gleichzeitig Liberalismus, und diesen verband er mit den im Zuge der Französischen Revolution verübten Gräueltaten, die dort zur maßlosen Enthauptung von (vermeintlichen) Revolutionsgegnern geführt hatte. Deshalb war für ihn entscheidend, dass jedem nationalstaatlichen Gedanken mit „auctoritas“ und „potesta“ des Monarchen begegnet werden konnte, weshalb das monarchische Prinzip eine der Säulen des künftigen Deutschlands bilden sollte.[290]

Österreich und Preußen verfolgten damit unterschiedliche Ziele. Dennoch war beiden Seiten klar, dass eine gesamtdeutsche Lösung nur im gegenseitigen Einvernehmen gefunden werden konnte. Aus diesem Grund einigten sich Hardenberg und Metternich auf der Konferenz in Baden bei Wien auf einen gemeinsamen Verfassungstext aus zwölf Artikeln.[291] Dieser Entwurf sah vor, dass ein „Ewiger Bund der Einzelstaaten“ zur Wahrung und Verteidigung der deutschen Unabhängigkeit und Integrität geschaffen werden sollte, der hauptsächlich mit außenpolitischen Kompetenzen ausgestattet werden sollte. Den Gliedstaaten sollte insbesondere verwehrt werden, eigenmächtig Kriege zu führen oder Bündnisse einzugehen. Organisatorisch sollte dem Bund ein Direktorium vorstehen, dem nur Österreich angehörte. Außerdem sollten ein Rat der Obersten und ein Rat der Fürsten gemeinsam die Gesetzgebungskompetenz besitzen. Beide Räte wären mit Vertretern der beiden Großmächte sowie Bayerns, Hannovers und Württembergs besetzt worden. Der gemeinsame Plan hätte eine „stille Mediatisierung“ der meisten ehemaligen Rheinbundstaaten bedeutet, da diese durch die angestrebte Fünferhegemonie praktisch völlig entmachtet worden wären.[292] Deshalb scheiterte der Plan letztendlich auch am Widerstand der Mittelmächte.[293]

Wegen der erneuten Bedrohung durch Napoleon, der aus dem Exil geflohen war, um seine einstige Macht zurückzuerobern, musste schließlich eine schnelle Lösung für Deutschland gefunden werden. Obwohl Österreich und Preußen selbst zwischenzeitlich aufgrund der polnisch-sächsischen Krise am Rande eines Krieges gestanden hatten,[294] konnten sich Humboldt und Metternich schließlich auf einen gemeinsamen Entwurf in 17 Artikeln einigen.[295] Dieser orientierte sich weitgehend an den Vorstellungen Metternichs und sah demzufolge eine Vereinigung der deutschen Fürsten vor, durch die die „Unabhängigkeit, Sicherheit und

290 Vgl. Huber, Verfassungsgeschichte, Bd. I, S. 536.
291 Text des Entwurfs bei Klüber, Akten, Bd. I Heft 1, S. 57 ff.
292 Nipperdey, Deutsche Geschichte, S. 95.
293 Vgl. insgesamt hierzu Nipperdey, Deutsche Geschichte, S. 95.
294 Siehe hierzu Siemann, Vom Staatenbund zum Nationalstaat, S. 318.
295 Siehe Büsch, Handbuch der preußischen Geschichte, S. 79.

Unverletzbarkeit“ der deutschen Staaten und freien Städte sichergestellt werden sollte.[296] Dieser Plan Metternichs bildete die Grundlage für die spätere Bundesakte.

II. Die Ergänzung der Bundesakte um das Wort „souverain“

Bis zum Ende des Wiener Kongresses stand nicht fest, ob die deutschen Monarchen in der Bundesakte mit dem Attribut „souverain“ versehen oder einfach nur als „Fürsten“ bezeichnet werden sollten. Insbesondere Preußen wehrte sich vehement dagegen, alle Mitglieder des künftigen Deutschen Bundes als „souveraine Fürsten“ zu bezeichnen und damit praktisch auf eine Stufe mit Preußen zu stellen. Hierdurch erschien Preußen der eigene Machtanspruch gefährdet.[297]

Obwohl sich Österreich, entsprechend den Verpflichtungen der Friedensverträge, für ein dezentral organisiertes Deutschland aussprach, sah Metternich in den Souveränitätsforderungen Bayerns und Württembergs nichts anderes als die Legalisierung von Fürstenwillkür gegenüber dem eigenen Volk und schwächeren Staaten.[298] Dementsprechend wollte auch er zunächst nicht die Stellung der deutschen Fürsten in der Bundesakte durch den Begriff „souverain“ aufwerten. Schließlich gelangte er aber zu der Ansicht, dass die Ergänzung des Wortes „souverain“ ein leichtes Zugeständnis an Bayern und die übrigen Mittelstaaten sei und hiermit keine konkreten Befugnisse, sondern allenfalls abstrakte Zielvorstellungen verbunden seien.[299] Zudem betrachtete er eine solche Ergänzung als geeigneten Weg, um den preußischen Nationalstaatsforderungen zu begegnen.[300]

Metternich fügte deshalb in seinem Entwurf der Bundesakte das Wort „souverain“ ein und legte ihn zunächst Bayern vor. Als danach die Abstimmung des Entwurfs mit Preußen anstand, stieß die Wortergänzung erwartungsgemäß auf heftigsten Widerstand. Metternich behauptete deshalb, die Ergänzung sei nur

296 Art. 2 des Entwurfs, in: Klüber, Akten, Bd. II, S. 314.

297 Siehe hierzu Quint, Souveränitätsbegriff und Souveränitätspolitik, S. 350 ff.

298 Der Wortlaut Metternichs ist zu finden im Protokoll der 4. Sitzung: Klüber, Akten Bd. II, S. 109.

299 Vgl. Quint, Souveränitätsbegriff und Souveränitätspolitik, S. 354.

300 Die Beweggründe für Metternichs Wandel in Bezug auf die Ergänzung des Wortes „souverän“ sind gut dargestellt bei Quint, Souveränitätsbegriff und Souveränitätspolitik, S. 354 f.

durch den Druck Bayerns aufgenommen worden, könne aber wieder gestrichen werden; dies tat er auch, bevor er den Entwurf auf dem Kongress verteilte.[301]

In dem österreichisch-preußischen Entwurf war damit zwar die Unabhängigkeit der einzelnen deutschen Fürsten vorgesehen; er enthielt aber an keiner Stelle mehr die Bezeichnung „souverain". Den darauf folgenden Protesten Bayerns schlossen sich im Laufe der weiteren Verhandlungen Württemberg und Sachsen an.[302] Preußens Widerstand gegen die Bezeichnung „souveraine Fürsten" blieb allerdings ungebrochen.

Weil sich die eigenen und die von dem aus dem Exil geflohenen Napoleon angeführten französischen Truppen in Belgien immer näher kamen und damit eine erneute Entscheidungsschlacht um Europa zu erwarten war, galt es trotz der verhärteten Fronten eine schnelle Lösung zu finden. Metternich konnte wegen der gebotenen Eile fast alle Teilnehmer des Kongresses – bis auf Bayern, Württemberg, Baden und Hessen-Homburg – überzeugen, auf die Bezeichnung „souverain" zu verzichten. Er hatte hierzu bereits am 1. Juni 1815 vorgetragen, es gehe beim Grundsatz der Souveränität schließlich um die programmatische Ausgestaltung des Bundes und nicht um den Begriff „souverain"; daher gebe es „zu diesem Zusatz keine Veranlassung".[303]

Trotz solcher Beschwichtigungen wollten insbesondere Bayern und Württemberg die Bundesakte nur unterzeichnen, wenn ihre Monarchen darin ausdrücklich als „souveraine Fürsten" bezeichnet wurden.[304] Auf Drängen Preußens wurde dennoch ein Vertragsentwurf vorbereitet, der die süddeutschen Forderungen unberücksichtigt ließ. Es erschien somit zunächst so, als würde der neue Bund (erst einmal) ohne Bayern und Württemberg gegründet werden. Allerdings waren sich auch die süddeutschen Staaten im Klaren darüber, dass sie sich einem Beitritt zum Bund nicht dauerhaft würden entziehen können. Daher hielt man es zumindest in Bayern für opportun, die Bundesakte gemeinsam mit den anderen deutschen Staaten zu unterzeichnen, um bei dieser Gelegenheit Preußen noch kurzfristig möglichst viele Zugeständnisse abzuringen.[305]

Zur Überraschung aller Kongressgesandten – bis auf Metternich, der vorher schon informiert worden war – erklärte Bayern somit am 8. Juni 1815, es werde

301 Siehe Quint, Souveränitätsbegriff und Souveränitätspolitik, S. 354 f.
302 Vgl. Quint, Souveränitätsbegriff und Souveränitätspolitik, S. 374.
303 Siehe Protokoll der Sitzung vom 1. Juni 1815, zu finden im Bayerischen Hauptstaatsarchiv München, Abt. II, Geheimes Staatsarchiv, 1033.
304 Siehe Quint, Souveränitätsbegriff und Souveränitätspolitik, S. 379.
305 Vgl. Quint, Souveränitätsbegriff und Souveränitätspolitik, S. 380.

entgegen den vorherigen Aussagen doch dem Bund beitreten. Gleichzeitig wurde die Forderung wiederholt, die deutschen Fürsten in Art. 1 der Bundesakte als „souverain" zu bezeichnen. Da diese Forderung jetzt auch von Sachsen, Hessen-Darmstadt und Nassau unterstützt wurde und Österreich ihr ebenfalls nicht widersprach, musste der preußische Gesandte Humboldt schließlich nachgeben. Denn andernfalls wäre er es gewesen, der die Eingliederung des wichtigsten deutschen Mittelstaates in den neuen Bund verhindert hätte.[306]

Die oft zitierte und heftig diskutierte Souveränität der Staaten im Deutschen Bund wurde somit erst am Tag der Zeichnung der Bundesakte endgültig in diese integriert.[307]

III. Bewertung der Ergebnisse des Wiener Kongresses

Anhand der Diskussionen um die Souveränität der Gliedstaaten auf dem Wiener Kongress ist zu erkennen, wie gegensätzlich die Vorstellungen Preußens, Österreichs und der süddeutschen Mittelstaaten waren. Bei der Festschreibung der Souveränität in der Bundesakte ging es insbesondere für Preußen und die süddeutschen Mittelstaaten um mehr als die Ergänzung eines einfachen Titelzusatzes. Für Preußen bedeutete die Implementierung der Souveränität die Preisgabe der eigenen Vorstellung eines preußisch geführten deutschen Bundesstaates. Die süddeutschen Staaten hingegen gingen davon aus, mit der Verankerung ihrer Souveränität in der Bundesakte dem eigenen Streben nach Unabhängigkeit und Selbstständigkeit näherkommen zu können.

Insbesondere der Äußerung Metternichs, es komme nicht auf die Bezeichnung „souverain", sondern auf die programmatische Ausgestaltung des neuen Bundes an, lässt sich entnehmen, dass er davon ausging, dass auch zukünftig die Herrschaftsmacht eines als „souverain" titulierten Herrschers nicht zwingend zu dessen vollumfänglicher Souveränität führen musste. Seiner Auffassung nach mussten die neuen Souveränitätsrechte nicht zwangsläufig über die vormaligen Landeshoheitsrechte hinausgehen.

---

306 Vgl. Quint, Souveränitätsbegriff und Souveränitätspolitik, S. 381 f.

307 Die eigentliche Unterzeichnung der Bundesakte erfolgte erst am 10. Juni 1815; Württemberg, Baden und Hessen-Homburg gehörten nicht zu den Erstunterzeichnern und traten dem Bund erst nach dem Sieg von Waterloo bei; hierzu mit Quellenangaben: Kotulla, Verfassungsrecht, Bd. I, S. 44.

Aufgrund der umfangreichen Interpretationsmöglichkeiten, die der Souveränitätsbegriff auch am Ende des Wiener Kongresses noch bot, stand keineswegs fest, dass die deutschen Staaten, nur weil deren Fürsten mit dem Attribut „souverain“ versehen wurden, tatsächlich eine absolute Souveränität im Sinne Bodins erhalten sollten. Zwar hätten alle Gliedstaaten gegen eine einschränkende Auslegung ihrer Souveränitätsrechte den Einwand erheben können, die Bundesakte enthalte keine Art. 26 RBA entsprechende einschränkende Definition. Schlussendlich hatten jedoch alle Mitglieder des Bundes – auch Bayern – die Bundesakte unterzeichnet und sich somit ihren Bedingungen unterworfen.

Durch die Eingliederung in den neu gegründeten Deutschen Bund und die damit verbundene Selbstbeschränkung der Herrschaftsbefugnisse machten die Gliedstaaten deutlich, dass sie nur solche Souveränitätsrechte beanspruchten, die dem Zweck des Deutschen Bundes nicht widersprachen. Der der Bundesakte zugrunde gelegte Souveränitätsbegriff musste somit nicht zwingend einer der beiden bisher in Deutschland geläufigen Interpretationen – als absolute Souveränität oder reine Landeshoheit – entsprechen, sondern wurde vielmehr durch den Zweck bedingt, der mit der Gründung des Deutschen Bundes erreicht werden sollte.

C. Der bundeseigene Souveränitätsbegriff

Wie bereits aufgezeigt, unterliegt der Souveränitätsbegriff einem ständigen Wandel, sodass es keine einheitliche und zeitübergreifende Definition gibt.[308] Insbesondere der Umfang der Rechte, die mit dem Begriff verbunden werden, hing schon immer von den jeweiligen politischen Rahmenbedingungen ab.[309] Diese Rahmenbedingungen bildeten in Bezug auf den Deutschen Bund die auf dem Wiener Kongress etablierte Neuordnung Europas und insbesondere die Regelungen der Bundesakte. Während sich der Umfang der legitimen Herrschaftsmacht eines Staates heutzutage an den modernen völkerrechtlichen Grundsätzen messen lassen muss,[310] war mithin 1815 die Bundesakte als Bewertungsmaßstab für diejenigen Herrschaftsrechte heranzuziehen, die den Bundesmitgliedern zustehen sollten.

---

308 Siehe oben Kapitel 1 C; vgl. auch Maurer, Staatsrecht, § 1 Rn. 9.

309 Vgl. Klippel, Brunner/Conze/Koselleck, Geschichtliche Grundbegriffe, Bd. VI, S. 104; Lewicki, Souveränität im Wandel, S. 120; siehe auch oben Kapitel 1.

310 Hierzu: Schliesky, Souveränität und Legitimität, S. 152, mit Verweis auf Hennis, PVS-Sonderheft 7 (1976), 9 (24) und Smend, Staatsrechtliche Abhandlungen, S. 119 f.; siehe auch oben Kapitel 1 G.

I. Der Bundeszweck als Bewertungsmaßstab

Ohne bereits an dieser Stelle auf die einzelnen bundesrechtlichen Normen einzugehen,[311] kann vorweggenommen werden, dass die Reichweite der Herrschaftsmacht des Bundes und seiner Mitglieder durch den in Art. 2 BA normierten Bundeszweck vorgegeben wurde. Dieser bestand in der „Erhaltung der äußeren und inneren Sicherheit Deutschlands und der Unabhängigkeit und Unverletzbarkeit der einzelnen deutschen Staaten“. Der Bundeszweck setzte sich mithin aus dem Sicherheitszweck (erster Halbsatz) und dem Unabhängigkeitszweck (zweiter Halbsatz) zusammen.[312]

Während der Bund zur Erhaltung der Sicherheit Deutschlands konsequenterweise möglichst umfangreiche Befugnisse erhalten musste, implizierte die Festschreibung der „Unabhängigkeit der einzelnen deutschen Staaten“, dass der Bund diese möglichst wenig einschränken sollte. Die beiden Elemente des Bundeszwecks besaßen demzufolge scheinbar gegensätzliche Zielrichtungen. Somit erscheint es schwierig, den Rahmen der Herrschaftsmacht des Bundes und damit gleichzeitig die Schranken der legitimen Herrschaftsmacht der Gliedstaaten zu erfassen.[313]

1. Die Reichweite der Bundesermächtigungen

Bereits während der Verhandlungen auf dem Wiener Kongress wurde erkannt, dass der Sicherheitszweck geeignet sein konnte, die Unabhängigkeit der Gliedstaaten stärker als gewünscht zu beschränken. Insbesondere Bayern pochte deshalb darauf, den Bundeszweck so zu formulieren, dass dieser nicht als Ermächtigungsgrundlage für Eingriffe in rein innerstaatliche Angelegenheiten dienen konnte.[314]

Bis Ende Mai 1815 lautete Art. 2 von Metternichs „Verfassungsentwurf“ wie folgt: „Der Zweck desselben [des Bundes] ist die Erhaltung der Unabhängigkeit, der äußeren und inneren Sicherheit, sowie der Unverletzlichkeit der deutschen Bundesstaaten.“[315] Bayern fürchtete, dass der Bund durch die Zuweisung der „Erhaltung […]

311 Hierzu näher unten Kapitel 3.

312 Vgl. Kotulla, Verfassungsgeschichte, Rn. 1360.

313 Siehe hierzu Kotulla, Verfassungsgeschichte, Rn. 1360.

314 Vgl. zur Entwicklung der Formulierung des Bundeszwecks Quint, Souveränitätsbegriff und Souveränitätspolitik, S. 344 ff.

315 Der Verfassungsentwurf ist abgedruckt bei Gall, Quellen zur Geschichte des Deutschen Bundes, Abt. I/2: Die Entstehung des Deutschen Bundes 18131815, S. 1299 ff.

der inneren Sicherheit“ ermächtigt werden könnte, in die inneren Angelegenheiten des Königreichs einzugreifen.[316] Um dies zu vermeiden, sollte nach bayerischer Auffassung Art. 2 BA wie folgt formuliert werden: „Sicherstellung derselben [der Unabhängigkeit der Bundesstaaten] gegen jeden feindlichen Angriff sowohl von außen als im Innern von Seiten eines Mitglieds des Bundes.“[317] Der von Bayern formulierte Bundeszweck sah somit nur eine gemeinsame Verteidigungspolitik Deutschlands vor, die dem Bund kein Recht geben sollte, in die Verhältnisse einzelner Mitgliedstaaten einzugreifen, solange diese die Unabhängigkeit der anderen respektierten.

Im Zuge der weiteren Verhandlungen musste Bayern die Forderung nach einer reinen Verteidigungsallianz aufgeben und die Formulierung des später in der Bundesakte enthaltenen Bundeszwecks akzeptieren. Damit anerkannte Bayern, dass der Deutsche Bund berechtigt sein sollte, alle Herrschaftsbefugnisse wahrzunehmen, die der Erhaltung der Sicherheit Deutschlands dienten. Hierdurch verzichtete Bayern bewusst auf die umfassenden Souveränitätsrechte, die ihm durch den Vertrag von Ried zunächst gewährt wurden. Gleichzeitig machte Bayern auf dem Wiener Kongress immer wieder klar, dass man eine Beschränkung der innerstaatlichen Herrschaftsbefugnisse nicht hinnehmen werde.[318]

Der Blick auf den Bundeszweck zeigt somit, dass sich die Ausübung der legitimen Herrschaftsmacht der Gliedstaaten trotz der Bayern in Ried zugesicherten „souveraineté pleine et entière“ und trotz des Fehlens einer eindeutigen Einschränkung der Souveränitätsrechte (analog Art. 26 RBA) in erster Linie auf die innere Souveränität beschränken sollte. Selbst Bayern wollte mit seinem Formulierungsvorschlag des Bundeszwecks nur erreichen, dass der Bund nicht in dessen innere Angelegenheiten eingreifen konnte. Den Bundesmitgliedern sollte folglich primär die Ausübung der inneren Souveränität, analog zur früheren Landeshoheit, zugesichert werden, während ihre Souveränitätsrechte im Übrigen durch den Sicherheitszweck begrenzt werden konnten.

Spätestens durch die Provisorischen Kompetenzbestimmungen vom 12. Juni 1817 wurde jedoch festgeschrieben,[319] dass die Kompetenzen der Bundesversammlung nicht nur die Wahrnehmung der inneren Angelegenheiten des Bundes umfassten, sondern gemäß § 2 der Provisorischen Kompetenzbestimmungen auch

316 Die Darstellung der diesbezüglichen Rechtsauffassungen Bayerns ist zu finden bei Quint, Souveränitätsbegriff und Souveränitätspolitik, S. 358.

317 Siehe zum bayerischen Formulierungsvorschlag und den Beweggründen: Quint, Souveränitätsbegriff und Souveränitätspolitik, S. 358.

318 Vgl. Quint, Souveränitätsbegriff und Souveränitätspolitik, S. 356 ff.

319 Abgedruckt bei Kotulla, Verfassungsrecht, Bd. I, S. 647 ff.

„auf die einzelnen Staaten und Regierungen desselben“ oder gar „auf einzelne Deutsche“ ausgedehnt werden konnten. Damit war es der Bundesversammlung ausdrücklich gestattet, in die inneren Angelegenheiten der Gliedstaaten einzugreifen, wenn und soweit der Bundeszweck dies erforderte.

2. Die Schranken der Bundesermächtigungen

Die grundsätzliche Ermächtigung, auch in die inneren Angelegenheiten der Gliedstaaten einzugreifen, besagt noch nichts über den konkreten Umfang der Befugnisse, die der Bundeszweck dem Bund gewährte. Die beiden unterschiedlichen bundeszweckimmanenten Zielrichtungen erfordern deshalb eine Untersuchung des Umfangs der Rechte, die dem Bund im Falle einer Kollision von Sicherheitszweck und Unabhängigkeitszweck zustehen sollten.

Der Sicherheitszweck und der Unabhängigkeitszweck standen grundsätzlich gleichrangig auf einer Stufe nebeneinander. Ein Vorrang des einen vor dem anderen Teilzwecks lässt sich insbesondere nicht aus dem Wortlaut der Bundesgrundgesetze ableiten, da einmal der Sicherheitszweck (Art. 2 BA) und einmal der Unabhängigkeitszweck (Art. 1 WSA) zuerst genannt wurde. Da das Bundesrecht auch an anderer Stelle nicht vorgab, wie sich Sicherheits- und Unabhängigkeitszweck im Falle von Kollisionen zueinander verhalten sollten, kann nur anhand von generellen systematischen Erwägungen hergeleitet werden, inwieweit der eine Teilzweck den anderen überlagern oder beschränken konnte.

Heutzutage wird ein Spannungsverhältnis, das durch die Überschneidung zweier gegenläufiger Grundrechte entsteht, über die von Konrad Hesse geprägten Grundsätze der praktischen Konkordanz gelöst.[320] Hiernach soll der Schutzzweck des einen Grundrechts durch die Überschneidung mit dem Anwendungsbereich des anderen gerade so weit eingeschränkt werden, dass beide Grundrechte zu „optimaler Wirksamkeit“ gelangen.[321] Um dies zu erreichen, darf ein Grundrecht nur begrenzt werden, wenn die Einschränkungen geeignet und erforderlich sind, um das andere Grundrecht zu schützen, und nur soweit der Schutz des einen in einem angemessenen Verhältnis zum Eingriff in das andere Grundrecht steht.[322] Einen

320 Siehe zur praktischen Konkordanz insbesondere Hesse, Grundzüge des Verfassungsrechts, Rn. 317 ff.; siehe zu diesbezüglichen Grundsätzen im europäischen Kontext Hatje, Loyalität, S. 92 ff.; kritisch gegenüber den Grundsätzen der praktischen Konkordanz: Mann, Die öffentlich-rechtliche Gesellschaft, S. 289 ff.

321 Hesse, Grundzüge des Verfassungsrechts, Rn. 317.

322 Zum Verhältnismäßigkeitsgrundsatz mit weiteren Nachweisen: Hesse, Grundzüge des Verfassungsrechts, S. 142, Fn. 13.

vergleichbaren Ansatz zur Lösung von widerstreitenden Prinzipien bietet die von Peter Lerche entwickelte Methode des schonendsten Ausgleichs. Dadurch soll eine Harmonisierung der unterschiedlichen Grundsätze erreicht werden, ohne dass einer von ihnen zugunsten des anderen vollständig preisgegeben werden muss.[323]

Obgleich beide vorgenannten Methoden erst im Zusammenhang mit der Auslegung von Grundrechten in der Bundesrepublik Deutschland entwickelt wurden, lassen sich die ihnen zugrunde liegenden Rechtsgedanken auf die Verhältnisse im Deutschen Bund übertragen. Auch bei der Anwendung der Rechtsgrundsätze des Deutschen Bundes konnte es zu Wertungswidersprüchen zwischen dem Sicherheitszweck und dem Unabhängigkeitszweck kommen. Da beide Teilzwecke mangels anderer bundesrechtlicher Bestimmungen gleichrangig nebeneinanderstanden, mussten sie auch in Fällen von Interessenkollisionen berücksichtigt werden. Der Deutsche Bund durfte somit aufgrund der Kompetenzen, die ihm durch den Sicherheitszweck zustanden, nur so weit in die Rechtsverhältnisse seiner Mitglieder eingreifen, wie die Bundesmaßnahmen zur Erreichung des Sicherheitszwecks geeignet und erforderlich waren und in einem ausgewogenen Verhältnis zu der daraus resultierenden Beschränkung der Unabhängigkeit seiner Mitglieder standen. Inwieweit diese bundeszweckimmanente Schranke des Sicherheitszwecks in ausreichendem Maße berücksichtigt wurde, lässt sich nur anhand der Umsetzung des Bundesrechts im jeweiligen Einzelfall entscheiden.

Die Souveränitätsrechte, die den Gliedstaaten durch die Bundesakte zugebilligt wurden, lassen sich demzufolge wie folgt interpretieren: Innere und äußere Souveränität, soweit nicht die Sicherheit Deutschlands oder die Unabhängigkeit der Bundesmitglieder eine geeignete und angemessene Regelung oder Maßnahme des Bundes erforderte.

II. Die Einhaltung des Bundesrechts als Legitimitätskriterium

Die Regelungen der Bundesakte wurden durch ihre Einbindung in die Wiener Kongressakte von allen europäischen Mächten anerkannt. Demzufolge bedeutete jede Verletzung des Bundesrechts auch eine Verletzung der gemeinsamen Spielregeln, die auf dem Wiener Kongress zur Wahrung des Friedens in Europa aufgestellt worden waren. Solche gemeinsamen Spielregeln stellen oft die Grundlage für die völkerrechtliche Anerkennung eines Staates durch die Staatengemeinschaft

---

323 Vgl. Lerche, Übermaß und Verfassungsrecht, S. 159.

dar.[324] Diese Anerkennung bildet einen Eckpfeiler der Legitimität jeder staatlichen Herrschaftsmacht,[325] die wiederum eine konstante und zeitübergreifende Bedingung der Souveränität darstellt.[326] Folglich stellt sich die Frage, ob die Gliedstaaten die bundesrechtlichen Beschränkungen ihrer Herrschaftsmacht überhaupt durchbrechen konnten, ohne hierdurch die Anerkennung der Staatengemeinschaft und dementsprechend auch ihre Legitimität und Souveränität zu verlieren.

Wie bereits im ersten Kapitel aufgezeigt,[327] ist die Möglichkeit eines legitimen Austritts aus einer Staatenverbindung ein entscheidendes Kriterium für die Souveränität ihrer Mitglieder. Beim Deutschen Bund handelte es sich um eine Staatenverbindung, die gegründet wurde, um den Frieden in Europa dauerhaft zu sichern. Um diese permanente Einbindung der deutschen Staaten in die europäische Friedensordnung zu gewährleisten, wurde durch Art. 3 BA festgeschrieben, dass der Deutsche Bund als „unauflöslicher Verein" bestehen sollte.

Solange der Deutsche Bund von den europäischen Staaten als ein geeignetes Instrument zur Bewahrung des Friedens auf dem Kontinent angesehen wurde, hätte jeder Austritt eines Mitgliedstaates mithin nicht nur den Bruch von Bundesrecht, sondern auch eine Störung der europäischen Friedensordnung bedeutet. Hierbei ist jedoch zu berücksichtigen, dass viele deutsche Reichsstände spätestens seit dem 17. Jahrhundert ihre Politik oft völlig losgelöst von jedem nationalen Verband betrieben hatten. Somit gab es selbst während des Bestehens des HRRdN, als die deutschen Fürsten noch nicht ausdrücklich mit dem Attribut „souverain" versehen

---

324 Siehe zum komplexen Begriff der völkerrechtlichen Anerkennung Heuss, Völkerrechtliche Anerkennung von Staaten, S. 2475 ff.

325 Brockhaus stellte beispielsweise in seinem 1868 erschienenen Werk „Legitimationsprincip" die verschiedenen Theorien gegenüber, die im 19. Jahrhundert bezüglich der Legitimität der staatlichen Herrschaftsmacht vertreten wurden. Hierbei verweist er darauf (S. 22), dass Talleyrand im Zuge des Wiener Kongresses forderte, „dass die auf dem Wiener Kongress vertretenen Mächte das Legitimitätsprincip als die Basis der Neuordnung Europas anerkennen" sollten. Auch wenn das Ziel dieses Legitimationsprinzips die Aufrechterhaltung der althergebrachten dynastischen Ordnung war, so zeigt es dennoch, dass die gegenseitige staatliche Anerkennung als Grundvoraussetzung zur Erreichung dieses Ziels angesehen wurde.

326 Siehe oben Kapitel 1 F; diesen Zusammenhang von Souveränität und Legitimität beschreibt Kriele (Einführung in die Staatslehre, S. 19) heute wie folgt: „Die Souveränität des Staates hängt von seiner Legitimität ab, und die Souveränität begründet seine Legitimität". Siehe zum heutigen Verständnis auch Höreth, Die Europäische Union im Legitimationsdilemma, S. 80; Ronge, Legitimität durch Subsidiarität, S. 102; Schliesky, Souveränität und Legitimität, S. 58.

327 Siehe oben Kapitel 1 G.III.

waren, eine weitreichende Anerkennung der Reichsstände in Europa. Deshalb hätte wohl auch der Austritt eines Mitglieds aus dem Deutschen Bund allenfalls zu Protesten der europäischen Nachbarn geführt, nicht aber unweigerlich auch dazu, dass dem austretenden Staat fortan die völkerrechtliche Anerkennung entzogen worden wäre.[328]

Trotz der aufgezeigten europäischen Dimension hing die Legitimität der deutschen Staaten somit vornehmlich von deren Anerkennung innerhalb Deutschlands ab. Hier wurde überwiegend die Auffassung vertreten, dass die einzelnen Bundesglieder nicht berechtigt sein sollten, aus dem Bund auszutreten.[329] Somit war jeder Austritt eines Bundesmitglieds gegen den Willen der anderen Mitglieder nur im Wege der Sezession möglich.

Da der Deutsche Bund Zwangsbefugnisse besaß,[330] waren faktische Überlegungen zur Rückabwicklungsmöglichkeit einzelner Mitglieder ohnehin aussagekräftiger als der souveränitätstheoretische Aspekt der Legitimität ihrer Herrschaftsmacht. Letztendlich gab es nur zwei Szenarien, in denen eine Loslösung möglich erschien: Der Bund hätte entweder einen austrittswilligen Staat ziehen lassen können[331] oder dieser seine Loslösung vom Bund militärisch erzwingen[müssen. Im ersten Fall wäre der Austritt aufgrund der Billigung durch den Bund rechtlich

328 Obgleich England und Frankreich im umgekehrten Fall, nämlich als Österreich und Preußen Anfang der 1850er Jahre erwogen, mit ihrem gesamten Staatsgebiet dem Deutschen Bund beizutreten, ausdrücklich darauf hinwiesen, dass eine derartige Veränderung des Bundesbestandes nur mit Zustimmung der Signaturmächte des Wiener Kongresses möglich sei, vgl. Baist, Militärisch-politische Aufsätze, Bd. IV, S. 3.

329 Der bayerische Ministerialrat Rudhart (Das Recht des Deutschen Bundes, S. 22) verwies 1822 darauf, dass ein Austritt aus dem Bund nicht möglich sei, da dieser als „unauflöslicher Verein" gegründet worden sei. Der Freimaurer Bluntschli (Deutsches Staats-Wörterbuch, Bd. III, S. 26 ff.) stellte 1858 die These auf, dass eine Auflösung des Deutschen Bundes selbst dann nicht möglich sei, wenn ein übereinstimmender Wille aller Bundesmitglieder bestünde, weil die Unauflöslichkeit des Deutschen Bundes nicht nur bundesrechtlich vereinbart worden sei, sondern sich außerdem aus dem Gesamtwillen der deutschen Geschichte ergebe. Schäfer (Der Deutsche Bund und die Bundeskriegsverfassung, S. 15 f.) konstatierte 1866, dass zwar keinem Bundesmitglied der Austritt frei stünde, betonte jedoch gleichzeitig, dass der Bund auch im Falle des „freiwilligen Austritts eines Bundesgliedes mit Beibehaltung seiner im Bunde begriffenen Staaten durchaus nicht verloren" gehe.

330 Hierzu näher unten Kapitel 3 C.II.2, Kapitel 5.

331 Da das Bundesrecht keinen Austritt vorsah, hätten hierfür jedoch zunächst die grundlegenden Gesetze des Bundes abgeändert werden müssen; zu den Voraussetzungen hierfür unten, Kapitel 3 A.II.3(a).

legitimiert gewesen, im zweiten Fall wäre die fehlende Legitimität der Loslösung vom Bund durch die erfolgreiche Sezession ersetzt worden.

Festgehalten werden kann jedenfalls, dass eine Rückerlangung der auf den Bund übertragenen Herrschaftsbefugnisse durch einen Austritt aus selbigem trotz der den Gliedstaaten zuerkannten Souveränität grundsätzlich nicht statthaft sein sollte.

D. Der Deutsche Bund – Bundesstaat oder Staatenbund?

Mit der Unterzeichnung der Bundesakte hatten sich die deutschen Staaten zu einer neuen Staatenverbindung zusammengeschlossen. Bei Staatenverbindungen wird in der Regel zwischen Bundesstaaten und Staatenbünden unterschieden.[332] In der Staats- und Rechtswissenschaft bestand lange Zeit Uneinigkeit über die rechtliche Qualität des Deutschen Bundes. Da umfassende Theorien zur Abgrenzung zwischen Staatenbund und Bundesstaat erst Mitte des 19. Jahrhunderts entwickelt wurden, existierte zur Zeit der Gründung des Deutschen Bundes ein nur wenig ausgeprägtes Verständnis zur Kategorisierung von Staatenverbindungen.[333] Die Staatsrechtler waren sich jedoch darüber einig, dass nur dann von einem Staatenbund gesprochen werden kann, wenn die Staatenverbindung rein vertragsmäßig organisiert ist und sie die Souveränität ihrer Mitglieder wahrt.[334] Obwohl diese Definition den Wortlaut von Art. 1 BA beinahe inhaltsgleich wiedergibt, bestand Uneinigkeit daüber, ob der Deutsche Bund tatsächlich nur einen Staatenbund oder nicht doch einen Bundesstaat darstellte.

Wilhelm von Humboldt, der als preußischer Gesandter am Wiener Kongress teilnahm, strebte bereits dort für die Neugliederung Deutschlands eine Kompromisslösung an, die sowohl staatenbündische als auch bundesstaatliche Elemente enthielt.[335] Aus diesem Grund betrachtete er den Deutschen Bund auch nach dessen Gründung als eine Kombination aus beiden möglichen Formen von politischen Gebilden.[336] Nach Ansicht Humboldts konnte das Wesen des Deutschen Bundes

---

332 Siehe oben Kapitel 1 G.I.

333 Vgl. Wadle, Staatenbund oder Bundesstaat?, S. 141.

334 Der Meinungsstand im 19. Jahrhundert hierzu findet sich ausführlich bei Ebers, Lehre vom Staatenbunde, S. 50 ff.

335 Siehe oben Kapitel 2 B.I.

336 Humboldt (zitiert nach: Huber, Verfassungsgeschichte, Bd. I, S. 563) erklärte 1816, „dass der Deutsche Bund [....] ein richtiger Staatenbund ist, der sich aber zur Erreichung

nicht in die Alternativen Staatenbund oder Bundesstaat gezwängt werden. Insoweit es darum gehe, „die Zwecke der Ruhe, Sicherheit und des Gleichgewichts“ zu verfolgen, trage der Deutsche Bund die „Natur eines Bundesstaates“, weil sich in ihm alle Deutschen „zu einer Einheit verbunden fühlen“.[337] Vom Staatszweck her verfolge aber Deutschland „keine eigene, erobernde Politik“, sondern habe vielmehr eine „abwehrende, negativ einwirkende, Unrecht verhindernde“ Aufgabe.[338] Zur Erfüllung dieses Zwecks genüge ein Staatenbund. Der Deutsche Bund sei somit seiner „ursprünglichen Bestimmung und seinem politischen Dasein nach ein wirklicher Staatenbund“, der sich aber „zur Erreichung seines inneren und äußeren Zwecks in gewissen Beziehungen eine Einheit und einen Zusammenhalt gegeben habe, welche ihn in diesen Beziehungen zu einem Bundesstaat machen“.[339] Die Relation, in der Bundesstaat und Staatenbund zueinander standen, entsprach nach Humboldts Vorstellung damit derjenigen von „Mittel und Zweck“.[340] Für Humboldt war Deutschland demnach so weit ein Bundesstaat, wie dies der Zweck des Staatenbundes erforderte.[341]

---

seines inneren und äußeren Zwecks durch die Akte bestimmten Beziehungen einer Einheit und einen Zusammenhang gegeben hat, welche ihm in diesen Beziehungen zu einem Bundesstaat machen“.

337 Humboldt, Ges. Schr., Bd. XII, S. 57.

338 Humboldt, Ges. Schr., Bd. XII, S. 57.

339 Humboldt, Ges. Schr., Bd. XII, S. 59.

340 Humboldt, Ges. Schr., Bd. XII, S. 61.

341 Insgesamt bestand zu Beginn des 19. Jahrhunderts allerdings noch keine Einigkeit über die Kategorisierung des Deutschen Bundes: Friedrich Tittmann (Verfassung des Deutschen Bundes, S. 23 ff.) nahm eine Abgrenzung von Bundesstaat und Staatenbund vor, die darauf basierte, ob die Bundesgewalt einen zwingenden Charakter habe oder nicht. Nur wenn dieser bestünde, könne das System auch als Bundesstaat bezeichnet werden. Die Bundesversammlung habe aufgrund ihres Einstimmigkeitserfordernisses bei Grundsatzfragen eine solche Zwangsgewalt jedoch nicht inne. Ob jedoch eine solche „zwingende Gewalt … (künftig) … im deutschen Bund stattfinden solle“, sah Tittmann im Jahre 1818 als noch nicht entschieden, sodass eine Entscheidung über das Wesen des Deutschen Bundes noch nicht getroffen werden könne. Klüber (Öffentliches Recht, S. 133) bewertete den Bund bereits in dessen Frühphase als eine „Vereinigung der unabhängigen Staaten Teutschlands“ und damit als einen „fortwährenden freien Staatenbund“, der schon denknotwendigerweise kein Bundesstaat sein könne, weil ihm ein gemeinsames Staatsoberhaupt fehle. Das Subjekt der Bundesgewalt war nach Klüber (Öffentliches Recht, S. 330 f.) kein Bundesorgan als solches, sondern „die Gesamtheit der Bundesglieder“. Klüber sah dabei den Deutschen Bund als eine völkerrechtliche Bundesbehörde an, durch die nur völkerrechtliche Pflichten untereinander begründet wurden. Der liberale Politiker Heinrich von Gagern (Das Leben

Bei der Beurteilung von Humboldts Bewertung des Deutschen Bundes ist zu berücksichtigen, dass er mit seiner Auslegung in erster Linie politische Ziele verfolgte. Durch das Eingeständnis, dass es sich beim Deutschen Bund um einen Staatenbund handele, hoffte er auf die Zustimmung der nach weitgehender Unabhängigkeit strebenden Staaten, während er mit seiner Zweck-Mittel-Relation die Souveränität der Gliedstaaten in allen Fällen einzuschränken versuchte, in denen Bundesinteressen betroffen sein konnten.

Zusammenfassend kann festgehalten werden, dass der Deutsche Bund keinen Bundesstaat darstellen konnte, weil Souveränität und Staatlichkeit nach dem Willen seiner Gründungsväter und dem Wortlaut der Bundesakte grundsätzlich den einzelnen Mitgliedern zustehen sollten. Da den deutschen Staaten aufgrund der bundesrechtlichen Einschränkungen keine Letztentscheidungsbefugnisse für alle Bereiche zustehen sollten, die die Sicherheit Deutschlands betrafen, da ihnen dadurch keine vollumfängliche Souveränität zuteilwurde und ihnen nicht das Recht zustand, den Bund wieder zu verlassen, war der Deutsche Bund jedoch gleichzeitig nicht als der idealtypische Staatenbund konzipiert, als der er heutzutage oft bezeichnet wird.[342]

---

des Generals Friedrich von Gagern, S. 387) teilte die bereits von seinem Vater, einem nassauischen Staatsmann, vertretene Auffassung, dass jeder Staatenbund ein „nonsens" sei: „Daß der Deutsche Bund nach Sinn, Politik und Buchstaben unauflöslich, das habe er [sein Vater] immer als Beweis dafür geltend gemacht, daß er realiter und virtualiter Bundesstaat sei."

342 Frotscher/Pieroth (Verfassungsgeschichte, Rn. 255) resümiert beispielsweise: „beim Deutschen Bund [handelt es sich] um den klassischen Fall eines Staatenbundes"; Mayer-Tasch (Politische Theorien des Verfassungsstaats, S. 198) stellt fest: „Auch der Deutsche Bund von 1815 blieb noch reiner Staatenbund"; Stapelfeld (Wirtschaft und Gesellschaft, S. 25) führt hierzu aus, dass durch die Bundesakte ein „Staatenbund von Einzelstaaten ohne Souveränität" geschaffen worden sei; Stern (Staatsrecht, Bd. V, S. 193) konstatiert: „Der Deutsche Bund war ein Staatenbund, kein Bundesstaat, gleichermaßen wie die Vereinigten Staaten von Amerika von 1776–1787 und die Schweiz von 1815–1848."; wohingegen Siemann (Vom Staatenbund zum Nationalstaat, S. 325) eine solch einseitige Sichtweise richtigerweise kritisiert: „Die Mehrheit der Verfassungshistoriker neigt heute dazu, den Deutschen Bund auf einen bloßen Staatenbund zu reduzieren. […] Dieses Bild ist zu statisch, denn es verkennt, wie sich der Bund im Laufe der Jahrzehnte immer mehr bundesstaatliche Elemente aneignete, um seine Politik durchzusetzen."

Kapitel 3. Die Umsetzung der Souveränitätsprinzipien im Bundesprimärrecht

Im Folgenden wird anhand der Bundesakte und der Wiener Schlussakte, die gemeinsam das Bundesprimärrecht bildeten, erläutert, wie sich die aus dem Bundeszweck ergebenden Souveränitätsbeschränkungen im Bundesrecht widerspiegelten. Da die Verabschiedung der Wiener Schlussakte im engen zeitlichen und inhaltlichen Kontext zu den Karlsbader Beschlüssen stand, werden auch diese im Zusammenhang mit den Bundesgrundgesetzen erörtert, obgleich sie kein Bundesprimärrecht im engeren Sinne darstellten.

A. Die Vorschriften der Bundesakte

Nachdem auf dem Wiener Kongress ein Konsens gefunden worden war, wurde die Deutsche Bundesakte am 8. Juni 1815 unterzeichnet und in die Wiener Kongressakte integriert.[343] Wie bereits erörtert, musste die Bundesakte in kürzester Zeit fertiggestellt werden.[344] Deshalb enthielt dieses gerade einmal 20 Artikel umfassende „Grundgesetz" des Bundes nur die fundamentalen Regelungen für das zwischenstaatliche Miteinander im Deutschen Bund.[345] Die Bundesakte manifestierte damit die Prinzipien des Deutschen Bundes. Sie gab ferner Hinweise auf dessen Kompetenzen und enthielt Bestimmungen über die Entscheidungsfindung in der Bundesversammlung.

Wie anhand der in Kapitel 2 dargestellten Kontroversen auf dem Wiener Kongress erkennbar wird, bestand die besondere Schwierigkeit bei der Abfassung der Bundesakte darin, einerseits den Souveränitätsansprüchen der Gliedstaaten gerecht zu werden und andererseits die Sicherheitsinteressen Deutschlands ausreichend zu berücksichtigen. Inwieweit dieser rechtliche Spagat gelungen war, kann nur durch eine Bewertung der inhaltlichen Regelungen der Bundesakte beurteilt werden. Ziel ist es dabei festzustellen, wie weit zur Umsetzung des Bundeszwecks die Souveränität der Gliedstaaten durch das Bundesrecht eingeschränkt wurde.

343 Siehe Stern, Staatsrecht, Bd. V, S. 191.

344 Siehe oben Kapitel 2 B.I.

345 Vgl. Kotulla, Verfassungsgeschichte, Rn. 1306.

Hierzu müssen zum einen die auf den Bund übertragenen Aufgaben und Befugnisse und zum anderen die innerstaatlichen Mindestanforderungen an die Bundesmitglieder bewertet werden. Anhand dieser Kriterien lässt sich feststellen, wie viel Herrschaftsmacht bei den einzelnen Staaten verblieb und wie weit demzufolge die Souveränitätsrechte tatsächlich reichten, die ihnen 1815 eingeräumt wurden.

I. Die territoriale Sonderstellung Österreichs und Preußens

Durch die nachfolgenden Betrachtungen der Bundesakte soll der Umfang der Herrschaftsmacht vom Deutschen Bund und dessen Mitgliedern bewertet werden. Da das Bundesrecht gemäß Art. 1 BA nur für Gebiete galt, die dem Bund angehörten, ist an dieser Stelle die österreichisch-preußische Sonderstellung hervorzuheben. Österreich und Preußen gehörten dem Deutschen Bund nur mit den Gebieten an, die vormals Teile des alten Reichs waren.[346] Bundesrechtliche Bestimmungen konnten daher nur in Bezug auf die deutschen Gebiete Österreichs und Preußens Souveränitätsbeschränkungen entfalten.

Die Kerngebiete Österreichs und Preußens gehörten jedoch dem Deutschen Bund an und bundesrechtswidrige Maßnahmen waren auch den beiden Großmächten nicht gestattet. Folglich waren auch sie weitgehend an das Bundesrecht gebunden, sodass ihre territoriale Sonderstellung in Bezug auf den Deutschen Bund nur selten auch zu Sonderrechten führte.

II. Bundeskompetenzen und Entscheidungsfindung

Wie bereits im vorstehenden Kapitel dargestellt wurde, war der Umfang der Souveränität der Gliedstaaten des Deutschen Bundes von Anfang an durch den Bundeszweck beschränkt. Inwieweit sich diese Grundkonzeption auf die Verteilung der Kompetenzen im Deutschen Bund auswirkte, wird nachfolgend anhand der Regelungen der Bundesakte dargestellt.

1. Der Bundeszweck als Generalermächtigung

Die Bundesakte enthielt keinen Kompetenzkatalog, durch den bestimmte Aufgabenbereiche explizit dem Bund zugewiesen wurden. Stattdessen ergaben sich die

---

346 Siehe Art. 1 Abs. 2 BA.

Bundeskompetenzen nur indirekt aus dem Bundeszweck.[347] Da die Kompetenzen des Bundes aus den ihn begründenden Verträgen abgeleitet werden mussten, stellte der Bundeszweck zugleich die Bedingung und Begrenzung der Aufgaben und Befugnisse des Bundes dar.[348] Der Bundeszweck diente dem Deutschen Bund demzufolge als Generalermächtigung zur Wahrnehmung aller Aufgaben und Befugnisse im Zusammenhang mit der Erhaltung der äußeren und inneren Sicherheit Deutschlands und der Unabhängigkeit und Unverletzbarkeit der einzelnen deutschen Staaten.

Wegen der offenen Formulierung des Bundeszwecks war eine klare Kompetenzabgrenzung oftmals schwierig. Es war in vielen Fällen nicht zu erkennen, ob bestimmte Aufgaben vom Zweck des Bundes umfasst wurden oder nicht. Denn die im 19. Jahrhundert allgemein gültige Abgrenzung, wonach die Jura singulorum (Rechte der Einzelnen, d. h. ausschließlich den Gliedstaaten zustehende Kompetenzen) alle Rechte umfassen, die nicht dem Zweck des Bundes zuzuordnen waren, trug in den Fällen nicht zur Klarheit bei, in denen der Bundeszweck tangiert war.

Wie bereits aufgezeigt,[349] durfte der Bund bei der Wahrnehmung der auf dem Bundeszweck beruhenden Befugnisse jedoch die Rechte seiner Mitglieder unter Wahrung des Verhältnismäßigkeitsgrundsatzes nur so weit einschränken, wie es zur Erreichung des Sicherheitszwecks im konkreten Fall notwendig war. Dementsprechend musste bei jedem Bundestagsbeschluss, der eine Beschränkung der Rechte wenigstens eines Gliedstaats bedeutete, eine Interessenabwägung vorgenommen und geprüft werden, ob die Entscheidung im Einzelfall zur Umsetzung des Bundeszwecks geeignet, erforderlich und angemessen war.

2. Entscheidungen im Engeren Rat und im Plenum

Die Wahrnehmung der Aufgaben und Befugnisse des Deutschen Bundes oblag gemäß Art. 4 BA der Bundesversammlung. Diese setzte sich aus Gesandten aller deutschen Staaten zusammen. Wie sich aus den Artt. 4 ff. BA ergab, konnte die Bundesversammlung entweder als Engerer Rat oder als Plenum tagen.[350]

Wie Art. 4 BA vorgab, war der Engere Rat für alle Angelegenheiten des Bundes zuständig. Das Plenum bildete sich nur bei Entscheidungen über fundamentale

347 Siehe Huber, Verfassungsgeschichte, Bd. I, S. 597; Kotulla, Verfassungsgeschichte, Rn. 1359.

348 Dies wurde 1820 durch Art. 3 S. 2 WSA später ausdrücklich in die Bundesgrundgesetze aufgenommen.

349 Siehe oben Kapitel 2 C.I.2.

350 Siehe zur Bundesversammlung und den Abstimmungsverfahren Kotulla, Verfassungsgeschichte, Rn. 1333 ff.

Angelegenheiten des Bundes.[351] Hierunter fielen Beschlüsse, die die Bundesakte selbst oder organische Bundeseinrichtungen betrafen, und gemeinnützige Anordnungen sonstiger Art. Ob ein Beschluss zur Plenarsache erhoben wurde, entschied der Engere Rat mit einfacher Stimmenmehrheit.[352] Das Plenum wurde somit erst gebildet, wenn die Bundesversammlung zuvor als Engerer Rat entschieden hatte, dass die anstehende Abstimmung als Plenarsache zu qualifizieren sei. Der Engere Rat stellte folglich das wichtigere und richtungweisende Gremium der Bundesversammlung dar.[353]

Im Engeren Rat standen für Abstimmungen nur 17 Stimmen zur Verfügung. Die elf größten Staaten erhielten dabei jeweils eine eigene Virilstimme.[354] Die übrigen wurden in sechs Kurien zusammengefasst, von denen jede eine gemeinsame Kuriatstimme erhielt.[355] Damit eine Kurie ihre Stimme in der Bundesversammlung abgeben konnte, musste man sich zunächst kurienintern über das Abstimmungsergebnis geeinigt haben. Sofern es hier zu keinem Konsens gekommen war, wurde nach dem einfachen Mehrheitsprinzip entschieden. Bei Stimmgleichheit war die Stimme des stimmführenden Gesandten entscheidend; dieser wechselte in regelmäßigen Abständen.[356] Einzig Hessen-Homburg, das dem Deutschen Bund erst 1817 beitrat, besaß zunächst kein Stimmrecht, bis es 1838 in die 16. Kurie aufgenommen wurde.[357]

Im Plenum änderte sich nur die Stimmverteilung, nicht aber die Zusammensetzung der Bundestagsgesandten. Jeder Gliedstaat besaß hier wenigstens eine eigene Stimme,[358] die größten Einzelstaaten sogar bis zu vier Stimmen.

---

351 Art. 6 BA.

352 Art. 7 Abs. 1 BA.

353 Vgl. Kotulla, Verfassungsgeschichte, Rn. 1342.

354 Diese waren gemäß Art. 4 BA: Österreich, Preußen, Bayern, Sachsen, Hannover, Württemberg, Baden, Kurhessen, Hessen-Darmstadt, Holstein und Luxemburg.

355 Diese Staatengruppen setzten sich wie folgt zusammen: 12. Stimme: Großherzoglich und herzoglich sächsische Häuser; 13. Stimme: Braunschweig und Nassau; 14. Stimme: Mecklenburg-Schwerin und Mecklenburg-Strelitz; 15. Stimme: Holstein-Oldenburg, Anhalt und Schwarzburg; 16. Stimme: Hohenzollern, Liechtenstein, Reuß, Schaumburg-Lippe, Lippe und Waldeck; 17. Stimme: Lübeck, Frankfurt, Hamburg und Bremen.

356 Siehe Huber, Verfassungsgeschichte, Bd. I, S. 589.

357 Dies lag allerdings in erster Linie daran, dass Hessen-Homburg in völliger Verkennung seiner unbedeutenden Stellung im Bund eine eigene Virilstimme forderte, vgl. Thomsen: Die Bemühungen Hessen-Homburgs um Sitz und Stimme im Bundestag, S. 12 ff.; siehe auch Kotulla, Verfassungsgeschichte, Rn. 1338.

358 Nur die drei Staaten, die der jüngeren Linie von Reuß angehörten, mussten sich eine Stimme teilen, bis sie durch Erlöschen zweier Erblinien 1824 und 1848 ohnehin vereint

Die Beschlussfassung der Bundesversammlung erfolgte im Engeren Rat in der Regel aufgrund absoluter Stimmmehrheit.[359] Da Österreich gemäß Art. 5 S. 1 BA in der Bundesversammlung den Vorsitz führte, stand ihm bei Stimmengleichheit im Engeren Rat die Entscheidung zu.[360] Eine Entscheidung im Plenum erforderte ausweislich Art. 7 Abs. 2 BA grundsätzlich eine Zweidrittelmehrheit. Ausnahmen galten in beiden Gremien allerdings für die Abänderung von Grundgesetzen, für Beschlüsse über organische Einrichtungen oder Anstalten des Bundes, für die Aufnahme neuer Mitglieder in den Bund und bei Religionsangelegenheiten. Hierfür wurde durch Art. 7 Abs. 4 BA ein einstimmiges Abstimmungsergebnis verlangt.

Wie Art. 7 Abs. 4 BA festlegte, bedurfte auch die Abänderung der Rechtsgrundlagen des Deutschen Bundes einer einstimmigen Entscheidung. Diese hatte gemäß Art. 6 BA im Plenum zu erfolgen. Eine Änderung der Bundesgrundgesetze und demzufolge auch die Übertragung weiterer Kompetenzen auf den Deutschen Bund war somit nicht ohne die Zustimmung aller Mitglieder des Bundes möglich.

3. Konkrete Aufgaben und Befugnisse

Der Bundeszweck bildete den rechtlichen Rahmen für den Umfang der Herrschaftsmacht des Bundes. Durch ihn wurde festgelegt, welche Befugnisse der Bund von den Gliedstaaten ableiten durfte, ohne gleichzeitig konkrete Bundeskompetenzen zu definieren. Einige Aufgaben und Befugnisse des Bundes konnten jedoch nicht nur über den Bundeszweck hergeleitet werden, sondern ergaben sich auch mittelbar aus den Artt. 6, 10 und 11 BA, sodass diese Normen die Generalermächtigung konkretisierten.

(a) Die Angelegenheiten des Plenums

Art. 6 BA wies dem Bund nicht ausdrücklich Aufgaben zu, sondern bestimmte nur, über welche Angelegenheiten im Engeren Rat bzw. im Plenum abzustimmen war.[361] Hiernach oblag die Abstimmung über die „Abfassung und Abänderung von

---

wurden, siehe hierzu: Kaltenborn von Stachau, Geschichte der Deutschen Bundesverhältnisse, S. 412 f.

359 Art. 7 Abs. 2 BA.

360 Art. 7 Abs. 3 BA; da es im Engeren Rat 17 Stimmen gab, konnte eine Pattsituation allerdings nur entstehen, wenn sich eine ungerade Anzahl von Gliedstaaten ihrer Stimmen enthielt.

361 Dazu näher unten Kapitel 3 A.II.3(b).

Grundgesetzen des Bundes“, über „Beschlüsse, welche die Bundes-Acte selbst betreffen“, über „organische Bundes-Einrichtungen“ und über „gemeinnützige Anordnungen“ dem Plenum.

Die in Art. 6 BA genannten Entscheidungen bedurften eines einstimmigen Beschlusses der Bundesversammlung. Der Deutsche Bund konnte daher nicht aufgrund eigener Kompetenz über die Ergänzung seiner rechtlichen Grundlagen oder organischen Einrichtungen entscheiden, sondern benötigte hierfür das Plazet sämtlicher Mitglieder. Art. 6 BA konkretisierte folglich nicht den Aufgabenbereich des Bundes, sondern schränkte die Kompetenzzuweisungen der Generalermächtigung ein, sodass die Einzelstaaten die volle Kompetenzhoheit für alle in Art. 6 BA geregelten Angelegenheiten behielten.

Eine Ausnahme des vorgenannten Grundsatzes stellen die ebenfalls in Art. 6 BA aufgeführten „gemeinnützigen Anordnungen“ dar, über die das Plenum gemäß Art. 7 BA mit einer Zweidrittelmehrheit entschied. Der Inhalt der möglichen Entscheidungen, die aufgrund der Kompetenz zur Abfassung „gemeinnütziger Anordnungen“ getroffen werden konnten, wurde während des über fünfzigjährigen Bestehens des Deutschen Bundes unterschiedlich ausgelegt.[362] Erstmals verwendet wurde der Begriff „gemeinnützige Anordnungen“ während der Abfassung der Bundesakte auf dem Wiener Kongress.[363] Näher definiert wurde er dort aber noch nicht.[364] Im Bundestag wurde dann teilweise die Auffassung vertreten, auch die Schaffung eines „gleichförmigen Gesetzbuches“ sei eine „gemeinnützige Angelegenheit“ im Sinne von Art. 6 BA.[365] In § 3 Ziffer 4 der „Provisorischen Kompetenzbestimmung vom 12. Juni 1817“[366] wurde dann, inhaltlich anknüpfend an den Begriff der gemeinnützigen Anordnungen, bestimmt, dass das Plenum zuständig sei, „sobald bei einer Angelegenheit nicht nur das Wohl eines Staates, sondern zugleich das der Gesamtheit berücksichtigt werden muß“. Durch die Kompetenzbestimmung wurde

362 Siehe hierzu Linde, Über gemeinnützige Anordnungen, S. 125 ff.

363 Die gemeinnützigen Angelegenheiten als Plenarsache sind erwähnt in dem „Vorschlag der zur Abfassung des 4. Artikels niedergesetzten Commission“, abgedruckt bei Klüber, Akten, Bd. II, S. 461 f.

364 Wegen der Auslegungsmöglichkeiten, die sich hierdurch baten, kommentierte Linde (Über gemeinnützige Anordnungen, S. 126) das Fehlen einer bundesprimärrechtlichen Definition des Begriffs der „gemeinnützigen Anordnungen“ mit den Worten: „daß sich dabei das omnis in iure definitio periculosa bewahrheitet.“

365 So der Gesandte der Stadt Frankfurt im Jahr 1817 bei seinem Vortrag gegenüber der Bundesversammlung, abgedruckt in Prot. Bv. 5. Sitzung vom 27.1.1817, § 30; hierzu auch Linde, Über gemeinnützige Anordnungen, S. 129.

366 Abgedruckt bei Kotulla, Verfassungsrecht, Bd. I, S. 647 ff.

mithin nachträglich der Umfang der gemeinnützigen Anordnungen außerhalb des Bundesprimärrechts konkretisiert.[367] Im Jahr 1851 wurde auf der Dresdener Ministerialkonferenz festgelegt, dass gemeinnützige Anordnungen „Verfügungen seien, welche ohne auf die unmittelbaren Bundeszwecke gerichtet zu seien, die Wohlfahrt der Angehörigen der Bundesstaaten befördern sollen".[368] Damit wurden nunmehr die „gemeinnützigen Angelegenheiten" auf solche der Wohlfahrt beschränkt.[369] Dies hielt jedoch insbesondere diejenigen Kräfte, die im Deutschen Bund lieber einen Bundesstaat als einen Staatenbund gesehen hätten, nicht davon ab, noch 1863 darzulegen, dass auch die Abfassung „gemeinsamer Zivil- und Kriminalgesetze" von den gemeinnützigen Anordnungen umfasst sei.[370] Je nach Interpretation der gemeinnützigen Anordnungen konnten somit alle Angelegenheiten unter diesen Rechtsbegriff subsumiert werden, die über das reine innerstaatliche Recht eines Bundesmitglieds, also das Jus singulorum, hinausgingen.

Jedenfalls wurden die Aufgaben des Bundes durch Art. 6 BA (indirekt) um den Aufgabenbereich der gemeinnützigen Anordnungen in dem Umfang, in dem dieser unbestimmte Rechtsbegriff jeweils ausgelegt wurde, erweitert. Obwohl der Bund hierdurch Kompetenzen erhielt, die über die bundeszweckimmanenten Befugnisse hinausgingen, waren die hierauf beruhenden Mehrheitsbeschlüsse, die der Bund treffen konnte, unabhängig von der jeweiligen Interpretation der gemeinnützigen Anordnungen, gemäß Art. 7 S. 4 BA[371] auf solche Entscheidungen beschränkt, durch die nicht das Bundesrecht abgeändert, Bundeseinrichtungen geschaffen oder das ausschließliche Recht einzelner Bundesmitglieder betroffen wurde.[372]

367 Vgl. Linde, Über gemeinnützige Anordnungen, S. 126.

368 Linde, Über gemeinnützige Anordnungen, S. 126.

369 Zur Interpretation der „gemeinnützigen Angelegenheiten" als Wohlfahrtsangelegenheiten Kotulla, Verfassungsgeschichte, Rn. 1362.

370 So die etwas konstruiert wirkende Schlussfolgerung von Linde (Über gemeinnützige Anordnungen, S. 135).

371 Zur Veranschaulichung an dieser Stelle der Wortlaut von Art. 7 S. 4 BA: „Wo es aber auf Annahme oder Abänderung der Grundgesetze, auf organische Bundes-Einrichtungen, auf jura singulorum oder Religions-Angelegenheiten ankommt, kann weder in der engen Versammlung, noch in Pleno ein Beschluß durch Stimmenmehrheit gefaßt werden."

372 Die Entscheidungen, die bei Annahme des Vorliegens einer „gemeinnützigen Angelegenheit" in jedem Fall einstimmig getroffen werden mussten, sind zutreffend dargestellt bei Linde, Über gemeinnützige Anordnungen, S. 131 f.

(b) Die weiteren Aufgaben des Bundes

Art. 10 BA nannte die „Abfassung der Grundgesetze des Bundes und dessen organische Einrichtung in Rücksicht auf seine auswärtigen, militärischen und inneren Verhältnisse“ als die ersten Geschäfte, die die Bundesversammlung zu besorgen habe. Hierdurch wurde verdeutlicht, was durch den Zweck des Bundes bereits impliziert wurde: Zu den Aufgaben des Bundes gehörten sowohl die Wahrnehmung auswärtiger Angelegenheiten als auch die Schaffung einer Wehrorganisation.

Bei einer isolierten Betrachtung von Art. 10 BA – also unter Ausblendung der tatsächlichen Fortentwicklung des Bundesrechts – konnten unter den Bundeszweck in Verbindung mit den Vorgaben dieser Rechtsnorm noch weitere Aufgaben subsumiert werden. Da die Bundesversammlung nach dem Wortlaut dieser Norm auch Gesetze und organische Einrichtungen in Rücksicht auf die inneren Verhältnisse beschließen sollte, wäre beispielsweise auch die Gründung einer einheitlichen Bundespolizei in den Aufgabenbereich des Bundes gefallen. Der Wortlaut des Art. 10 BA hätte selbst die Schaffung einer bundeseinheitlichen Administration zur Aufrechterhaltung der öffentlichen Ordnung umfassen können, soweit hierdurch die Souveränitätsrechte der Bundesmitglieder nicht unverhältnismäßig stark eingeschränkt worden wären.[373] Jedenfalls kann festgehalten werden, dass die Vorgaben der Bundesakte die latente Möglichkeit beinhalteten, den Bund mit umfangreichen Kompetenzen im Bereich der (Quasi) Exekutive auszustatten.[374]

Im Gegensatz dazu setzte die Bundesakte den Bundeskompetenzen im Bereich der (Quasi)Judikative bereits enge Grenzen. Sie sah insoweit lediglich in Art. 11 Abs. 4 BA vor, dass der Deutsche Bund bei Streitigkeiten mehrerer Gliedstaaten als Austrägalinstanz tätig werden sollte. Hierdurch kam dem Bund bei interstaatlichen Konflikten die Rolle eines Mediators zu. Die Bildung eines einheitlichen Bundesgerichts war in der endgültigen Version der Bundesakte hingegen nicht (mehr) vorgesehen, weil ein entsprechender Passus im Entwurf der Bundesakte einen Tag vor deren Zeichnung auf das Ersuchen Bayerns hin gestrichen werden musste.[375] Das süddeutsche Königreich fürchtete, dass sich ein verbindliches Gericht des Bundes negativ auf die eigenen Herrschaftsrechte auswirken könnte. Die

---

373 Siehe oben Kapitel 2 C.I.2.

374 Zur Bezeichnung der Legislative, Exekutive bzw. Judikative als „Quasigewalten“, wenn sie auf Ebene einer Staatenverbindung getroffen werden, unter anderem Dahm/Delbrück, Völkerrecht, Bd. I, S. 48 ff.; Gieler, Internationale Wirtschaftsorganisation, S. 284; Streeck, Korporatismus in Deutschland, S. 120.

375 Siehe Quint, Souveränitätsbegriff und Souveränitätspolitik, S. 381.

Austrägalbefugnis des Bundes war im Gegensatz zu der ursprünglich vorgesehenen Bundesgerichtsbarkeit durch den in Art. 11 BA definierten Aufgabenbereich sehr eng begrenzt, was den potenziellen Einfluss des Bundes deutlich einengte.[376]

4. Bewertung im Hinblick auf die Souveränität

Obwohl die Bundesakte nur den ersten Teil der „Bundesgrundgesetze" darstellte und deshalb noch weiter konkretisiert werden musste, ist ihr bereits zu entnehmen, dass dem Deutschen Bund zur Erfüllung des Bundeszwecks generell ein weites Spektrum von Rechten und Befugnissen zur Verfügung stand. Der Bundesversammlung wurden dazu im Bereich der Bundessicherheit die Handlungsoptionen eingeräumt,[377] die in einem modernen Verfassungsstaat Parlament und Regierung zustehen.[378]

Der Deutsche Bund war jedoch kein Staat, sondern eine auf völkerrechtlichen Verträgen beruhende Staatenverbindung. Dementsprechend stellte die Bundesversammlung weder ein Parlament noch eine Regierung dar, sondern war vielmehr als ein „ständiger Gesandtenkongress" zu qualifizieren.[379] Dessen ungeachtet hatten sich die Mitglieder des Deutschen Bundes durch Art. 3 2. HS BA verpflichtet, die „Bundesacte unverbrüchlich" zu halten, sodass die von der Bundesversammlung getroffenen Entscheidungen für alle Gliedstaaten verbindlich waren. Damit erhielt der Bund eine (Quasi) Legislativgewalt, durch die er ermächtigt wurde, eigene Gesetze im Rahmen des Bundeszwecks zu erlassen.

Die Aufgaben und Befugnisse des Bundes bestimmten sich vornehmlich durch den Bundeszweck. Insbesondere an den Plenarzuweisungen in Art. 6 BA, den Aufzählungen der ersten Geschäfte der Bundesversammlung in Art. 10 BA und den Vorschriften zur Bildung einer Bundesausträgalinstanz in Art. 11 BA war erkennbar, welche generellen Aufgaben und Befugnisse zukünftig vom Bund wahrgenommen werden konnten. Mangels eindeutiger Kompetenzzuweisungen war der Bundesakte im Jahr 1815 allerdings noch nicht zu entnehmen, inwieweit die konkreten Aufgaben

---

376 Zum Austrägalverfahren des Bundes nach Einführung der Austrägalordnung und der Wiener Schlussakte unten Kapitel 3 C.II.1; siehe zur Arbeitsweise der Austrägalinstanz insbesondere auch Betz, Austrägalinstanz, S. 7 ff.

377 Siehe Art. 4 BA.

378 Diese Doppelnatur der Bundesversammlung wurde ab 1820 durch Art. 7 WSA bestätigt, in dem es heißt, dass die BV das „beständige verfassungsmäßige Organ seines (des Bundes) Willens und Handelns sei".

379 Huber, Verfassungsgeschichte, Bd. I, S. 589; siehe hierzu auch Hardach, Der Generationenvertrag, S. 42; Kotulla, Verfassungsrecht, Bd. I, S. 59.

und Befugnisse des Deutschen Bundes zukünftig die Staatsgewalt seiner Gliedstaaten überlagern würden.

Die Abänderung der Bundesgrundgesetze, die Errichtung organischer Bundeseinrichtungen, die Aufnahme neuer Bundesmitglieder und Entscheidungen über Religionsangelegenheiten konnte der Bund nur mit den Stimmen aller Bundesmitglieder beschließen. Aus diesem Grund besaß der Bund für die vorgenannten Angelegenheiten zwar formell die Kompetenzhoheit; das Bundesrecht konnte allerdings nur ergänzt werden, wenn die anstehenden Änderungen von allen Mitgliedern des Bundes befürwortet wurden. Die Regelungen zur Entscheidungsfindung eröffneten jedoch der jeweiligen Mehrheit im Bundestag die Möglichkeit, einige Kleinstaaten bei der Abänderung der Bundesgrundgesetze und damit auch bei der Übertragung weiterer Kompetenzen auf den Bund zu übergehen: Gemäß Art. 7 Abs. 1 BA entschied der Engere Rat mit einfacher Stimmenmehrheit darüber, ob eine Sache dem Plenum vorgelegt werden sollte oder nicht. Die Erhebung einer Angelegenheit zur Plenarsache konnte mithin nicht von einzelnen Bundesmitgliedern erzwungen werden. Wenn jedoch – beispielsweise aufgrund einer „zielgerichteten Interpretation" des Bundesrechts – eine Entscheidung nicht zur Plenarsache erhoben wurde, konnten nur diejenigen Gliedstaaten, die eine eigene Virilstimme besaßen, die Abänderung des Bundesrechts aktiv verhindern. Alle anderen Staaten hätten sich der Mehrheit innerhalb der eigenen Kurie beugen müssen.[380]

Bei der Gesamtbewertung der Bundesakte müssen neben den in ihr enthaltenen Regelungen insbesondere auch die Bereiche berücksichtigt werden, für die der Bund keine eigenen Befugnisse erhielt. Ihm kamen nämlich praktisch keine Kompetenzen auf den Gebieten Wirtschaft, Finanzen und Kultur sowie nur sehr eingeschränkte Rechte im Bereich der Justiz zu. Demzufolge konnten die Herrschaftsbefugnisse der deutschen Staaten nur in den Teilbereichen eingeschränkt werden, die im Zusammenhang mit der Sicherheit Deutschlands standen.[381]

---

380 Da die Abstimmung nicht im richtigen Gremium stattgefunden hätte, wären die benachteiligten Gliedstaaten zwar grundsätzlich nicht an eine solch rechtswidrige Entscheidung gebunden gewesen. Dennoch erscheint die Kompetenzhoheit der Kleinstaaten durch die Regelung von Art. 7 Abs. 1 BA zumindest faktisch gefährdet. Siehe hierzu Rotteck/Welcker, Staats-Lexikon, Bd. VIII, S. 700.

381 Dies hatte zur Folge, dass sich ab den 1820er Jahren immer mehr deutsche Staaten frei von bundesrechtlichen Einflüssen über handelsrechtliche Fragen bi- oder multilateral einigten und schließlich am 22. März 1833 der preußisch dominierte Deutsche Zollverein gegründet wurde, dem sich bis 1866 die meisten deutschen Staaten – jedoch nicht Österreich – angliederten. Hierdurch entstand somit eine zweite Verbindung deutscher Staaten, die im Gegensatz zum Deutschen Bund eine handelspolitische

Am deutlichsten trat der eingeschränkte Aufgabenkreis des Bundes im Zusammenhang mit dem Ausbau des Deutschen Zollvereins zutage: Der 1834 unter der Federführung Preußens gegründete Zollverein stellte eine deutsche Handels- und Wirtschaftsunion dar,[382] der sich sukzessive praktisch alle deutschen Staaten anschlossen.[383] Österreich wurde allerdings von Preußen erfolgreich davon abgehalten, dem Deutschen Zollverein beizutreten.[384] Hierdurch entstand in Deutschland neben dem „großdeutschen" Sicherheitsbund ein „kleindeutscher" Wirtschaftsbund, der zwar faktisch eine Konkurrenzveranstaltung Preußens zum österreichisch geprägten Deutschen Bund darstellte,[385] jedoch wegen seiner rein wirtschaftspolitischen Ausrichtung rechtlich kaum den sicherheitspolitischen Zielrichtungen des Deutschen Bundes widersprechen konnte.

Zusammenfassend kann festgehalten werden, dass die Bundesakte dem Deutschen Bund eine Vielzahl von Handlungsoptionen bot, indem sie ihm generell die Zuständigkeit für alle Angelegenheiten der Bundessicherheit zuwies. Inwieweit der Bund von diesen Handlungsoptionen im Zuge der Konkretisierung des Bundesrechts Gebrauch machen würde, ließ sich der Bundesakte allerdings noch nicht entnehmen. Somit stand 1815 noch nicht fest, inwieweit die Bundeskompetenzen geeignet waren, die Sicherheit Deutschlands zu gewährleisten und die Souveränität der deutschen Staaten angemessen zu berücksichtigen.

III. Bundesanforderungen an die Gliedstaaten

In der Bundesakte wurden nicht nur die Bundeskompetenzen definiert, sondern auch Prinzipien, die für alle Gliedstaaten galten. Da diese die in der Bundesakte verbrieften Grundsätze gleichermaßen beachten mussten,[386] konnten die Bundesanforderungen einen ebenso großen Einfluss auf den Umfang der Herrschaftsmacht der einzelnen Staaten haben wie die bundesrechtlichen Kompetenzregelungen.

Ausrichtung besaß. Siehe zu diesem Thema Treitschke, Der Deutsche Zollverein, S. 1 ff.; Verträge betreffend den Zollverein abgedruckt bei Kotulla, Verfassungsrecht, Bd. I, S. 837 ff.

382 Siehe zur Bildung und Entwicklung des Deutschen Zollvereins Nipperdey, Deutsche Geschichte, S. 358 ff.;Weber, Der deutsche Zollverein, S. 92 ff.

383 Siehe hierzu Kotulla, Verfassungsgeschichte, Rn. 1612 ff.

384 Siehe Kotulla, Verfassungsgeschichte, Rn. 1617 ff.

385 Vgl. Kotulla, Verfassungsgeschichte, Rn. 1618.

386 Siehe Art. 3 BA: „Alle Bundesglieder […] verpflichten sich alle gleichmäßig die Bundesacte unverbrüchlich zu halten."

Demzufolge wurde die einzelstaatliche Herrschaftsmacht nicht nur durch die dem Bund zugewiesenen Aufgaben und Befugnisse beschränkt, sondern auch durch die bundesrechtlichen Vorgaben zur Ausgestaltung seiner Mitgliedstaaten.

1. Die landständischen Verfassungen

Wie bereits dargestellt, bemisst sich die Souveränität eines Staates vornehmlich am Umfang seiner Gesetzgebungskompetenz.[387] Die Gesetze eines jeden Staates basieren entweder auf ungeschriebenem oder – heutzutage wesentlich häufiger – geschriebenem Verfassungsrecht.[388] Das Recht eines Staates, sich selbst eine Verfassung zu geben, ist demzufolge Ausdruck seiner Souveränität.[389] Die Bundesakte enthielt nur einen einzigen Satz zur Verfassungsgebung der Gliedstaaten. In Art. 13 BA hieß es: „In allen Bundesstaaten wird eine landständische Verfassung stattfinden."

Diese interpretationsbedürftige Regelung war der kleinste gemeinsame Nenner, auf den man sich in Wien einigen konnte. Österreich und Preußen wollten in der Bundesakte ursprünglich konkrete Mitspracherechte der Landstände statuieren.[390] Hierdurch sollte das Risiko der von Metternich befürchteten landesherrlichen Willkürherrschaft in den Mittel- und Kleinstaaten geschmälert und so die Hegemonialpolitik der Großmächte begünstigt werden.[391] Die Königshäuser Bayerns und Württembergs erachteten jedoch die Aufnahme eines Katalogs von landständischen Rechten als Affront gegen die eigene landesherrliche Autorität und versuchten, diese nach besten Kräften zu verhindern.[392]

Nachdem es aufgrund der polnisch-sächsischen Krise zum Zerwürfnis zwischen Österreich und Preußen gekommen war,[393] bevorzugte Österreich statt einer Doppelhegemonie die Schaffung eines staatenbündischen Systems, in dem der

387 Siehe oben Kapitel 1 G.II.

388 Zum Werdegang des Verfassungsrechts: Frotscher/Pieroth, Verfassungsgeschichte, Rn. 1 ff.

389 Siehe hierzu Seiler, Der souveräne Verfassungsstaat, S. 121.

390 Die „41 Punkte" Hardenbergs und die Verfassungsentwürfe Humboldts sind dargestellt bei Huber, Verfassungsgeschichte, Bd. I, S. 529; siehe hierzu auch Humboldt, Ges. Schr. Bd. XI, S. 295; Kotulla, Verfassungsgeschichte, Rn. 1283 ff., 1294 ff.; Nipperdey, Deutsche Geschichte, S. 94 f.

391 So auch Kotulla, Verfassungsgeschichte, Rn. 1371.

392 Vgl. Kotulla, Verfassungsgeschichte, Rn. 1370; siehe zu den Bedenken Bayerns auch Quint, Souveränitätsbegriff und Souveränitätspolitik, S. 359 ff.

393 Siehe oben Kapitel 2 B.I.

Großteil der Macht in der Hand der Monarchen bleiben sollte.[394] Dies wirkte sich auch auf den Regelungsgehalt von Art. 13 BA aus, der in seiner finalen Form nur eine Grundsatzbestimmung enthielt, die in Ermangelung eines konkreten Pflichten- und Fristenkatalogs kaum geeignet war, die Einführung landständischer Mitwirkungsrechte gegenüber den Gliedstaaten durchzusetzen.

Art. 13 BA bedeutete demzufolge nur eine geringfügige Begrenzung der einzelstaatlichen Verfassungsautonomie. Die einzelnen Landesfürsten mussten aufgrund dieser Norm in ihren Territorien nur irgendeinen rechtmäßigen und auf einer Verfassung beruhenden Rechtszustand herstellen.[395] Hierdurch sollte die Akzeptanz der Fürsten bei ihren Landständen und Untertanen gefestigt werden, um so das Risiko von Revolten oder gar Revolutionen zu verringern.[396]

Festgehalten werden kann, dass Art. 13 BA vornehmlich zur Herstellung oder Aufrechterhaltung desjenigen legitimen Verfassungszustands in den einzelnen deutschen Staaten diente, der auch schon im 19. Jahrhundert als Voraussetzung der Souveränität angesehen wurde.[397] Schon bevor sich anhand einer allgemeingültigen Auslegung von Art. 13 BA die konkreten Anforderungen an die landständischen Verfassungen herausbildeten,[398] verdeutlichte die generelle Pflicht zur Einführung landständischer Verfassungen demzufolge, dass die Aufrechterhaltung eines rechtmäßigen Zustands eine bundesrechtsimmanente Schranke der gliedstaatlichen Herrschaftsmacht darstellen sollte.

2. Die Rechte der Landstände und Untertanen

Nicht nur Art. 13 BA stellte Grundanforderungen an die innere Struktur der Gliedstaaten des Deutschen Bundes. Um innerstaatliche Konflikte zwischen den Monarchen und deren Landständen und Untertanen zu verhindern, schrieb man den Bundesmitgliedern zusätzlich vor, welche Mindestrechte sie ihrer Bevölkerung zu gewähren hatten.

(a) Die Mediatisiertenrechte

Der Reichsdeputationshauptschluss führte 1803 zur Mediatisierung vieler ehemaliger Reichsstände und somit zu deren Degradierung von reichsunmittelbaren

394 Siehe Kotulla, Verfassungsgeschichte, Rn. 1371.
395 Siehe Kotulla, Verfassungsgeschichte, Rn. 1373.
396 Ähnlich Kotulla, Verfassungsgeschichte, Rn. 1373.
397 Vgl. Kotulla, Verfassungsgeschichte, Rn. 1373.
398 So auch Krüger, Die landständische Verfassung, S. 36.

zu reichsmittelbaren Fürsten. Dennoch sollten die Mediatisierten ihre vormaligen Privilegien nicht völlig verlieren, weshalb ihnen einige Sonderrechte eingeräumt wurden.[399]

In der Bundesakte wurden die Privilegien der Mediatisierten durch Art. 14 BA statuiert. Neben allgemeinen Grundsätzen, die insbesondere die Stellung der Mediatisierten in der Adelshierarchie Deutschlands betrafen, enthielt Art. 14 BA auch Bestimmungen, die sich direkt auf die Ausübung der einzelstaatlichen Herrschaftsmacht auswirken konnten. Durch Art. 14 lit. b) BA wurde festgelegt, dass die Mediatisierten steuerlich zu bevorzugen seien. Hiermit wurde in die Steuerhoheit der Gliedstaaten eingegriffen, die bereits bei Bodin ein Kernelement der Souveränität darstellte.[400] Zudem stellte die Steuerhoheit einen Teilbereich der Landeshoheit dar, die nicht durch das Bundesrecht eingeschränkt werden sollte. Art. 14 lit. b) BA sah allerdings keine bestimmte Steuerreduzierung oder gar Steuerfreiheit für die Mediatisierten vor, sondern verlangte nur deren relative Besserstellung im Verhältnis zu den anderen Untertanen.[401] Den Bundesmitgliedern wurde folglich nur ein grober Rahmen vorgegeben, den sie nach eigenem Belieben ausfüllen konnten. Obwohl sich Art. 14 lit. b) BA auf die Steuerhoheit auswirkte, lag die eigentliche Entscheidung über die Besteuerung der Mediatisierten noch immer bei den einzelnen Staaten, sodass die aus dieser Norm resultierenden Beschränkungen der gliedstaatlichen Herrschaftsrechte zumindest nicht als unverhältnismäßig angesehen werden können.

Art. 14 lit. c) BA sicherte den Mediatisierten den Fortbestand derjenigen Rechte zu, die nicht zur „Staatsgewalt und den höheren Regierungsrechten“ gehörten. Den Mediatisierten sollte „die Ausübung der bürgerlichen und peinlichen Gerechtigkeitspflege in erster und, wo die Besitzung groß genug ist, in zweiter Instanz, der Forstgerichtsbarkeit, Ortspolizei und Aufsicht in Kirchen- und Schulsachen, auch über milde Stiftungen“ obliegen. Man gewährte den Mediatisierten mithin deutliche Judikativ- und Exekutivrechte.

Da die Mediatisierten bei der Ausübung dieser Rechte die jeweiligen Landesgesetze beachten mussten und unter der „Oberaufsicht der Landesregierungen“ blieben, stellte diese Norm jedoch nur insoweit eine Einschränkung der Herrschaftsmacht der Gliedstaaten dar, als deren Regierungen nicht mehr entscheiden

---

399 Zur Mediatisierung allgemein: Huber, Verfassungsgeschichte, Bd. I, S. 44; zu den Sonderrechten der Mediatisierten im Besonderen: Hefter, Die Sonderrechte der souveränen und der mediatisierten vormals reichsständischen Häuser, S. 12 ff.

400 Siehe oben Kapitel 1 B.

401 Vgl. Kotulla, Verfassungsgeschichte, Rn. 1415.

konnten, wer in den mediatisierten Gebieten die Aufgaben der Judikative und Exekutive ausübt. Über das „Wie" der Ausübung entschieden allerdings die Regierungen der deutschen Staaten und nicht die Mediatisierten.

Bei der Bewertung des Umfangs der gliedstaatlichen Herrschaftsrechte aufgrund der Mediatisiertenrechte ist zudem Folgendes zu berücksichtigen: Die Mediatisiertenrechte wurden in ihrer konkreten Ausgestaltung auf Vorschlag Bayerns in die Bundesakte eingeführt.[402] Der Wortlaut von Art. 14 BA beruhte auf einem bayerischen Dekret vom 19. März 1807,[403] das den Mediatisierten exakt dieselben Rechte zugebilligt hatte. In den anderen Teilen Deutschlands genossen die Mediatisierten bis 1815 vergleichbare Rechtspositionen.[404] In der Bundesakte wurde somit nur das ohnehin schon innerhalb Bayerns geltende Recht für das gesamte Bundesgebiet vereinheitlicht, nicht aber wirklich neue Verpflichtungen der Bundesmitglieder gegenüber den Mediatisierten geschaffen.

Im Gegenzug für das Zugeständnis Bayerns an die Mediatisierten – das eigentlich gar keines war – wurde auf die Einführung weiterer Mediatisiertenrechte verzichtet.[405] So erhielten die ehemals reichsunmittelbaren Stände beispielsweise keine gemeinsame Kuriatstimme im Bundestag und auch die zunächst vorgesehene Steuerfreiheit entfiel.[406]

Insgesamt betrachtet enthielt die Bundesakte demzufolge in Bezug auf die Mediatisierten weitestgehend nur Rahmenvorgaben und deklaratorische Bestätigungen des Status quo. Für die Mitglieder des Bundes bedeutete dies, dass Art. 14 BA nur zu geringen Beschränkungen der Herrschaftsbefugnisse führte.

(b) Die Religionsrechte

Art. 16 BA schützte die Freiheit der christlichen Konfessionswahl und stellte Neuregelungen in Bezug auf die Juden in Aussicht. Da die in Art. 16 Abs. 1 BA statuierte Gleichberechtigung von Katholiken, Lutheranern und Reformierten jedoch bereits seit 1648 durch den Westfälischen Frieden festgeschrieben war[407] und die

402 Vgl. Quint, Souveränitätsbegriff und Souveränitätspolitik, S. 372 f.

403 Abgedruckt bei Kotulla, Verfassungsrecht, Bd. I, S. 602 ff.

404 Siehe zu den Mediatisiertenrechten und der Diskussion um die Frage nach deren Auswirkung auf die „Souveränität" der Landesherrn ab der Rheinbundzeit Schuck, Staatssouveränität und Verfassungsdiskussion, S. 22 ff.

405 Siehe Quint, Souveränitätsbegriff und Souveränitätspolitik, S. 373 ff.

406 Die vom Reichsadel 1814 auf dem Wiener Kongress geforderte Freiheit von Abgaben ist wiedergegeben bei Klüber, Akten, Bd. I, S. 115.

407 So geregelt in Art. VII §§ 1 ff. IPO.

Bundesakte in Art. 16 Abs. 2 bezüglich der Judenfrage nur vorgab, dass diese in Zukunft nicht schlechter behandelt werden dürften, enthielt Art. 16 BA keine Neuregelungen, die sich negativ auf den Umfang der Herrschaftsmacht der Gliedstaaten auswirkten.[408]

(c) Sonstige Untertanenrechte

Weitere Untertanenrechte wurden durch Art. 18 BA statuiert. Art. 18 lit. a) bis c) BA dienten in erster Linie dazu, der Bevölkerung Deutschlands die freie Wohnortwahl und allgemeine Freizügigkeit innerhalb des Bundesgebiets zu ermöglichen. Den materiellen Gehalt des Freizügigkeitsrechts verstärkend wurde durch Art. 18 lit. a) BA das Recht zum Erwerb von Grundeigentum in den anderen Gliedstaaten zugesichert und durch Art. 18 lit. c) BA eine Regelung über die Freiheit der Untertanen von Nachsteuern aufgenommen, wenn diese ihr Vermögen von einem in einen anderen Mitgliedstaat des Bundes verbringen wollten.

Eine besondere Bedeutung sollte später Art. 18 lit. d) BA erlangen, der die Herstellung gleichförmiger Bestimmungen zur Pressefreiheit und der Rechte der Schriftsteller vorsah.[409] Zunächst stellte aber auch diese Norm lediglich eine generelle Zielvorgabe dar, die die einzelstaatlichen Herrschaftsbefugnisse (noch) nicht einschränkte.

Mit Ausnahme des in Art. 18 lit. a) BA kodifizierten Rechts zum Erwerb von Grundeigentum bedurften alle übrigen Grundsätze des Art. 18 BA der Normenkonkretisierung durch weitere Rechtssätze. Da die Abfassung dieser neuen Rechtssätze gemäß Art. 7 BA nur mit Zustimmung aller Bundesmitglieder erfolgen durfte, enthielten auch die Untertanenrechte nur Vorgaben, die den Umfang der Herrschaftsmacht allenfalls unwesentlich beeinträchtigten und somit keinesfalls souveränitätsrelevant waren.

(d) Bewertung der Rechte der Landstände und Untertanen

Die Bundesakte enthielt auch in Bezug auf die Rechte, die die Gliedstaaten ihren Landständen und Untertanen einräumen sollten, eher programmatische Richtungsvorgaben als konkrete Verpflichtungen. Ebenso wie durch Art. 13 BA sollte durch die Untertanenrechte die Sicherheit Deutschlands bewahrt werden, indem die potenzielle Gefahr einer Fürstenwillkür eingedämmt wurde.

---

408 Vgl. hierzu Kotulla, Verfassungsgeschichte, Rn. 1425.

409 Siehe zu dessen missbräuchlicher Auslegung im Zuge der Karlsbader Beschlüsse unten, Kapitel 3 B.I.

Es erscheint wahrscheinlich, dass es zu massiven Protesten der betroffenen Gruppe gekommen wäre, wenn einzelne Fürsten des Deutschen Bundes ihren Untertanen vormals bestehende Rechte entzogen hätten. Aus diesem Grund waren die Untertanenrechte zur Aufrechterhaltung des inneren Friedens und damit auch zur Umsetzung des Sicherheitszwecks geeignet und erforderlich. Da die einzelnen Bundesmitglieder die konkrete Ausgestaltung der korrespondierenden landesrechtlichen Vorschriften weitgehend selbst bestimmen konnten und die Bundesvorgaben zudem oft nur bestehende Rechtsgrundsätze bundesweit vereinheitlichten, können die Untertanenrechte der Bundesakte auch nicht als unverhältnismäßiger Souveränitätseingriff bewertet werden. Somit stehen sie im Einklang mit den Souveränitätsprinzipien des Deutschen Bundes.

IV. Die Wahrnehmung der auswärtigen Beziehungen

Der Umfang der Souveränität eines Staates bemisst sich nicht zuletzt daran, inwieweit er mit anderen Staaten auswärtige Beziehungen unterhalten darf.[410] Neben den Bündnis- und Gesandtschaftsrechten gehört dazu auch die Möglichkeit – quasi als „Fortsetzung der Politik mit anderen Mitteln“[411] –, mit anderen Staaten Krieg zu führen.

1. Die Doppelstellung Deutschlands

Da die Herrschaftsmacht der Bundesmitglieder generell nur zur Umsetzung des Bundeszwecks eingeschränkt werden durfte, konnten diese uneingeschränkt alle auswärtigen Beziehungen wahrnehmen, die ihnen nicht bundesrechtlich untersagt wurden.[412] Da die Bundesakte, mit Ausnahme der nachfolgend beschriebenen Bündnisrechte, die außenpolitischen Befugnisse der Bundesmitglieder nicht ausdrücklich einschränkte, unterlagen diese im Übrigen nur den bundeszweckimmanenten

---

410 Siehe oben Kapitel 1 E.

411 Zeitgenössische Ansicht über die Qualität des Krieges des preußischen Generals von Clausewitz, in: Clausewitz, Vom Kriege, S. 19; an dieser Aussage lässt sich erkennen, wie sehr der Krieg im 19. Jahrhundert noch als adäquates politisches Mittel angesehen wurde.

412 Siehe zur außenpolitischen Handlungsfreiheit von Staaten Kunig, Völkerrecht und staatliches Recht, S. 86; siehe auch oben Kapitel 2 C.

Schranken.[413] Den Bundesmitgliedern stand mithin so lange das Recht zu, auswärtige Angelegenheiten wahrzunehmen, wie dies nicht die Sicherheit Deutschlands oder die Unabhängigkeit der (anderen) deutschen Staaten gefährdete. Gleichzeitig war aber auch der Deutsche Bund ermächtigt, eigene auswärtige Beziehungen zu unterhalten, wodurch er auf internationaler Ebene als eigenständiges Völkerrechtssubjekt agieren konnte.[414]

Mit der Gründung des Deutschen Bundes besaß Deutschland bezüglich der Wahrnehmung der auswärtigen Angelegenheiten folglich eine Doppelstellung. Da alle Mitglieder des Deutschen Bundes der in Art. 3 BA verankerten Bundestreue unterlagen, bedeutete diese Doppelstellung für die einzelnen Gliedstaaten, dass ihnen alle zwischenstaatlichen Interaktionen verboten waren, die den außenpolitischen Sicherheitsinteressen des Bundes widersprachen.

2. Bündnisrechte

Die Bündnisrechte der Mitglieder des Deutschen Bundes waren in Art. 11 S. 3 BA geregelt. Der völkerrechtlichen Doppelstellung Deutschlands entsprechend behielten diese grundsätzlich das Recht, mit anderen Staaten Bündnisse einzugehen. Gleichzeitig verpflichteten sie sich, keine Bündnisse zu schließen, die die Sicherheit des Bundes oder anderer Bundesmitglieder gefährden konnten. Art. 11 S. 3 BA spiegelte demzufolge in Bezug auf die Bündnisrechte die generellen Grundsätze zu den auswärtigen Beziehungen wider.

Wegen der Verpflichtung, keine Bündnisse einzugehen, die dem Bundeszweck widersprechen, unterstanden völkerrechtliche Verträge der Mitgliedstaaten mit anderen Staaten der Kontrolle der Bundesversammlung, wenn sie sich negativ auf die Sicherheitsinteressen Deutschlands auswirken konnten. Dies betraf beispielsweise Militärbündnisse mit anderen Staaten, da diese in jedem Fall nicht den Jura singulorum, sondern dem Bundesrecht zuzuordnen waren.[415]

Zwar enthielt die Bundesakte in Bezug auf die Bündnisrechte nur Rahmenvorgaben, die erst noch rechtlich ausgestaltet werden mussten. Dennoch wurden diese, entsprechend den Zielvorgaben des Bundeszwecks, bereits durch die Bundesakte potenziell verkürzt.

---

413 In Bezug auf die Bündnisrechte der Gliedstaaten wurde diese Grundsatzregelung ausdrücklich in Art. 11 S. 3 BA kodifiziert.

414 Siehe Huber, Verfassungsgeschichte, Bd. I, S. 603; Kotulla, Verfassungsrecht, Bd. I, S. 110.

415 Siehe oben Kapitel 3 A.II.3.

3. Das Recht, mit anderen Staaten Kriege zu führen

Die Freiheit eines Staates, darüber zu entscheiden, ob er einem anderen Staat den Krieg erklärt, war im 19. Jahrhundert – ebenso wie heute – ein essenzieller Aspekt bei der Bewertung seiner Souveränität.[416] Im Gegensatz zu heutigen Vorstellungen wurde im 19. Jahrhundert auch ein Angriffskrieg als legitimes Instrument zur Durchsetzung der eigenen politischen Interessen bewertet.[417]

Den Mitgliedern des Deutschen Bundes war es durch Art. 11 BA ausdrücklich untersagt, gegeneinander Kriege zu führen. Auch wenn ihnen mithin nicht ausdrücklich verboten wurde, Kriege mit ausländischen Mächten zu führen, hätten solche Kriege immer ein Risiko für die Sicherheit Deutschlands bedeutet und somit nicht im Einklang mit dem Sicherheitszweck stehen können. Der Bund konnte seinen Mitgliedern folglich untersagen, eigenmächtig Kriege zu führen. Gleichzeitig war jeder deutsche Staat aufgrund von Art. 11 BA verpflichtet, allen Bundesmitgliedern im Falle eines Angriffs beizustehen.

Wie bereits im Zusammenhang mit den Aufgaben und Befugnissen des Bundes dargelegt wurde, ist dem Wortlaut der Bundesakte nicht eindeutig zu entnehmen, ob der Deutsche Bund das Recht besaß, seine Mitglieder zur Teilnahme an einem Offensivkrieg zu verpflichten. Demzufolge war nach der Verabschiedung der Bundesakte zunächst auch umstritten, inwieweit die Anordnung eines Bundeskrieges vom Bundeszweck umfasst war, wenn das Bundesgebiet nicht unmittelbar angegriffen wurde.[418]

Auf dem Wiener Kongress hatte man sich allerdings unter anderem deshalb für die Schaffung des föderal organisierten Staatenbundes entschieden, um zu verhindern, dass das sicherheitspolitische Gleichgewicht im Herzen Europas durch die Entstehung einer neuen Großmacht aus den Fugen geriet.[419] Ein Angriffskrieg wäre folglich kaum mit den Zielen vereinbar gewesen, die durch die Gründung des Deutschen Bundes erreicht werden sollten. Zudem hätte ein von deutschem Boden ausgehender Angriffskrieg wohl dem Sicherheitszweck des Bundes widersprochen. Wie sich ab 1820 aus Art. 38 WSA ergab, waren jedoch Präventivkriege – also Offensivkriege,

---

416 Grundlegend zum Recht über Krieg und Frieden als Inbegriff der Souveränität: Bodin, Sechs Bücher über den Staat, Bd. I, Kap. 10; zum heutigen Verständnis: Depenhauer in: Maunz/Dürig, Grundgesetz, Art. 87a, Rn. 35 ff.

417 Vgl. Steiger, Staatlichkeit und Mitgliedstaatlichkeit, S. 63; siehe auch Clausewitz, Vom Kriege, S. 19.

418 Diesbezügliche zeitgenössische Argumentationen zu finden bei Weech, Korrespondenzen und Actenstücke, S. 71 f.

419 Vgl. Kotulla, Verfassungsgeschichte, Rn. 1282.

die einem Angriff des Gegners vorbeugen sollten – erlaubt.[420] Demzufolge kann die teilweise vertretene Auffassung, der Deutsche Bund sei auch berechtigt gewesen, Offensivkriege zu führen, nicht völlig von der Hand gewiesen werden.[421]

4. Fazit zu den auswärtigen Beziehungen

Das Recht zur Wahrnehmung auswärtiger Beziehungen wurde den deutschen Gliedstaaten durch die Bundesakte nicht grundsätzlich genommen, sondern nur beschränkt. Da der Deutsche Bund als neues Völkerrechtssubjekt neben die Einzelstaaten trat, durften diese in allen Bereichen, die die Sicherheitsinteressen Deutschlands betreffen konnten, nur so weit selbstständig auf internationaler Ebene agieren, wie der Bund dieses Recht nicht für sich beanspruchte. Darüber hinaus war es ihnen generell untersagt, solche Bündnisse einzugehen, durch die die Sicherheit des Deutschen Bundes und die Unabhängigkeit der (anderen) Bundesmitglieder gefährdet wurde.

Weil zwischenstaatliche Verträge, die den Handel, die Wirtschaft oder die Finanzen betrafen, in der Regel nicht dem Bundeszweck widersprechen konnten, schränkte das Bundesrecht die Gliedstaaten beim Abschluss solcher zwischenstaatlichen Verträge hingegen nicht ein.[422]

Festgehalten werden kann, dass der Bund seine Mitglieder nur so weit bei der Wahrnehmung ihrer auswärtigen Beziehungen beschränkte, wie es zur Aufrechterhaltung der Sicherheit Deutschlands notwendig war. Demzufolge setzten die diesbezüglichen Regelungen den Sicherheitszweck in geeigneter Weise um, ohne die einzelstaatliche Herrschaftsmacht unangemessen einzuschränken. Somit standen sie insgesamt mit den Souveränitätsprinzipien des Bundes im Einklang.

V. Bewertung der Bundesakte in Bezug auf die Souveränität

Die Kompetenzen des Deutschen Bundes ergaben sich in erster Linie aus dem Bundeszweck. Der Bund besaß hierdurch alle Aufgaben und Befugnisse, die

420 Siehe unten Kapitel 3 C.IV.1.

421 Huber (Verfassungsgeschichte, Bd. I, S. 607) konstatiert beispielsweise zu Art. 38 BA: „Dieser Wortlaut ergibt jedoch, daß der Bundeskrieg auch als präventiver oder offensiver Verteidigungskrieg [...] statthaft war."

422 Siehe zu diesem beschränkten Umfang der bundesrechtlichen Einschränkungen oben Kapitel 3 A.II.4.

in einem Zusammenhang mit dem Sicherheits- und Unabhängigkeitszweck standen. Wegen Napoleons unerwarteter Rückkehr von Elba reichte die Zeit auf dem Wiener Kongress nur zur Definition des Bundeszwecks, nicht aber für dessen Umsetzung in konkrete Normen. So wurde beschlossen, dass der Bund sowohl weitere Grundgesetze erlassen als auch organische Einrichtungen schaffen sollte. Unklar blieb hingegen, wie weit diese Gesetze und Einrichtungen zukünftig in die Herrschaftsbefugnisse der Gliedstaaten eingreifen durften. Am deutlichsten lässt sich dies am Kompromiss über den Wortlaut von Art. 13 BA erkennen, in dem lediglich festgestellt wurde, dass es landständische Verfassungen geben sollte.

Die Bundesakte ließ demzufolge weitgehend offen, inwieweit der Bund zukünftig in die Herrschaftsrechte seiner Gliedstaaten eingreifen würde. Beispielsweise ließ sich über den Bundeszweck alleine nicht herleiten, ob der Bund das Recht erhalten sollte, Offensivkriege zu führen, oder ob sich sein „ius belli" auf Defensivmaßnahmen beschränken musste.

Aufgrund der Formulierung des Bundeszwecks stand hingegen spätestens seit dem Wiener Kongress fest, dass dem Deutschen Bund nur sicherheitspolitische Aufgaben zukommen würden. Hierdurch war bereits 1815 präjudiziert, dass die Handels-, Wirtschafts- und Finanzhoheit der deutschen Staaten künftig nicht durch das Bundesrecht beschränkt werden würde. Der Bund konnte zudem seine eigenen Kompetenzen nicht gegen den Willen auch nur eines einzelnen Bundesmitglieds erweitern, sodass die Kompetenzhoheit nicht auf den Bund überging. Auch die Mindestanforderungen, die der Bund an seine Mitglieder stellte, waren 1815 noch so wenig konkret, dass diese nicht den Souveränitätsprinzipien widersprechen konnten, auf die man sich in Wien programmatisch verständigt hatte. Folglich stand auch nach der Schaffung der Bundesakte noch nicht fest, wie stark die sicherheitspolitisch relevanten Herrschaftsbefugnisse der deutschen Staaten zukünftig eingeschränkt werden würden.

B. Die Karlsbader Gesetze

Wie bereits in den vorherigen Kapiteln dargelegt, bestand der Zweck des Deutschen Bundes in der Erhaltung der Unabhängigkeit der Gliedstaaten und der Sicherheit Deutschlands. Es wurde jedoch im Laufe der Zeit immer offensichtlicher, dass der Deutsche Bund darüber hinaus auch dem Schutz des restaurativen Systems dienen sollte. Als die Aufrechterhaltung der auf dem Wiener Kongress geschaffenen Ordnung durch den aufkommenden Liberalismus gefährdet erschien, wurden neue Bundesrechtsnormen geschaffen, um die bestehende Rechtsordnung zu konservieren.[423]

Seit der Gründung des Deutschen Bundes gab es insbesondere von Seiten der Studenten und des Bildungsbürgertums immer wieder Widerstand gegen die Fürstenherrschaft und die damit einhergehende Zersplitterung Deutschlands.[424] Im Jahre 1819 nahmen die national-liberalen Proteste das erste Mal seit der Entstehung des Deutschen Bundes so stark zu, dass sich die deutschen Fürsten entschlossen, die eigene Macht mit der Autorität des Bundes zu festigen.[425] Dies führte letztendlich zur Verabschiedung der Wiener Schlussakte im Jahre 1820.[426] Zuvor wurden aber 1819 in Karlsbad Gesetzesentwürfe erarbeitet, die weitreichende Auswirkungen auf das öffentliche Leben in Deutschland haben sollten.

Da die Verabschiedung der Wiener Schlussakte am 20. Juli 1820 noch unter dem Eindruck der Karlsbader Beschlüsse erfolgte, lässt sich das aus der Bundesakte und der Wiener Schlussakte bestehende Bundesprimärrecht nur im richtigen Kontext verstehen, wenn bei der Prüfung der primärrechtlichen Vorschriften die Ereignisse und Ergebnisse der Karlsbader Konferenz nicht ausgeblendet werden. Aus diesem Grund werden in die Prüfung des Bundesprimärrechts nicht nur die Bundesakte und die Wiener Schlussakte einbezogen, sondern – der chronologischen Reihenfolge entsprechend in der Mitte stehend – auch die Karlsbader Gesetze.

I. Das Zustandekommen der Karlsbader Gesetze

Im Deutschen Bund regte sich nach dem Wiener Kongress von national-liberaler Seite zunehmend Widerstand gegen das restaurative System.[427] Die ansonsten vornehmend friedlichen Aktionen der liberalen Bewegung fanden ihren vorläufigen Höhepunkt in der Ermordung des konservativen Schriftstellers August von Kotzebue durch den Studenten Karl Ludwig Sand am 23. März 1819.[428]

---

423 Siehe hierzu Frotscher/Pieroth, Verfassungsgeschichte, Rn. 263 ff.

424 Vgl. Huber, Verfassungsgeschichte, Bd. I, S. 739 ff.

425 Hierzu Hofmann, Schwere Gewitterwolken am politischen Horizont, S. 2 ff.; Müller, Der Deutsche Bund, S. 7 f.

426 Siehe Kotulla, Verfassungsgeschichte, Rn. 1310.

427 Vgl. Frotscher/Pieroth, Verfassungsgeschichte, Rn. 264.

428 Näheres zu dem damaligen Studentenwesen und zur Ermordung Kotzebues bei Büssen, Karlsbader Beschlüsse, S. 8–154.

Dieses Ereignis nahmen die konservativen deutschen Regierungen zum Anlass für eine Geheimkonferenz,[429] die vom 6. bis 31. August 1819 in Karlsbad tagte und an der ausschließlich die Minister der zehn größten Gliedstaaten teilnahmen.[430] Obwohl somit nur etwa ein Viertel der Mitglieder des Deutschen Bundes in Karlsbad vertreten war, wurden hier die vier Bundesgesetze, die später als „Karlsbader Beschlüsse" in die Geschichte eingingen, entworfen und ausgearbeitet.[431]

Das auf der Karlsbader Konferenz beschlossene Maßnahmenpaket wurde am 16. September 1819 der Bundesversammlung vorgelegt, ohne diejenigen Staaten, die nicht in Karlsbad vertreten waren, zuvor über die Beschlüsse zu informieren.[432] Auf Anweisung der Präsidialmacht Österreich sollte im Bundestag über die Annahme der Karlsbader Beschlüsse als „Bundesgesetze" innerhalb von nur vier Tagen abgestimmt werden.[433] Dieser kurze Zeitraum reichte für die meisten der Bundestagsgesandten, die nicht in Karlsbad anwesend waren, nicht aus, um ihre Regierungen von den Gesetzesbeschlüssen zu unterrichten. Demzufolge konnten die Bundestagsgesandten auch nicht von ihren Regierungen instruiert werden, ob sie Gesetzesentwürfe annehmen oder ablehnen sollten.[434]

Da mit den neuen Gesetzen das Bundesrecht ergänzt werden sollte, bedurften sie gemäß Artt. 6, 7 BA eines einstimmigen Beschlusses durch das Plenum.[435] Um dies zu erreichen, wurden die Abgeordneten der kleineren Staaten von den Hauptmächten, insbesondere von Österreich und Preußen, derart unter Druck gesetzt, dass alle Gesandten für die Annahme der Karlsbader Beschlüsse stimmten, obwohl vielen von ihnen noch die notwendigen Instruktionen ihrer Regierung fehlten.[436] Die unangemessen kurze Fristsetzung und die gleichzeitige Einschüchterung der Gesandten der Kleinstaaten dienten demzufolge dazu, das bundesrechtlich erforderliche einstimmige Abstimmungsergebnis zu erzwingen.[437] Die

429 Vgl. Heyck, Allgemeine Zeitung, S. 206.

430 Namentlich waren dies die Vertreter der folgenden Staaten: Österreichs, Preußens, Bayerns, Sachsens, Hannovers, Badens, Württembergs, der mecklenburgischen Staaten, Hessen-Darmstadts und Hessen-Kassels; siehe Hofmann, Schwere Gewitterwolken am politischen Horizont, S. 2.

431 Die dort beschlossenen Gesetze waren das Universitätsgesetz, das Pressegesetz, ein Untersuchungsgesetz gegen bundesfeindliche Umtriebe und eine Exekutionsordnung.

432 Siehe Müller, Der Deutsche Bund, S. 8.

433 Siehe Huber, Verfassungsgeschichte, Bd. I, S. 735.

434 Ebenso Huber, Verfassungsgeschichte, Bd. I, S. 735.

435 Siehe oben Kapitel 3 A.II.2.

436 Vgl. Huber, Verfassungsgeschichte, Bd. I, S. 735.

437 Die Art und Weise dieser Druckausübung ist wiedergegeben in Prot. Bv. 34. Sitzung vom 16.9.1819, § 209 (S. 257).

größeren Staaten nutzten also bewusst ihre Machtposition gegenüber den kleineren Gliedstaaten aus.

Ob das geschilderte Vorgehen bereits deshalb als bundesrechtswidrig zu bewerten ist, weil die Delegierten aufgrund der kurzen Frist keine Zeit hatten, Instruktionen von ihren Regierungen einzuholen,[438] oder ob eine so kurze Frist bundesrechtlich zulässig war, weil die Provisorische Geschäftsordnung der Bundesversammlung vom 14. November 1816[439] lediglich zwei Sitzungen für Antrag, Erörterung und Abstimmung (nicht aber einen zeitlichen Mindestabstand zwischen diesen) vorschrieb,[440] mag vorläufig dahinstehen. Jedenfalls wurden bundesrechtliche Grundsätze verletzt, weil die Angelegenheiten des Bundes gemäß Art. 4 BA nur in der Bundesversammlung besorgt werden durften.[441] Die Provisorische Geschäftsordnung schrieb zudem vor, dass ein Beschluss erst gefasst werden sollte, wenn „ein zur Berathung gekommener Gegenstand hinreichend erörtert worden" war.[442] Somit gehörte zu den Mitwirkungsrechten nicht bloß der reine Abstimmungsvorgang, sondern vielmehr der gesamte Prozess der Entscheidungsfindung.[443] Die Karlsbader Beschlüsse waren aber bereits im Vorfeld ausgearbeitet worden, sodass ihr Inhalt in der Bundesversammlung selbst nicht mehr zur Disposition stand. In Bezug auf die Karlsbader Beschlüsse kann somit festgehalten werden, dass nicht die Bundesversammlung, sondern eine außerhalb dieser stehende Diplomatenversammlung bundesrechtswidrig das Gesetzeswerk beschlossen hatte.[444]

II. Die Neuregelungen

Auf den Karlsbader Konferenzen wurden insgesamt vier neue Gesetze auf den Weg gebracht.

---

438 So gesehen von Huber, Verfassungsgeschichte, Bd. I, S. 735.

439 Die Geschäftsordnung ist zu finden in Prot. Bv. 3. Sitzung vom 14.11.1816, Beilage zu § 12, S. 68; auch abgedruckt bei Kotulla, Verfassungsrecht, Bd. I, S. 640 ff.

440 Diese Ansicht wird vertreten von Büssen, Karlsbader Beschlüsse, S. 421.

441 Siehe zur Rechtswidrigkeit der Karlsbader Beschlüsse Kotulla, Verfassungsrecht, Bd. I, S. 71; Müller, Der Deutsche Bund, S. 8; mit entsprechenden Schlussfolgerungen bereits während des Bestehens des Deutschen Bundes: Struve, Actenstücke der Zensur, S. 32.

442 Ziffer 2 a. E. der Provisorischen Geschäftsordnung.

443 So auch Huber, Verfassungsgeschichte, Bd. I, S. 736.

444 So auch Ilse, Geschichte der Deutschen Bundesversammlung, Bd. II, S. 80.

1. Das Universitätsgesetz

Das erste der neu beschlossenen Gesetze war das Universitätsgesetz.[445] Dieses erging zunächst als „Provisorischer Bundesbeschluß über die in Ansehung der Universitäten zu ergreifenden Maßregeln" und wurde sodann 1824 definitiv bestätigt.[446]

Da der Ursprung der nationalen Bewegung vornehmlich in den Universitäten der liberaleren Bundesstaaten, wie zum Beispiel Sachsen-Weimar, zu finden war,[447] sollte durch das Universitätsgesetz für den Bund eine einheitliche rechtliche Basis zur Überwachung der deutschen Universitäten geschaffen werden.[448] Zu diesem Zweck schrieb § 1 UniG vor, dass für jede Universität ein Bevollmächtigter zu bestellen sei, dem fortan die Überwachung „über die strengste Vollziehung der bestehenden Gesetze und Disciplinar-Vorschriften" oblag. Der Bund entzog seinen Mitgliedern hierdurch die Freiheit, selbst über eine Kontrolle der Universitäten zu entscheiden. Folglich verkürzte er zumindest mittelbar die den Gliedstaaten bislang uneingeschränkt zustehenden Hoheitsrechte im Bereich des Universitätswesens.

Überdies wurden die Mitglieder des Deutschen Bundes durch § 2 UniG verpflichtet, alle Lehrkräfte zu entlassen, die

> „durch erweisliche Abweichung von ihrer Pflicht oder Ueberschreitung der Grenzen ihres Berufes, durch Mißbrauch ihres rechtmäßigen Einflusses auf die Gemüther der Jugend, durch Verbreitung verderblicher, der öffentlichen Ordnung und Ruhe feindseliger oder die Grundlagen der bestehenden Staatseinrichtungen untergrabender Lehren, ihre Unfähigkeit zu Verwaltung des ihnen anvertrauten wichtigen Amtes unverkennbar an den Tag gelegt haben."

Die öffentliche Ordnung wurde mithin über die Lehrfreiheit an den Universitäten und über die Berufsfreiheit der Professoren gestellt. Erschwerend kam hinzu, dass den entlassenen Professoren gemäß § 2 S. 1 a.E. UniG kein Widerspruch oder sonstiges Rechtsmittel gegen ihre Entlassung zustand. Außerdem durfte gemäß

---

445 Abgedruckt bei Kotulla, Verfassungsrecht, Bd. I, S. 680; nachfolgend als „UniG" abgekürzt.

446 Bundestagsbeschlüsse zur Bestätigung der Karlsbader Beschlüsse abgedruckt bei Kotulla, Verfassungsrecht, Bd. I, S. 730 f.

447 Siehe zu dem Bestreben Metternichs, das geplante Vorgehen gegen die Universitäten geheim zu halten, und den darauf folgenden Antrag des Großherzogs von Sachsen-Weimar vor der Bundesversammlung, um die Vorwürfe gegen die Universität Jena richtigzustellen, Oelschläger, Hochschulpolitik in Württemberg, S. 31 f.; siehe auch den Antrag des Großherzogs von Sachsen-Weimar in der Bundesversammlung in Prot. Bv. 13. Sitzung vom 1.4.1818, § 46, S. 147 f.

448 Siehe hierzu näher Oelschläger, Hochschulpolitik in Württemberg, S. 51 ff.

§ 2 S. 3 UniG ein einmal entlassener Dozent von keiner deutschen Universität wieder eingestellt werden. Durch das Universitätsgesetz wurde folglich ein hoher Druck auf alle Professoren in Deutschland ausgeübt, da sie sich entweder der bestehenden restaurativen Ordnung unterordnen mussten oder Gefahr liefen, dauerhaft mit einem deutschlandweiten Berufsverbot belegt zu werden.[449]

Das Universitätsgesetz wendete sich nicht nur gegen die Professoren, sondern auch gegen die Studenten. Da man insbesondere in den politisch motivierten Burschenschaften Keimzellen für nationale Tendenzen sah,[450] wurden diese durch § 3 S. 1 UniG verboten. Jedem Mitglied einer Burschenschaft oder sonstigen verbotenen Verbindung wurde außerdem gemäß § 3 S. 2 UniG auf Lebzeiten der Zugang zu öffentlichen Ämtern in Deutschland untersagt.

Vorrangige Adressaten des Universitätsgesetzes waren die Universitäten. Dennoch schränkte es auch die durch die Bundesakte gewährten Herrschaftsbefugnisse der Gliedstaaten ein.[451] Während diese vormals selbst entscheiden konnten, wie sie das Universitätswesen im eigenen Staatsgebiet ausgestalten wollten, galten nun für weite Bereiche die bundesrechtlichen Vorgaben. Die Überwachung dieser Vorschriften oblag zwar den einzelnen Staaten. Da diese jedoch verpflichtet waren, das Universitätsgesetz, das fortan einen Teil des Bundesrechts darstellte, umzusetzen, hätte jede Unterlassung zu einer zwangsweisen Durchsetzung bundesrechtlich gebotener Maßnahmen führen können.

2. Das Pressegesetz

Weil einige deutsche Staaten die Zensur abgeschafft hatten,[452] kamen nach Gründung des Deutschen Bundes immer mehr unzensierte Druckerzeugnisse in den Umlauf. Wie von reaktionärer Seite befürchtet, entstanden bereits kurz nach Einführung der Pressefreiheit erste oppositionelle Blätter, die sich gegen das von Metternich geschaffene System richteten.[453] Da die restaurativen Kräfte im Deutschen Bund nicht nur Gefahren von Seiten der Universitäten, sondern insbesondere auch durch diese liberale Presse fürchteten, wurden in Karlsbad die „Provisorischen

449 Siehe zum Universitätsgesetz und dessen Umsetzung Toll, Akademische Gerichtsbarkeit, S. 16 ff.

450 Vgl. Frotscher/Pieroth, Verfassungsgeschichte, Rn. 264.

451 Siehe Huber, Verfassungsgeschichte, Bd. I, S. 741.

452 In Bayern beispielsweise durch Titel IV § 11 BayV (abgedruckt bei Huber, Dokumente, Bd. 1, Nr. 51).

453 Siehe über diese oppositionellen Propagandablätter Huber, Verfassungsgeschichte, Bd. I, S. 700.

Bestimmungen hinsichtlich der Freiheit der Presse“ beschlossen.[454] Sie wurden 1824 auf unbestimmte Zeit verlängert und erst im Zuge der Umbrüche im Jahre 1848 aufgehoben.[455]

Die Bundesmitglieder hatten sich bereits in Art. 18 lit. d) BA verpflichtet, nach Gründung des Deutschen Bundes ein Gesetz zur Pressefreiheit zu beschließen. Das Pressegesetz von 1819 stellte allerdings auch nach seiner unbefristeten Verlängerung im Jahre 1824 kein Gesetz dar, das im Einklang mit der Zielrichtung von Art. 18 lit. d) BA stand.[456] Diese Norm sah vor, dass die Bundesversammlung sich mit der „Abfassung gleichförmiger Verfügungen über die Preßfreiheit und die Sicherstellung der Rechte der Schriftsteller und Verleger gegen den Nachdruck beschäftigen“ sollte, um hierdurch eine bundesweit möglichst homogene Reglementierung des Bundesrechts zu erreichen. Demzufolge wollte man 1815, wie sich dem Wortlaut entnehmen lässt, die Rechte der Publizisten schützen und nicht etwa einschränken. Mit dem (zunächst vorläufigen) Pressegesetz verfolgte der Bund jedoch das gegenläufige Ziel, nämlich die Kontrolle und Zensur der Presse.

Durch § 1 PressG wurde eine Vorzensur für solche Druckerzeugnisse eingeführt, die „nicht über 20 Bogen im Druck stark sind“. Hierdurch sollte insbesondere der Verbreitung von politischen Zeitschriften und Flugblättern Einhalt geboten werden. Bücher und andere umfangreiche Druckerzeugnisse schienen hingegen zur Verbreitung oppositioneller Ansichten nicht geeignet, weil in solchen Werken kaum Bezug auf aktuelle Themen genommen werden konnte.[457] Vorsorglich erlaubte es das Pressegesetz dennoch, auch solche Schriften nachträglich mit bundesweiter Wirkung zu verbieten.

Sachlich zuständig für die Einhaltung der Bestimmungen des Pressegesetzes waren gemäß § 2 PressG die Gliedstaaten und nicht der Bund. Sie hatten gemäß § 4 PressG darüber zu wachen, dass durch Druckschriften nicht „die Würde oder Sicherheit anderer Bundesstaaten verletzt“ oder „die Verfassung oder Verwaltung derselben angegriffen wird“. Die einzelnen Staaten waren dabei gemäß §§ 4, 5 PressG unmittelbar gegenüber dem Bund verpflichtet, die notwendigen Maßnahmen einzuleiten.[458]

---

454 Abgedruckt bei Kotulla, Verfassungsrecht, Bd. I, S. 682; nachfolgend als „PressG“ oder „Pressegesetz“ abgekürzt.

455 Vgl. Kotulla, Verfassungsgeschichte, Rn. 1474.

456 Vgl. Huber, Verfassungsgeschichte, Bd. I, S. 742 f.

457 Vgl. Siemann, Vom Staatenbund zum Nationalstaat, S. 221.

458 Die Umsetzung in den einzelnen Staaten wird am Beispiel der Preußischen Zensur-Verordnung vom 18. Oktober 1819 dargestellt bei Frotscher/Pieroth, Verfassungsgeschichte, Rn. 268.

Damit die Sicherstellung der „wechselseitigen Gewährleistung der moralischen und politischen Unverletzlichkeit der Gesammtheit und aller Mitglieder des Bundes" nicht ausschließlich vom Wohlverhalten der einzelnen Staaten abhing, in denen liberale Schriften veröffentlicht wurden, erlaubte § 6 PressG entweder auf Antrag eines Gliedstaates[459] oder aus „eigener Autorität" der Bundesversammlung,[460] dass die Bundesversammlung unmittelbar selbst Maßnahmen gegen die Verbreitung der kritisierten Schriften einleiten konnte. Durch § 7 PressG wurde jedem Redakteur, dessen Schriften irgendwo im Deutschen Bund einmal verboten worden waren, ein bundesweites Berufsverbot für fünf Jahre auferlegt.[461]

Auch die Bestimmungen des Pressegesetzes griffen somit weitreichend in die Souveränitätsrechte der Bundesmitglieder ein. Diesen wurde hierdurch das Recht entzogen, selbst darüber zu entscheiden, welche Schriften veröffentlicht werden durften und welche nicht. Zwar lag die Zuständigkeit für die Zensur zunächst bei den einzelnen Bundesstaaten. Da der Bund aber gemäß § 6 PressG umfangreiche Möglichkeiten besaß, selbst, also ohne oder gar gegen die Billigung der einzelnen Staaten Maßnahmen zu beschließen, besaßen diese trotz ihrer grundsätzlichen Zuständigkeit keine Letztentscheidungsbefugnis über Maßnahmen im Pressewesen.

Diese Souveränitätsbeschränkungen wurden durch § 7 PressG weiter verstärkt. Die deutschen Staaten konnten hiernach nicht mehr frei darüber entscheiden, ob sie Redakteure ihren Beruf ausüben ließen oder nicht. Folglich beschränkte das Pressegesetz nicht nur die Herrschaftsbefugnisse der Gliedstaaten in Bezug auf das Pressewesen, sondern begrenzte gleichzeitig auch deren Berufszulassungskompetenzen. Durch das Pressegesetz wurden die Herrschaftsbefugnisse somit insgesamt noch stärker verkürzt als durch das Universitätsgesetz.[462]

3. Das Untersuchungsgesetz

Das Universitäts- und das Pressegesetz bildeten die materiellen Rechtsgrundlagen für ein Vorgehen gegen oppositionellen Widerstand im Bund. Im Unterschied hierzu

---

459 § 6 Abs. 1 PressG.

460 § 6 Abs. 2 PressG.

461 Siehe zu den Strafen wegen Hochverrats, mit denen die Publizisten zudem rechnen mussten, Stolleis, Geschichte des öffentlichen Rechts, Bd. II, S. 79.

462 Siehe Huber, Verfassungsgeschichte, Bd. I, S. 744.

enthielt das Untersuchungsgesetz verfahrensrechtliche Vorschriften zur Aufdeckung von bundesfeindlichen Umtrieben.[463]

Zunächst wurde durch Art. 1 UG festgeschrieben, dass in der Bundesfestung Mainz eine Untersuchungskommission eingesetzt wird, die aus sieben Mitgliedern des Bundes besteht, welche gemäß Art. 3 UG durch den Engeren Rat gewählt wurden. Die Untersuchungskommission sollte gemäß Art. 2 UG eine „möglichst gründliche und umfassende Untersuchung und Feststellung des Thatbestandes, des Ursprungs und der mannigfachen Verzweigungen der gegen die bestehende Verfassung und innere Ruhe, sowohl des ganzen Bundes, als einzelner Bundesstaaten, gerichteten revolutionären Umtriebe und demagogischen Verbindungen" durchführen.

Die vom Bund eingesetzte Untersuchungskommission wurde durch Art. 5 UG beauftragt, die Oberleitung der Untersuchung zu übernehmen. Alle Bundesstaaten, die bereits eigene Behörden mit Untersuchungen „bundesfeindlicher Umtriebe" beauftragt hatten, wurden durch Art. 5 Abs. 2 UG angewiesen, die Untersuchungsakten zumindest in Kopie an die Bundesbehörden herauszugeben. Gleichzeitig waren die Landesbehörden angehalten, die eigenen Untersuchungen intensiv fortzusetzen. Art. 7 UG gab der Untersuchungskommission das Recht, Beschuldigte selbst zu vernehmen. Soweit sie dies verlangte, hatten die Regierungen der Gliedstaaten, in denen sich die verdächtige Person aufhielt, diese zu verhaften und nach Mainz zu bringen.

Durch das Bundesuntersuchungsgesetz wurde somit eine Bundesbehörde zur Ermittlung von „demagogischen Umtrieben" geschaffen, die unabhängig von den staatlichen Behörden agieren konnte. Insbesondere wegen des damit verbundenen Rechts zur Leitung aller Untersuchungen wurden den einzelnen Staaten weitreichende Hoheitsrechte auf den Gebieten des repressiven und präventiven Polizeirechts entzogen. Sobald der Bund die Aufrechterhaltung der restaurativen Ordnung als gefährdet ansah, konnte er die polizeilichen Ermittlungen in jedem beliebigen Gliedstaat übernehmen.

Bundesbehörden konnten folglich aufgrund des Untersuchungsgesetzes ohne vorherige Einschaltung des Bundestages quasi-staatliche Kontrollfunktionen übernehmen. Da die Bundesmitglieder nicht selbst entscheiden konnten, ob der Bund in ihrem Staatsgebiet ermitteln durfte oder nicht, entzog das Bundesuntersuchungsgesetz ihnen weitreichende Herrschaftsbefugnisse in den Bereichen des Polizeirechts und der Strafverfolgung.

---

463 Untersuchungsgesetz Abgedruckt bei Kotulla, Verfassungsrecht, Bd. I, S. 685; nachfolgend als „UG" abgekürzt

Das Untersuchungsgesetz bedeutete nicht nur eine Delegierung von einzelnen Hoheitsbefugnissen auf den Bund. Vielmehr erlangte der Deutsche Bund hierdurch die primäre Zuständigkeit im Bereich der „Staatsschutz-Angelegenheiten".[464] Ihm oblag es fortan zu bestimmen, ob und wieweit seine Mitglieder solche Aufgaben noch selbst wahrnehmen durften. Die Bundesmitglieder verloren hierdurch zu weiten Teilen ihre vormalige Allzuständigkeit im Bereich der justiziellen Angelegenheiten.

4. Die Exekutionsordnung

Die ebenfalls in Karlsbad beschlossene Exekutionsordnung des Bundes enthielt die verfahrensrechtlichen Regelungen zur Durchsetzung der materiellen Bundesgesetze.[465] Durch die Exekutionsordnung wurde festgelegt, wie der Deutsche Bund die ihm übertragenen Herrschaftsbefugnisse notfalls zwangsweise durchsetzen konnte.

Die Einzelheiten werden im Zusammenhang mit der Beschreibung der Bundesexekutions- und Bundesinterventionsrechte dargestellt.[466]

III. Bewertung der Karlsbader Beschlüsse in Bezug auf die Souveränität

Nur die zehn größten deutschen Staaten waren an der Ausarbeitung der Karlsbader Beschlüsse beteiligt – gegenüber den anderen Staaten wurden sie hingegen oktroyiert. Diese Vorgehensweise machte deutlich, dass die in der Bundesakte verbriefte Gleichheit aller Mitgliedstaaten in der Realität nicht bestand.

Bereits durch das rechtswidrige Zustandekommen der in Karlsbad (und nicht im Bundestag) vereinbarten Bundesgesetze wurden bundesrechtlich verbriefte Mitwirkungsrechte der meisten Gliedstaaten verletzt. Diese hatten vormals mit der Unterzeichnung der Bundesakte unter anderem deshalb ihre Souveränität behalten, weil sie noch selbst darüber entscheiden konnten, inwieweit sie eigene Herrschaftsbefugnisse zukünftig auf den Deutschen Bund übertragen wollten. Die

---

464 Enzberger (zitiert nach Frotscher/Pieroth, Verfassungsgeschichte, Rn. 267) hat beispielsweise die Untersuchungsbehörde mit folgenden Worten kommentiert: „Damit hatte Deutschland, wenn auch keine Verfassung, so doch ein Verfassungsschutzamt."

465 Abgedruckt bei Kotulla, Verfassungsrecht, Bd. I, S. 704 ff.; nachfolgend als „ExO" abgekürzt.

466 Siehe unten Kapitel 3 C.II.2.

Bundestagsgesandten derjenigen Staaten, die nicht in Karlsbad vertreten waren, wurden jedoch mehr oder weniger zur Annahme der neuen Gesetze genötigt, ohne zuvor Instruktionen ihrer Regierungen erhalten zu haben. Der Bund erhielt auf diese Weise (bundesrechtswidrig) neue Herrschaftsbefugnisse, ohne über die ordnungsgemäße Billigung aller Gliedstaaten zu verfügen.

Spätestens die Karlsbader Gesetze machten somit deutlich, dass der bundesrechtlich verbriefte Gleichheits- und Mitbestimmungsgrundsatz nicht für alle deutschen Staaten gleichermaßen galt. Das Quasi-Verfassungsrecht der Bundesakte stand damit auf der einen Seite, die Realität auf der anderen. Aufgrund der Vorgehensweise beim Abschluss der Karlsbader Gesetze wurde eine Kompetenz-Kompetenz des Bundes erzwungen, die nach den Bestimmungen der Bundesakte nicht bestehen sollte. Das Zustandekommen der Karlsbader Gesetze zeigte folglich, dass selbst Einstimmigkeitserfordernisse die kleineren Gliedstaaten nicht wirksam vor ungewollter Übertragung weiterer Kompetenzen schützen konnten.

Auch die materiellen Neuregelungen ließen ernsthafte Zweifel an der richtigen Umsetzung der Souveränitätsprinzipien aufkommen. Erst durch die Bundesgesetze, die die Karlsbader Beschlüsse umsetzten, wurden Herrschaftsbefugnisse auf den Bund übertragen, die vormals uneingeschränkt den Gliedstaaten zugestanden hatten. Bis 1819 konnten die Mitglieder des Deutschen Bundes selbst darüber entscheiden, welche Freiheiten sie Lehrenden und Lernenden an den Universitäten gewährten und inwieweit sie auf eine Zensur der Presse verzichteten. Nach Karlsbad hatten die Gliedstaaten die Vorgaben von Universitäts- und Pressegesetz zu befolgen. Darüber hinaus erhielten vom Bund eingesetzte Organe durch das Untersuchungsgesetz ein unmittelbares Weisungsrecht gegenüber den einzelnen Mitgliedstaaten. Da die Bundesorgane hierdurch eigenständig entscheiden konnten, inwieweit sie von ihren Rahmenkompetenzen in den Bereichen des Universitäts- und Pressewesens Gebrauch machen wollten, erhielt der Bund für diese Bereiche weitgehend schrankenlose Herrschaftsbefugnisse.

In einer Staatenverbindung ist es zur Erreichung der gemeinsamen Ziele unumgänglich, dass die einzelnen Mitglieder bestimmte Herrschaftsbefugnisse abgeben.[467] Der Umfang der zu diesem Zweck an den Deutschen Bund abgetretenen Herrschaftsbefugnisse ergab sich aus den 1815 vereinbarten Souveränitätsprinzipien, die letztendlich beim Abschluss der Karlsbader Gesetze nicht im ausreichenden Maße beachtet wurden. Denn obwohl viele deutsche Regierungen tatsächlich eine Revolution von liberaler Seite fürchteten und sich die Aktionen der Regimegegner nicht auf die Ermordung Kotzebues beschränkten, hatten die „demagogischen

---

467 Siehe hierzu oben Kapitel 1 G.

Umtriebe" 1819 objektiv kein Ausmaß erreicht, das die Sicherheit Deutschlands ernsthaft gefährden konnte. Folglich waren die Neuregelungen nicht erforderlich, um die Sicherheit im Bund zu gewährleisten. Die Karlsbader Beschlüsse widersprachen demzufolge den 1815 aufgestellten Souveränitätsprinzipien.

Wegen der mit den Neuregelungen einhergehenden Souveränitätsbeschränkungen bestand im 19. Jahrhundert teilweise die Auffassung, durch diese habe sich der Deutsche Bund von einem Staatenbund zu einem Bundesstaat gewandelt.[468] Hierbei wurde man allerdings verkannt, dass der Deutsche Bund die Souveränität seiner Mitglieder bereits seit seiner Gründung im Rahmen des Bundeszwecks begrenzen konnte und er deshalb nie einen idealtypischen Staatenbund darstellte.[469] Die Karlsbader Beschlüsse bedeuteten folglich nur eine (rechtswidrige) graduelle Veränderung des Umfangs der Souveränitätsbeschränkungen; die rechtliche Qualität des Deutschen Bundes konnten sie hingegen nicht verändern.

C. Die Wiener Schlussakte

Nachdem die Karlsbader Beschlüsse im Bundestag bestätigt worden waren, wurden die Vertreter aller Gliedstaaten zur Wiener Ministerialkonferenz in die österreichische Hauptstadt eingeladen.[470] Diese von November 1819 bis Mai 1820 dauernde Konferenz führte zur Verabschiedung der 65 Artikel umfassenden Wiener Schlussakte,[471] die am 8. Juni 1820 von der Bundesversammlung als „Verfassungsergänzung" des Deutschen Bundes angenommen wurde.[472]

I. Die Verknüpfung von Bundeszweck und Bundeskompetenz

In der Bundesakte gab es keine ausdrücklichen Kompetenzzuweisungen. Welche Herrschaftsbefugnisse auf den Deutschen Bund übertragen worden waren, implizierte nur der Bundeszweck, wobei der konkrete Umfang der hieraus erwachsenen

---

468 So zum Beispiel Zachariä von Lingenthal, Vierzig Bücher, Bd. V, S. 154 ff.

469 Siehe oben Kapitel 2 D.

470 Siehe Kotulla, Verfassungsgeschichte, Rn. 1310.

471 Genauer: „Schluss-Acte der über Ausbildung und Befestigung des Deutschen Bundes zu Wien gehaltenen Ministerial-Conferenzen".

472 Siehe Prot. Bv. vom 8. Juni 1820, 11. Sitzung (Plenar-Versammlung) (S. 9 ff.), Text der angenommenen Wiener Schlussakte in Beilage 1 (S. 17 ff.).

Bundeskompetenzen zunächst weitgehend unklar blieb.[473] Auch Art. 3 S. 2 WSA normierte lediglich, dass der Bundeszweck die Befugnisse und Verpflichtungen des Deutschen Bundes „bedingt und begränzt". Folglich besaß auch die Wiener Schlussakte keinen Kompetenzkatalog, aber immerhin eine klarere Verknüpfung von Bundeszweck und Bundeskompetenz.[474] Das Bundesrecht enthielt somit fortan den vormals nur regelungsimmanenten Grundsatz, dass sich die Kompetenzen des Bundes aus dem Bundeszweck ergeben.

Nach wie vor behielten die Gliedstaaten somit alle Herrschaftsbefugnisse, soweit diese nicht zur Umsetzung des Bundeszwecks durch das Bundesrecht verkürzt wurden.[475]

II. Die Konkretisierung der Bundesbefugnisse

Die Wiener Schlussakte verknüpfte nicht nur die Bundeskompetenzen mit dem Bundeszweck, sondern stellte auch klar, dass der Deutsche Bund das Recht besaß, konkrete Maßnahmen zur Umsetzung des Bundeszwecks – notfalls gegen den Willen einzelner Gliedstaaten – zu beschließen und durchzusetzen.

1. Die Beilegung von innerdeutschen Konflikten

Hauptanliegen und Zweck des Deutschen Bundes war die Bewahrung der Sicherheit Deutschlands, wobei spätestens seit den Karlsbader Beschlüssen klar war, dass unter „Sicherheit" vornehmlich die Aufrechterhaltung der restaurativen Ordnung verstanden wurde. Aus diesem Grund nahmen die Normen zur Aufrechterhaltung des bestehenden Systems eine zentrale Stellung in der Wiener Schlussakte ein.

Der Begriff der Sicherheit wurde bei der Beschreibung des Bundeszweckes in den Bundesgrundgesetzen nicht definiert. Den Artt. 21 ff. WSA ist jedoch zu entnehmen, dass dem Bund zum Schutz der inneren Sicherheit sowohl justizielle als auch exekutive Befugnisse zukommen sollten.[476] Art. 11 Abs. 4 S. 1 BA untersagte den deutschen Gliedstaaten bereits, gegeneinander Krieg zu führen,[477] wobei

473 Vgl. oben Kapitel 3 A.II.1.

474 Vgl. Kotulla, Verfassungsgeschichte, Rn. 1359.

475 Siehe oben Kapitel D; vgl. auch Doehring, Allgemeine Staatslehre, S. 80 ff. (m. w. N.); Jellinek, Allgemeine Staatslehre, S. 231; Koja, Allgemeine Staatslehre, S. 44 ff.

476 Vgl. Kotulla, Verfassungsgeschichte, Rn. 1441.

477 Dieses Verbot stellte die praktisch die Fortsetzung des Ewigen Landfriedens von 1495 dar; vgl. Wadle, Landfriede, S. 71 ff.

dem Deutschen Bund gemäß Art. 19 WSA die Überwachung dieses Verbots oblag. Insbesondere war dieser angehalten, keinerlei kriegerische Gebietsveränderungen zu tolerieren. Soweit die innerdeutsche Friedenspflicht verletzt wurde, war die Bundesversammlung gemäß Art. 11 Abs. 4 BA befugt, angemessene Maßnahmen zu beschließen, um den bundesrechtswidrigen Kriegszustand zu beenden.

Wenn es zu Streitigkeiten zwischen mehreren Bundesmitgliedern kam, hierdurch aber nicht die Sicherheit Deutschlands insgesamt gefährdet erschien, war der Bund berufen, solche Konflikte mit Hilfe des Austrägalverfahrens beizulegen. Rechtsgrundlage für dieses Verfahren war die Austrägalordnung vom 16. Juni 1817,[478] die durch die Artt. 21–24 WSA bestätigt wurde. Zur Durchführung des Austrägalverfahrens bildete der Bundestag zunächst einen Ausschuss, der zwischen den Konfliktparteien als Vermittler fungieren sollte.[479] Primäres Ziel des Austrägalverfahrens war es, eine einvernehmliche Lösung zur Beilegung der streitigen Punkte zu finden und diese schriftlich zu fixieren. Soweit dies gelang, galt die Vergleichsurkunde gleichzeitig als Vollstreckungstitel gegen die Konfliktparteien, falls sich diese nicht an die getroffenen Vereinbarungen hielten.[480]

Wenn kein Vergleich zustande kam, oblag die Beilegung des Konflikts gemäß Art. 11 Abs. 4 S. 2 BA der Austrägalinstanz des Bundes. Als solche diente der oberste Gerichtshof eines unbeteiligten Staates, der gemäß Art. 3 Abs. 2 AuO durch die Bundesversammlung von Fall zu Fall bestimmt wurde.[481] Die Entscheidungen des Austrägalgerichts mussten materiell-rechtlich auf den bundesrechtlichen Vorschriften basieren.[482] Prozessrechtlich galt jedoch das Recht des Gliedstaates, dessen Gericht angerufen worden war.[483] Die Entscheidungen der Austrägalinstanz waren für die Konfliktparteien bindend,[484] sodass sie notfalls mit Bundeszwangsmitteln durchgesetzt werden konnten.

Die hier beschriebenen Vorschriften zum justiziellen Schutz der inneren Sicherheit stellten eine für den Deutschen Bund charakteristische Kompromisslösung dar: Einerseits sollte der Bund die Möglichkeit erhalten, Streitigkeiten ohne

---

478 Der Text der Austrägalordnung ist zu finden in Huber, Dokumente, Bd. I, Nr. 36; Kotulla, Verfassungsrecht, Bd. I, S. 656.

479 Siehe zum hier dargestellten Austrägalverfahren insgesamt Huber, Verfassungsgeschichte, Bd. I, S. 625 ff.

480 Vgl. Art. 2 AuO, Art. 1 ExO.

481 Siehe Huber, Verfassungsgeschichte, Bd. I, S. 627.

482 Art. 3 Abs. 2 Nr. 7 AuO.

483 Art. 3 Abs. 2 Nr. 6 AuO.

484 Näher soll hier nicht auf das Austrägalverfahren eingegangen werden. Es ist detailliert beschrieben in von Gohren, Ausbildung der Austrägal-Instanz, S. 1 ff.

den Einsatz militärischer Gewalt beizulegen. Andererseits schuf man zu diesem Zweck kein eigenes Bundesgericht, sondern griff auf die bestehenden Justizapparate der Mitgliedstaaten zurück.

Da der Ausgang von zwischenstaatlichen Konflikten nicht durch die beteiligten Staaten, sondern aufgrund von Bundesgesetzen durch Drittstaaten entschieden wurde, verloren die betroffenen Staaten ihre diesbezügliche Letztentscheidungsbefugnis. Ihre Herrschaftsbefugnisse wurden folglich durch die Vorschriften zum Austrägalverfahren beschränkt. Das Austrägalverfahren sollte jedoch seiner Bestimmung nach sicherstellen, dass kein Bundesmitglied die Grenzen seiner legitimen Herrschaftsbefugnisse überschreiten und dadurch einen anderen Gliedstaat unterdrücken konnte. Es sollte folglich nur Maßnahmen verhindern, die dem Verhaltenskodex widersprachen, dem sich die deutschen Staaten durch die Bundesgesetze unterworfen hatten. Mithin stellte das Austrägalverfahren ein probates Mittel dar, um bundesrechtswidrige Eingriffe einzelner Staaten in die Rechte anderer Bundesmitglieder zu unterbinden. Da es zudem vornehmlich darauf ausgelegt war, eine einvernehmliche Lösung zwischen den Konfliktparteien herbeizuführen, stellte es auf keinen Fall einen unverhältnismäßigen Eingriff in die Rechte der Bundesmitglieder dar.

2. Die Rechtsgrundlagen des Bundeszwangs

Bereits im Rahmen der Karlsbader Beschlüsse wurde in der provisorischen Exekutionsordnung vom 20. September 1819 festgelegt,[485] welchen formellen Verfahrensgang der Bund befolgen musste, wenn er die Einhaltung des Bundesrechts gegenüber seinen Mitgliedern militärisch erzwingen wollte. Die provisorischen Bestimmungen wurden sodann durch die definitive Exekutionsordnung vom 3. August 1820 bestätigt.[486]

Während das Exekutionsverfahren somit bereits 1819 feststand, konnten die materiellen Voraussetzung für den Einsatz von Bundeszwangsmitteln bis zur Verabschiedung der Wiener Schlussakte nur über den Bundeszweck hergeleitet werden. Erst in den Artt. 26–28 WSA (Bundesintervention) und Artt. 31–35 WSA (Bundesexekution) wurde bundesgesetzlich festgeschrieben, in welchen Fällen der Bund Zwangsmaßnahmen gegen seine Mitglieder beschließen durfte.

---

485 Text der „Provisorischen Executions-Ordnung in Beziehung auf den zweiten Articel der Bundes-Acte“ abgedruckt bei Kotulla, Verfassungsrecht, Bd. 1, S. 678 ff.

486 Text der „Execution-Ordnung zur Vollziehung der Beschlüsse des Bundestags und der Erkenntnisse der Austrägal-Instanzen“ abgedruckt bei Kotulla, Verfassungsrecht, Bd. 1, S. 704 ff.

(a) Bundesintervention

Der Deutsche Bund behielt sich zur Abwehr des Nationalliberalismus das Recht vor, „demagogische Umtriebe" notfalls mit eigenen Mitteln zu eliminieren.[487] Zu diesem Zweck wurde unter anderem Art. 26 S. 1 WSA eingeführt. Er hielt den Bund an, „Widersetzlichkeiten der Untertanen gegen die Obrigkeit, durch die eine Verbreitung aufrührerischer Bewegungen zu befürchten" waren, abzuwehren.[488]

Voraussetzung für die Einleitung entsprechender Bundesinterventionsmaßnahmen war, dass die gliedstaatliche „Regierung selbst, nach Erschöpfung der verfassungsmäßigen und gesetzlichen Mittel, den Beistand des Bundes anruft".[489] Der Bund konnte jedoch gemäß Art. 26 S. 2 WSA auch ohne ein Hilfeersuchen des betroffenen Mitgliedstaates Interventionsmaßnahmen beschließen, wenn sich die Untertanen ihrer Regierung widersetzten, ein offener Aufruhr ausbrach oder gefährliche Bewegungen in mehreren Bundesstaaten stattfanden[490] und wenn die legitime Regierung aufgrund dessen „durch die Umstände gehindert [… war …] die Hülfe des Bundes zu begehren".[491] Die Entscheidung darüber, ob eine entsprechende Notstandsituation bestand, oblag gemäß Art. 26 S. 2 WSA der Bundesversammlung.[492] Folglich konnte der Bund unter bestimmten Voraussetzungen auch in die innerstaatlichen Angelegenheiten einzelner Bundesmitglieder eingreifen, ohne von diesen zuvor um Untestützung ersucht worden zu sein.[493]

Ein weiteres Interventionsrecht, das der Bund ohne die Zustimmung der betroffenen Gliedstaaten wahrnehmen konnte, statuierte Art. 28 WSA. Hiernach konnte die Bundesversammlung geeignete Maßnahmen zur Abwehr von Gefahren beschließen, „wenn die öffentliche Ruhe und gesetzliche Ordnung in mehreren Bundesstaaten durch gefährliche Verbindungen und Anschläge bedroht sind, und

---

487 Siehe zur Verwendung des Begriffs „demagogische Umtriebe" Schulz/Basler, Deutsches Fremdwörterbuch, Bd. IV, S. 233 f.; zeitgenössisch: Becker; Weltgeschichte, Dritter Teil, S. 177 f.

488 Zu den hier dargestellten Voraussetzungen und Auswirkungen der Bundesinterventionsrechte ausführlicher Huber, Verfassungsgeschichte, Bd. I, S. 631 ff.

489 Art. 26 S. 1 WSA.

490 Siehe hierzu auch Kotulla, Verfassungsgeschichte, Rn. 1559.

491 So geregelt durch Art. 26 S. 2 WSA; zur weiten Auslegung einer solchen Kontrollübernahme siehe das Beispiel Frankfurts unten, Kapitel 5 B.II.

492 Siehe hierzu auch Kotulla, Verfassungsgeschichte, Rn. 1442; zur Durchführung von Interventionen siehe unten, Kapitel 5 B ff.

493 Vgl. Angelow, Von Wien nach Königgrätz, S. 53.

dagegen nur durch Zusammenwirken der Gesammtheit zureichende Maaßregeln ergriffen werden können".[494]

Wie sich aus den Grundsätzen von Art. 26 WSA ergibt, sollten die Vorschriften zur Bundesintervention in erster Linie zur Sicherung der staatlichen Ordnung dienen. Der Bund erhielt mithin nur für die in den Artt. 26 S. 2 und 28 WSA normierten Ausnahmetatbestände das Recht, kraft eigener Kompetenz in die Belange seiner Mitglieder einzugreifen. Die Artt. 26 S. 2, 28 WSA definierten jedoch keine konkreten Tatbestandsvoraussetzungen, die für eine unaufgeforderte Intervention des Bundes erfüllt sein mussten. Stattdessen wurde das Interventionsrecht des Bundes an normative Merkmale geknüpft. Es blieb damit der Interpretation der Bundesversammlung überlassen, festzustellen, ob ein Interventionsfall vorlag oder nicht. Die Vorschriften zur Intervention konnten folglich nicht nur dann herangezogen werden, wenn die staatliche Ordnung in einem Bundesstaat durch revolutionäre Aufstände gefährdet wurde, sondern auch dazu dienen, Maßnahmen gegen einen Mitgliedstaat zu veranlassen, wenn dessen Regierung selbst vom monarchischen Prinzip abwich.

Insgesamt betrachtet war die Intervention ein geeignetes Instrument des Bundes zur Aufrechterhaltung der restaurativen Ordnung. Die Reichweite der sich hieraus ergebenden Beschränkungen der gliedstaatlichen Herrschaftsmacht lässt sich am besten an der Umsetzung der Interventionsbefugnisse festmachen. Aus diesem Grund werden in Kapitel 5 exemplarisch konkrete Interventionsmaßnahmen des Bundes dargestellt.[495]

Im Zusammenhang mit der Anfang der 1830er Jahre in Frankreich aufflammenden Julirevolution wurden die Interventionsmöglichkeiten noch einmal erweitert. Um im Falle eines Aufstands in einem deutschen Staat verhindern zu können, dass dessen Monarchen dasselbe Schicksal ereilt wie die Bourbonen in Frankreich,[496] wurde ein abgekürzter Verfahrensgang eingeführt: Damit einer notwendigen Interventionsmaßnahme nicht erst eine positive Entscheidung der Bundesversammlung vorausgehen musste, wurde im Rahmen der „Maßregeln zur Herstellung und Erhaltung der Ruhe in Deutschland" vom 21. Oktober 1830[497] festgelegt, dass, wenn die „Beistand des Bundes bedürfende Regierung sich wegen Dringlichkeit der Gefahr direkt an die eine oder die andere benachbarte Regierung mit dem Ersuchen um militärische Hilfe wendet, diese Hilfe

494 Art. 28, 1. HS WSA.

495 Zu den konkreten Interventionsmaßnahmen siehe unten Kapitel 5.

496 Siehe zur Julirevolution Holzapfel, Julirevolution 1830, S. 9 ff.

497 Abgedruckt bei Kotulla, Verfassungsrecht, Bd. I, S. 731 f.

sofort Namens des Bundes geleistet werde". Durch diese Regelung, die ursprünglich nur vorläufigen Charakter haben sollte, im Jahr 1832 aber als Art. 8 der sogenannten Zehn Artikel[498] bestätigt wurde, wurden die Gliedstaaten folglich unmittelbar verpflichtet, im Rahmen ihrer Möglichkeiten dem Hilfegesuch eines Nachbarstaates durch die Entsendung der eigenen Streitkräfte nachzukommen.[499] Dies bedeutete für die betroffenen Staaten, dass ihre Entscheidungsfreiheit, nicht in die inneren Angelegenheiten von Nachbarstaaten einzugreifen, durch die Ergänzung von Art. 26 WSA praktisch auf null reduziert wurde.

(b) Bundesexekution

Durch die Art. 31 ff. WSA wurde die Bundesversammlung bevollmächtigt, Bundesgesetze, Bundestagsbeschlüsse und die Entscheidungen in Schieds- und Austrägalverfahren gegenüber dem jeweiligen Adressaten durchzusetzen. Eine entsprechende Bundesexekution stellte folglich eine Zwangsmaßnahme des Bundes gegen Regierungen dar, die sich nicht bundestreu verhielten.[500]

Art und Umfang der gegen einen Mitgliedstaat durchgeführten Bundesexekution waren jeweils durch den Bundestag zu bestimmen. Dem Bund war es jedoch gestattet, die Regierungsgewalt eines Mitgliedstaates zu suspendieren und diese durch einen Bundeskommissar zu ersetzen.[501] Soweit die Bundesversammlung der Ansicht war, dass sich die gewünschten Ziele anderweitig erreichen ließen, konnte eine Bundesexekution jedoch auch erfolgen, ohne die Regierungsgewalt des betroffenen Gliedstaates durch einen Bundesvertreter zu ersetzen.

Soweit die Tatbestandsvoraussetzungen von Art. 31 WSA erfüllt waren, leitete der Bund zunächst das durch die Bundesexekutionsordnung vorgeschriebene Verfahren ein.[502] Danach wurde dem betroffenen Staat eine Frist gesetzt, um die geforderten Maßnahmen durchzuführen. Verstrich diese Frist ergebnislos, erging ein Exekutionsbeschluss, auf welchen, nach Ablauf einer zweiten Frist, die eigentliche Exekution folgte.[503] Dazu wurde ein nicht involvierter Gliedstaat mit dem Exekutionsmandat beauftragt. Dieser musste sodann Truppen für den Einsatz

---

498 Abgedruckt bei Kotulla, Verfassungsrecht, Bd. I, S. 737 ff.

499 Vgl. Kotulla, Verfassungsrecht, Bd. I, S. 78.

500 So auch durch Art. 32 WSA definiert.

501 Siehe hierzu Huber, Verfassungsgeschichte, Bd. I, S. 636.

502 Text der Exekutionsordnung abgedruckt bei Kotulla, Verfassungsrecht, Bd. I, S. 678 ff. Zum Prozedere am Beispiel Braunschweigs siehe unten Kapitel 5 A.

503 Dieses Exekutionsverfahren ist dargestellt bei Huber, Verfassungsgeschichte, Bd. I, S. 636.

im betroffenen Staat bereitstellen und einen Kommissar ernennen, der dort die Regierungsgeschäfte einstweilen führen sollte. Nach einem letzten Appell an das betroffene Bundesmitglied erfolgte der Exekutionsvollzug. Dieser beinhaltete im Regelfall die militärische Besetzung des betroffenen Staates und alle weiteren Maßnahmen, die zur Wiederherstellung des „bundestreuen Verhaltens" notwendig waren. Im Falle von unmittelbaren existenziellen Gefahren für den Bund konnte das langwierige Verfahren der Bundesexekutionsordnung gemäß Art. 19 WSA notfalls auch durch vorläufige Abwehrmaßnahmen umgangen werden.

Die Bundesexekution diente somit dazu, die föderative Ordnung aufrechtzuerhalten und die in Art. 3 BA normierte Bundestreue notfalls mit Erfüllungszwang durchzusetzen. Zusammenfassend formuliert stellte die Bundesexekution ein Instrument dar, das darauf ausgerichtet war, das bestehende restaurative System in allen Staaten notfalls zwangsweise aufrechtzuerhalten. Hierzu konnten die Herrschaftsbefugnisse der Gliedstaaten durch den Bund suspendiert werden, wenn sich diese nicht bundestreu verhielten.

3. Bewertung der neu statuierten Bundesbefugnisse

Mit dem Instrument der Bundesintervention erhielt der Deutsche Bund die Möglichkeit, die Aufrechterhaltung der monarchischen Ordnung in den einzelnen Staaten sicherzustellen. Im Wege der Bundesexekution konnte der Bund jedoch gegen Regierungen von Bundesmitgliedern vorgehen, die sich nicht bundestreu verhielten.

Fraglich erscheint, ob mit der bundesrechtlichen Normierung der Bundeszwangsmaßnahmen neue Kompetenzen geschaffen wurden oder ob nur Befugnisse konkretisiert wurden, die der Bund kraft seiner Generalermächtigung für Sicherheitsangelegenheiten ohnehin schon besaß. Da der Bund bereits ausdrücklich mit der Zielrichtung gegründet worden war, die Sicherheit und Ordnung innerhalb der deutschen Staaten zu gewährleisten, war er zweifellos bereits vor 1820 befugt, den Regierungen seiner Mitglieder bei der Abwehr innerer Unruhen beizustehen.

Nicht ganz so eindeutig lässt sich die Frage beantworten, ob der Bund vor der Verabschiedung der Wiener Schlussakte auch berechtigt gewesen wäre, das Bundesrecht gegenüber den Regierungen der Mitgliedstaaten mit militärischen Mitteln durchzusetzen. Denn jedes militärische Einschreiten gegen einen Gliedstaat hätte einen Eingriff in dessen innere Angelegenheiten bedeutet, welche die Bundesmitglieder zumindest so lange uneingeschränkt sollten ausüben können, wie hierdurch nicht der Bundeszweck gefährdet wurde. Da die Bundesexekutionsmittel jedoch nur eingesetzt werden durften, wenn einzelne Staaten das Bundesrecht missachteten, erhielt der Deutsche Bund mit den Bundeszwangsbefugnissen nach der hier vertretenen Auffassung wohl keine „echten“ neuen Kompetenzen. Dennoch erleichterten sie ihm sicherlich die Umsetzung des Bundesrechts, da einige möglichen Maßnahmen fortan gesetzlich vorgeformt waren und nicht erst in der Bundesversammlung entworfen werden mussten.

Grundsätzlich stellten die Bundesintervention und die Bundesexekution ebenso wie das Austrägalverfahren somit Maßnahmen dar, durch die (nur) die Einhaltung des Bundesrechts sichergestellt werden sollte. Dennoch konnte insbesondere durch das Mittel der Bundesexekution die Herrschaftsmacht der Gliedstaaten erheblich eingeschränkt werden, da der Bund hierdurch die Möglichkeit besaß, diese zu bundestreuem Verhalten zu zwingen. Wenn ein Eingreifen durch den Bund beschlossen wurde, besaß dieser nunmehr die ausdrückliche Befugnis, die Regierungsmacht durch einen Sequester ersetzen zu lassen. Eine solche Durchsetzung des Bundesrechts konnte demzufolge für die betroffenen Regierungen zumindest den einstweiligen Verlust sämtlicher Herrschaftsrechte bedeuten.

Abschließend bleibt festzuhalten, dass die Instrumente der Bundesintervention und -exekution es dem Bund erlaubten, die Einhaltung des Sicherheitszwecks notfalls mit militärischen Mitteln zu erzwingen. Seit dem Abschluss der (provisorischen) Exekutionsordnung konnten die bundesrechtlichen Regelungen folglich nicht mehr als vorwiegend unverbindliche Zielvorgaben, sondern nur noch als erzwingbares Recht bewertet werden. Da der Bund von seinen Zwangsbefugnissen nur bei einer Gefährdung der inneren Sicherheit oder Missachtung des Bundesrechts Gebrauch machen durfte, waren die Regelungen zum Bundeszwang grundsätzlich zur Umsetzung des Sicherheitszwecks geeignet und erforderlich. Weil der Bund anstehende Zwangsmaßnahmen zunächst androhen musste und die Exekution nur nach fruchtlosem Fristablauf einleiten durfte, stellten die rechtlichen Grundlagen des Bundeszwangs auch keinen unverhältnismäßigen Eingriff in die gliedstaatlichen Souveränitätsrechte dar. Jedoch war fortan von Fall zu Fall zu prüfen, ob der Einsatz von Zwangsmitteln bei konkreten Bundesrechtsverstößen geeignet, erforderlich und verhältnismäßig erschien.[504]

III. Konkretere Bundesanforderungen an die Gliedstaaten

Nicht nur die Kompetenzen des Deutschen Bundes, sondern auch die Bundesanforderungen an seine Mitglieder wurden durch die Wiener Schlussakte konkretisiert.

---

504 Siehe hierzu unten Kapitel 5.

Dies wurde insbesondere anhand der neuen Bestimmungen zu den landständischen Verfassungen und zum monarchischen Prinzip deutlich.

1. Die Auslegung von Art. 13 BA zwischen 1815 und 1820

Bereits vor der Wiener Ministerialkonferenz von 1819/20 wurde Art. 13 BA kontrovers diskutiert. Dessen offen gehaltene Formulierung führte dazu, dass ihn die liberal gesinnte Öffentlichkeit als Aufforderung zur Einführung von Repräsentativverfassungen interpretierte.[505] Hierdurch hätten Vertreter des ganzen Volkes Mitspracherechte bei der politischen Willensbildung in den Gliedstaaten erhalten können.[506] Wenn sich in Deutschland diese Auffassung durchgesetzt hätte, wären jedoch alle noch bestehenden altständischen Verfassungen rechtswidrig gewesen. Die restaurativen Kräfte im Bund lehnten es nicht zuletzt deshalb ab, „landständische Verfassungen“ mit „Repräsentativverfassungen“ gleichzusetzen.[507] Aufgrund der verschiedenen Interpretationsmöglichkeiten, die Art. 13 BA bot, wurden insbesondere in den süddeutschen Staaten relativ moderne Verfassungen eingeführt, wohingegen es im Norden und Osten kaum strukturelle Veränderungen gab.[508]

Insbesondere die konservativen deutschen Staatsrechtler legten Art. 13 BA im restaurativen Sinn aus, um hierdurch die Ausbreitung immer liberalerer Verfassungen zu verhindern. Beispielhaft hierfür war die Deutung von Friedrich von Gentz.[509] Dieser hielt die Einführung von Repräsentativverfassungen für unvereinbar mit dem Grundgedanken des Deutschen Bundes.[510] Durch die eingeforderten Mitspracherechte des Volkes sei nämlich weder eine Kontinuität der politischen Partizipation gesichert, noch würden die landesherrlichen Rechte damit ausreichend gewahrt bleiben.[511]

505 Vgl. Krüger, Die landständische Verfassung, S. 36.

506 Genauere Beschreibungen der verschiedenen Interpretationen und die Unterschiede zwischen einer altständischen Verfassung und einer Repräsentativverfassung sind zu finden bei Jarcke, Die Ständischen Verfassungen, S. 18 ff.; Gentz, Unterschied zwischen landständischen und Repräsentativverfassungen, S. 219 ff.

507 Vgl. Krüger, Die landständische Verfassung, S. 37.

508 Siehe Krüger, Die landständische Verfassung, S. 36.

509 Abgedruckt bei Gentz, Unterschiede zwischen landständischen und Repräsentativverfassungen, S. 218 ff.

510 Diese Auslegung war allerdings höchst umstritten. Insbesondere hielten Carl von Rotteck und Otto von Gierke Repräsentativverfassungen mit der Bundesakte für vereinbar; vgl. Rotteck, Landstände, S. 158 ff.; Gierke, Genossenschaftsrecht, S. 549 ff.

511 Vgl. Gentz, Unterschiede zwischen landständischen und Repräsentativverfassungen, S. 219.

Der eigenen konservativen Linie treu bleibend, versuchte Metternich auf den Karlsbader Konferenzen die Gesetzesauslegung von Gentz für den gesamten Bund zu etablieren, was zur Rechtswidrigkeit der bereits bestehenden Repräsentativverfassungen geführt hätte.[512]

Die Staaten, die bereits eine solche Verfassung eingeführt hatten, konnten es sich innenpolitisch allerdings nicht erlauben, ihren Untertanen die gerade gewährten Mitspracherechte wieder zu entziehen. Aus diesem Grund wehrte sich zunächst Württemberg und dann auch Bayern entschieden gegen die Interpretation von Metternich und Gentz.[513] Da die (in Form von Verfassungen) geschaffenen Fakten die süddeutschen Staaten in ihrer Argumentation bestärkten, musste Metternich schließlich nachgeben.[514] Die konservative Auslegung von Art. 13 BA und das damit einhergehende Verbot von Repräsentativverfassungen waren gescheitert.

Aufgrund dieses Teilsiegs der süddeutschen Staaten wurde die Verfassungsautonomie der Gliedstaaten nicht so stark begrenzt, wie dies von den konservativen Staaten gewünscht worden wäre. Das Spektrum der Interpretationen von „landständischen Verfassungen" reichte nunmehr offiziell von „altständisch" bis hin zu „repräsentativ". Die einzige Pflicht, die Art. 13 BA damit den einzelstaatlichen Regierungen auferlegte, war es, überhaupt eine Verfassung einzuführen. Solange die Grundzüge des monarchischen Systems beachtet wurden, waren die deutschen Staaten bei der inhaltlichen Ausgestaltung ihrer Verfassungen weitestgehend frei.[515]

Die Entscheidung, sich selbst eine geschriebene Verfassung zu geben, gehört ebenso zu den Kernbefugnissen eines Staates wie zu den Rechten, die bereits vor dem 19. Jahrhundert unter dem Begriff der Landeshoheit zusammengefasst wurden.[516] Spätestens nachdem die Bundesversammlung 1818 alle Regierungen verpflichtet hatte, sich zur Umsetzung von Art. 13 BA binnen eines Jahres eine Verfassung zu geben, wurde den Gliedstaaten die Entscheidungsfreiheit über die Einführung einer Verfassung genommen. Die deutschen Fürsten waren damit ultimativ aufgefordert, ihre eigene monarchische Herrschaftsmacht auf eine verfassungsrechtliche Legitimationsgrundlage zu stellen. Diese Verpflichtung konnte die Machtposition des Monarchen innerhalb seines Staates einschränken, da dieser sich nach Einführung einer Verfassung nicht mehr auf anachronistisch-absolutistische Rechtspositionen berufen konnte.

512 Vgl. Dorn, Friedrich von Gentz, S. 353 ff.

513 Siehe Aretin, Vom deutschen Reich zum Bund, S. 180.

514 Siehe Huber, Verfassungsgeschichte, Bd. I, S. 645 f.

515 Hierzu insgesamt Huber, Verfassungsgeschichte, Bd. I, S. 645 ff.

516 Siehe hierzu Flossmann, Landrechte als Verfassung, S. 104 ff.

2. Verfassungsgebung und monarchisches Prinzip

Mit der Vervollständigung des Bundesprimärrechts durch die Wiener Schlussakte wurden in den Artt. 54–62 WSA auch die bundesrechtlichen Vorgaben in Bezug auf die landständischen Verfassungen konkretisiert. Die bereits im Mai 1818 durch die Bundesversammlung festgestellte Pflicht der Gliedstaaten, sich eine Verfassung zu geben, wurde in Art. 54 WSA nunmehr auch bundesrechtlich verankert. Gleichzeitig wurde bestätigt, dass die Bundesversammlung über die tatsächliche Einführung solcher Verfassungen zu wachen habe.

In konsequenter Weiterführung der Pflicht zur Verfassungsgebung statuierte Art. 56 WSA, dass die einmal geschaffenen Verfassungen nur auf rechtmäßige Art und Weise wieder aufgehoben werden durften. Die erneute gesetzliche Festschreibung dieses bereits in Art. 13 BA enthaltenen Grundsatzes stellte noch einmal klar, dass der Bund keine Außerkraftsetzung von Verfassungen durch Willkürherrschaft von Landesherren oder durch revolutionäre Akte duldete. Art. 56 WSA ließ folglich sowohl die Konservierung des Status quo als auch die Weiterentwicklung des Landesrechts auf Basis der jeweils bestehenden Verfassung zu.

Durch Art. 60 WSA übernahm der Bund eine Garantie für die landständischen Verfassungen. Soweit einzelne Bundesmitglieder die Aufrechterhaltung des verfassungsmäßigen Zustands als gefährdet ansahen, hatte der Bund auf Antrag des betroffenen Staates alle Maßnahmen einzuleiten, die zur Bewahrung der verfassungsrechtlichen Ordnung erforderlich schienen. Gleichzeitig wurde durch Art. 61 WSA bestimmt, dass der Bund kein Recht besaß, in die verfassungsrechtlichen Angelegenheiten seiner Mitglieder einzugreifen, solange diese einen verfassungsmäßigen Zustand aufrechterhielten. Hierdurch wurde unterstrichen, dass der Bund grundsätzlich nicht in die inneren Angelegenheiten der einzelnen Staaten eingreifen sollte.

Die elementarste Regelung zur Verteilung der staatlichen Herrschaftsmacht innerhalb der Gliedstaaten war jedoch in Art. 57 WSA enthalten. Diese Norm schrieb vor, dass der jeweilige „Souverain [...] durch eine landständische Verfassung nur in der Ausübung bestimmter Rechte an die Mitwirkung der Stände gebunden werden" konnte. Zur Begründung dieser Direktive konnte auf Art. 1 BA verwiesen werden, wonach der Deutsche Bund (mit Ausnahme der freien Städte) aus „souverainen Fürsten" bestand, was den Rückschluss zuließ, dass alle Staatsgewalt im Oberhaupt des Staates vereint sein müsse.

Art. 57 WSA kann damit als bloße Klarstellung des ohnehin schon geltenden Rechtszustandes angesehen werden. Bei genauerer Betrachtung dieser Norm lässt sich jedoch feststellen, dass sie einen eigenen Regelungsgehalt besaß. Indem sie festlegte, dass die zentrale Staatsgewalt in der Person des Landesherrn vereint bleiben musste, wurde nicht nur vorgeschrieben, dass der Monarch das

Staatsoberhaupt bleiben musste, sondern gleichzeitig auch die Mitwirkungsrechte der Stände und anderen Repräsentanten beschränkt. Die Festschreibung des monarchischen Prinzips durch Art. 57 WSA war mithin die Reaktion des Deutschen Bundes auf den Konstitutionalismus in vielen deutschen Staaten.[517] Durch die dauerhafte Konzentrierung der wesentlichen Staatsgewalt in der Person des Landesherrn sollte verhindert werden, dass sich der deutsche Frühkonstitutionalismus zu einer „Volkssouveränität" weiterentwickeln konnte.[518]

Die „Provisorischen Maßregeln" vom 16. August 1824[519] bestätigten noch einmal die Grundsätze von Art. 57 WSA, indem sie ausdrücklich festlegten, dass durch die den Landständen zugestandenen Rechte das monarchische Prinzip nicht in Frage gestellt werden dürfe. Hierdurch sollten endgültig diejenigen Ungewissheiten und Missdeutungen ausgeschlossen werden, die aufgrund der offenen Formulierung von Art. 13 BA immer wieder aufkamen.[520]

Als die Nationalbewegung Anfang der 1830er Jahre mit Aktionen wie dem Hambacher Fest ihren bisherigen Höhepunkt erreichte, wurden diese Ereignisse genutzt, um die bundesrechtlichen Vorgaben zur Einhaltung des monarchischen Prinzips erneut zu verschärfen.[521] Am 28. Juni 1832 erließ die Bundesversammlung hierzu die sogenannten Sechs Artikel,[522] durch die die äußersten Schranken der landständischen Mitwirkungsrechte definiert wurden.[523] Der Maßregelbeschluss stellte hierzu unter anderem fest, dass bundesrechtswidrige Petitionen der Landstände unzulässig seien (Art. 1), dass die landständischen Verfassungen die Monarchen nicht an der Erfüllung ihrer Bundespflichten hindern dürfen und die Landstände insbesondere nicht berechtigt seien, dem Landesherrn die notwendigen finanziellen Mittel zu verwehren (Art. 2), und dass die Landesgesetzgeber keine bundesrechtswidrigen Gesetze erlassen dürfen (Art. 3).[524]

---

517 Vgl. Unruh, Der Verfassungsbegriff des Grundgesetzes, S. 209.

518 So auch gesehen von Heun, Das monarchische Prinzip, S. 44; Kotulla, Verfassungsgeschichte, Rn. 1392; Wahl, Die Entwicklung des deutschen Verfassungsstaats, S. 26.

519 Abgedruckt bei Kotulla, Verfassungsrecht, Bd. I, S. 730 f.

520 Vgl. Kotulla, Verfassungsrecht, Bd. I, S. 130.

521 Siehe hierzu Huber, Verfassungsgeschichte, Bd. II, S. 154 ff.

522 Abgedruckt bei Kotulla, Verfassungsrecht, Bd. I, S. 734 f.; der vollständige Name des Beschlusses lautete: „Bundesbeschluss über Maßregeln zur Aufrechterhaltung der gesetzlichen Ruhe und Ordnung in Deutschland".

523 Siehe hierzu Huber, Verfassungsgeschichte, S. 155 ff.; Kotulla, Verfassungsgeschichte, Rn. 1490 ff.; Kotulla, Verfassungsrecht, S. 46 ff.

524 Eine vollständige Beschreibung des Inhalts aller sechs Artikel ist zu finden bei Huber, Verfassungsgeschichte, S. 155 ff.; Kotulla, Verfassungsgeschichte, Rn. 1491–1496.

Wie aufgezeigt wurde, schränkte jede Verfassungsgebung die Rechte der Monarchen ein. Daher standen die Pflicht zur Einführung von landständischen Verfassungen und das monarchische Prinzip in einem Spannungsverhältnis.[525] Während die Artt. 54–56 WSA Vorgaben zur Einschränkung der landesherrlichen Macht enthielten, stellten die Artt. 57–60 WSA die diesbezüglichen Schranken-Schranken dar, was dazu führte, dass die Legitimation der Staatsmacht in allen Gliedstaaten auf der Autorität des Landesherrn beruhen musste.[526] Obwohl das monarchische Prinzip den Mitgliedern des Deutschen Bundes damit die Pflicht auferlegte, den Landesherrn zur zentralen Figur der Staatsgewalt zu machen, bedeutete es keinesfalls eine Rückkehr zum Absolutismus.[527] Wie der mecklenburgische Gesandte Plessen schon auf der Karlsbader Konferenz bemerkte, sollte der Landesherr durch das monarchische Prinzip nur die „Oberhand" im Staat behalten.[528] Das Regelungskonglomerat in den Artt. 54–62 WSA diente damit sowohl zur Verhinderung von Willkür als auch zur Bewahrung der fürstlichen Herrschaft in Deutschland und stand somit in Einklang mit den 1815 formulierten Zielen.

Zu erwähnen ist insoweit noch, dass viele Staaten, unter ihnen Österreich und Preußen, erst im Zuge der Revolution von 1848 überhaupt eine geschriebene Verfassung erließen und diese nach dem Scheitern der Revolution zudem wieder revidierten.[529] Da der Bund einerseits versuchte, die Etablierung von Repräsentativverfassungen zu verhindern, andererseits aber die mangelhafte Umsetzung der generellen Pflicht zur Einführung landständischer Verfassungen nicht ahndete, lässt sich schlussfolgern, dass die fehlende Einführung von landständischen Verfassungen vom Bund so lange nicht als Problem angesehen wurde, wie hierdurch nicht die Fortsetzung der Fürstenherrschaft gefährdet wurde.

3. Schlussfolgerungen in Bezug auf die Souveränität

Solange das monarchische Prinzip bis 1820 nur als ungeschriebener Grundsatz bestand, hatten die einzelnen Gliedstaaten bei der Ausgestaltung ihrer staatsrechtlichen Ordnung einen relativ großen Spielraum. Dies änderte sich durch die Einführung der Artt. 57, 58 WSA. Während zuvor durch Art. 1 BA nur impliziert

525 Siehe hierzu auch Heun, Das monarchische Prinzip, S. 44.

526 Vgl. Kotulla, Verfassungsgeschichte, Rn. 1393.

527 Vgl. Boldt, Staatslehre, S. 29 f.; Heun, Das monarchische Prinzip, S. 43.

528 Entsprechendes Zitat abgedruckt bei Klüber, Wichtige Urkunden für den Rechtszustand der Nation, S. 271.

529 Vgl. Frotscher/Pieroth, Verfassungsgeschichte, Rn. 223 ff.; eine Übersicht über die Verfassungen der Gliedstaaten ist zu finden bei Kotulla, Verfassungsgeschichte, Rn. 1404.

wurde, dass das Oberhaupt in allen deutschen Flächenstaaten ein Monarch sein musste, wurde durch Art. 57 WSA erstmals vorgeschrieben, dass dieser wesentliche Entscheidungen gerade nicht an die Mitwirkung der Stände oder an andere Repräsentanten binden durfte. Durch Artt. 54 ff. WSA wurde der monarchische Herrschaftseinfluss sowohl statuiert als auch beschränkt, wobei die Festschreibung des monarchischen Prinzips zur Konservierung des Status quo diente, während durch die landständischen Mitspracherechte Willkürherrschaft verhindert werden sollte.

Da der Bundeszweck die Sicherheit Deutschlands umfasste, nicht aber auch den Fortbestand der Fürstenherrschaft, konnte die Festschreibung des monarchischen Systems nur dann zur Umsetzung des Bundeszwecks erforderlich sein, wenn die Aufrechterhaltung der dynastischen Ordnung ein Element der durch den Bund zu schützenden inneren Sicherheit darstellte. Weil der Begriff „innere Sicherheit" auf dem Wiener Kongress nicht definiert worden war, ließ sich dessen Inhalt nur im Wege der Auslegung ermitteln. Für eine entsprechende Interpretation der Bundesprinzipien spricht insbesondere, dass die Monarchen bei der Schaffung der Bundesakte als Inhaber der „souveränen" Herrschaftsmacht betrachtet und als solche bezeichnet wurden.[530] Wie die rudimentäre Ausgestaltung von Art. 13 BA zeigte, wurde auf dem Wiener Kongress zudem bewusst die Festlegung der monarchischen und landständischen Rechte auf einen späteren Zeitpunkt verschoben. Die schriftliche Fixierung des monarchischen Prinzips in der Wiener Schlussakte konnte die 1815 festgelegten Souveränitätsprinzipien folglich allenfalls konkretisieren, widersprach diesen jedoch nicht.

IV. Die Neuregelungen bezüglich der Wahrnehmung der auswärtigen Angelegenheiten

Während die Bundesakte noch offenließ, wie weit das Recht des Bundes, Kriege zu erklären, reichen sollte, enthielt die Wiener Schlussakte auch bezüglich dieses Punktes konkretere Regelungen.

1. Die rechtlichen Regelungen

Die Hauptaufgabe des Deutschen Bundes war die Bewahrung der Sicherheit Deutschlands. Um dieser Aufgabe gerecht werden zu können, wurden ihm durch

530 Siehe oben Kapitel 1 D.

Art. 35 WSA nunmehr ausdrücklich das Bündnisrecht und die Kriegskompetenz zuerkannt. Außerdem regelte Art. 38 WSA, dass sich die Bundesversammlung bereits bei einem drohenden Angriff über geeignete Gegenmaßnahmen beraten solle. Während bis 1820 noch weitgehend unklar war, inwieweit der Bund offensive militärische Maßnahmen durchführen durfte,[531] erlaubte die Interpretation von Art. 38 WSA nunmehr die Schlussfolgerung, dass auch präventive Verteidigungsmaßnahmen, also Angriffe zur Abwehr akuter Bedrohungen, fortan rechtlich legitimiert sein sollten.[532] Ein darüber hinausgehender Offensivkrieg war hingegen gemäß Art. 35 WSA ausgeschlossen.

Die Wahrnehmung der Angelegenheiten des Bundes oblag gemäß Art. 4 BA der Bundesversammlung, die als „Engerer Rat" oder im „Plenum" tagen konnte. Diese Grundsätze zur Entscheidungsfindung wurden durch die Wiener Schlussakte in den Artt. 10 ff. WSA bestätigt. Die Wiener Schlussakte enthielt jedoch gegenüber der Bundesakte eine wesentliche Neuerung: Eine Kriegserklärung konnte gemäß Art. 12 WSA zwar nur durch das Plenum erfolgen, bedurfte aber nunmehr nur noch einer Zweidrittelmehrheit der Stimmen. Hierdurch erlangte der Bund eine neue Machtkomponente, weil er fortan anderen Staaten aufgrund eines bloßen Mehrheitsbeschlusses den Krieg erklären konnte.

2. Bewertung der auswärtigen Befugnisse

Lässt man den Sonderfall der Kleinstaaten mit bloßer Kuriatstimme einmal außer Acht, besaßen bis 1820 die einzelnen Staaten die Letztentscheidungsbefugnis über Krieg oder Frieden, da ein Bundeskrieg nur durch eine einstimmige Bundestagsentscheidung beschlossen werden konnte. Nach der Verabschiedung der Wiener Schlussakte konnte der Deutsche Bund seine Mitglieder hingegen aufgrund einer Mehrheitsentscheidung in einen Bundeskrieg involvieren. Die Gliedstaaten konnten folglich nicht mehr, wie es beispielsweise heute in der NATO der Fall ist,[533] in jedem Einzelfall selbst darüber entscheiden, ob sie sich einem Waffengang anschlossen oder nicht. Damit wurde durch das Bundesrecht klargestellt, dass die Letztentscheidungsbefugnis über Krieg und Frieden, die insbesondere nach der zeitgenössischen Auffassung ein

531 Siehe oben Kapitel 3 A.IV.3.

532 Vgl. Huber, Verfassungsgeschichte, Bd. I, S. 607.

533 Siehe zur Auslegung von Art. 5 des Nordatlantikvertrages vom 4. April 1949 (BGBl. 1955 II S. 289 ff.) Warnken, Sicherheits- und Verteidigungspolitik, S. 97.

wesentliches Element der Souveränität darstellte,[534] nicht bei den Gliedstaaten lag, sondern beim Bund.

Dennoch stand das „ius belli" des Bundes auch nach 1820 noch im Einklang mit den bestehenden Souveränitätsprinzipien. Zur effektiven Umsetzung des Sicherheitszwecks war es erforderlich, dass der Bund den Bundeskrieg feststellen und das Bundesheer mobilisieren konnte, ohne hieran von einzelnen Staaten, deren Sicherheitsinteressen eventuell aufgrund ihrer geografischen Lage nicht akut gefährdet waren, gehindert werden zu können. Wegen des überragenden Stellenwerts, den die Sicherstellung der Verteidigungsbereitschaft Deutschlands bei der Gründung des Deutschen Bundes einnahm, war es auch nicht unverhältnismäßig, einzelne Bundesmitglieder gegebenenfalls gegen den eigenen Wunsch in einen Bundeskrieg zu drängen, wenn dies zur Verteidigung des gesamten Bundesgebietes erforderlich erschien. Zudem war es durch das Erfordernis der Zweidrittelmehrheit ausgeschlossen, dass ein Bundeskrieg nur den Interessen einiger weniger Bundesmitglieder dienen konnte.

Festgehalten werden kann folglich, dass erst die Neuregelung der Kriegskompetenz einen geeigneten Interessensausgleich zwischen Sicherheits- und Unabhängigkeitszweck darstellte, während bis 1820 der Sicherheitszweck aufgrund des Einstimmigkeitserfordernisses bei der Feststellung des Bundeskrieges nur unzureichend umgesetzt worden war.

V. Bewertung der Wiener Schlussakte in Bezug auf die Souveränität

Auch in der Wiener Schlussakte wurden die Gliedstaaten des Deutschen Bundes als unabhängig und deren Fürsten als souverän bezeichnet. Damit war klar, dass sich der Deutsche Bund auch nach der Verabschiedung der Wiener Schlussakte nicht zu einem quasistaatlichen Gebilde wandeln sollte. Die Bundesmitglieder behielten auch nach 1820 mit der innerstaatlichen Verwaltungshoheit, der Wirtschafts, Finanz- und Zollhoheit und der Verfassungshoheit (im Rahmen der Vorgaben des Bundes) im Wesentlichen die originären landeshoheitlichen Kompetenzen.

Gleichzeitig enthielt die Wiener Schlussakte eine Reihe von Bestimmungen, die die Souveränitätsrechte verkürzten. Deutlichstes Beispiel hierfür war die Verlagerung

534 Vgl. Steiger, Staatlichkeit und Mitgliedstaatlichkeit, S. 63; siehe auch Clausewitz, Vom Kriege, S. 19; zum heutigen Verständnis: Depenhauer in: Maunz/Dürig, Grundgesetz, Art. 87a, Rn. 35 ff.; siehe ebenfalls oben Kapitel 3 A.IV.3.

der Entscheidung über das Führen eines Bundeskrieges auf den Deutschen Bund. Die zunehmenden Einschränkungen der gliedstaatlichen Herrschaftsbefugnisse wurden zudem dadurch manifestiert, dass der Bund durch die Wiener Schlussakte die Handhabe erhielt, gegen vertragsbrüchige Mitglieder im Wege des Bundeszwangs vorzugehen. Trotz der neuen Befugnisse des Bundes widersprachen die rechtlichen Bestimmungen der Wiener Schlussakte – im Gegensatz zu denen der Karlsbader Gesetze – nicht den für den Deutschen Bund vereinbarten Souveränitätsprinzipien, weil sie den Bundeszweck in angemessener Weise umsetzten.

D. Gesamtbewertung des Bundesprimärrechts

Die Ausgestaltung und Umsetzung des Bundesprimärrechts veranschaulichte, in welchem Spannungsverhältnis der Sicherheits- und der Unabhängigkeitszweck des Bundes oft zueinander standen. Während die rudimentären Regelungen der Bundesakte noch relativ wenig konkrete Beschränkungen der Herrschaftsmacht der Gliedstaaten enthielten, zeigte sich bereits 1819 bei der Verabschiedung der Karlsbader Beschlüsse, dass der Deutsche Bund zur Umsetzung des Sicherheitszwecks bereit war, in das Presse- und Universitätswesen und damit in Bereiche einzugreifen, die vormals in die ausschließliche Kompetenz der einzelnen Staaten fielen.

Obgleich die deutschen Staaten noch bei Unterzeichnung der Bundesakte die ehemaligen Landeshoheitsrechte als notwendigen Mindestgehalt ihrer zukünftigen Souveränität betrachteten, wurde diese somit bereits vier Jahre später durch den Deutschen Bund beschränkt. Selbst die süddeutschen Staaten Bayern, Württemberg und Baden, die noch während des Wiener Kongresses peinlichst darauf geachtet hatten, dass ihre Souveränitätsrechte bundesrechtlich verbrieft wurden, waren Teilnehmer der Karlsbader Konferenzen und gehörten damit dem Urheberkreis der Karlsbader Beschlüsse an. Die Regierungen dieser Staaten waren somit bereit, bestimmte Herrschaftsbefugnisse auf den Deutschen Bund zu übertragen, wenn dies der Aufrechterhaltung der eigenen innerstaatlichen Herrschaftsposition diente.

Auch der Wiener Schlussakte lässt sich entnehmen, dass die Festigung des metternichschen Systems fünf Jahre nach dem Sieg über Napoleon zum erstrangigen Ziel des Deutschen Bundes geworden war. Nunmehr wurde nicht mehr Frankreich, sondern die national-liberalen Kräfte innerhalb Deutschlands als ernsteste Bedrohung der restaurativen Ordnung angesehen. Aus diesem Grund schrieb die Wiener Schlussakte nicht nur das monarchische Prinzip als deutschlandweit geltenden Grundsatz fest, sondern gab dem Bund mit dem Bundesinterventionsrecht auch die Möglichkeit, die Durchsetzung des restaurativen Systems kraft eigener

Autorität zu erzwingen. Für den Fall, dass Gefahren für die gesamtdeutsche politische Ordnung nicht von den Untertanen, sondern von den Regierungen einzelner Staaten ausgingen, konnte der Deutsche Bund mit seinen Bundesexekutionskompetenzen notfalls sogar die Herrschaftsmacht einzelner gliedstaatlicher Regierungen durch einen Bundessequester ersetzen. Aufgrund dieses Bundeszwangsmittels war es seit Einführung der (provisorischen) Exekutionsordnung nicht mehr nur bundesrechtlich verboten, aus dem Bund auszutreten, sondern der Deutsche Bund hätte einen Austrittsversuch auch aktiv unterbinden können.

Abschließend lässt sich festhalten, dass sich die Strukturen des Bundes zwischen der Unterzeichnung der Bundesakte und der Wiener Schlussakte deutlich gefestigt hatten. Während dieser 1815 ein völkerrechtliches Gebilde darstellte, das einen klar definierten Zweck, aber nur wenige normierte Befugnisse besaß, nahm der Umfang der Bundeskompetenzen durch die Konkretisierung des Bundesrechts stetig zu. Die bereits in der Bundesakte latent verankerten Schranken der gliedstaatlichen Souveränität wurden somit bis 1820 in erster Linie mit dem Ziel konkretisiert, die Aufrechterhaltung des monarchischen Systems sicherzustellen. Die hierzu erlassenen Neuregelungen waren teilweise zur Umsetzung des Sicherheitszwecks nicht erforderlich (Karlsbader Beschlüsse) und widersprachen demzufolge insoweit den 1815 festgelegten Souveränitätsprinzipien. Der Großteil der Neuregelungen stand mit diesen jedoch grundsätzlich im Einklang (Wiener Schlussakte), wobei allerdings zu berücksichtigen ist, dass solche bundesrechtskonformen Rechtsgrundlagen nur dann nicht zu Bundesrechtsverletzungen führten, wenn auch die auf ihnen beruhenden Maßnahmen zur Umsetzung des Sicherheitszwecks geeignet, erforderlich und verhältnismäßig waren.

Kapitel 4. Die Umsetzung der Souveränitätsprinzipien am Beispiel der Wehrorganisationsgesetze

Innerhalb des Bundeszwecks konnte die Herrschaftsmacht der Gliedstaaten nicht nur aufgrund des Bundesprimärrechts beschränkt werden, sondern auch aufgrund der weiteren quasi-gesetzlichen Verträge des Deutschen Bundes, die meist zur Konkretisierung der bundesprimärrechtlichen Rahmenvorgaben dienten. Ausgefüllt wurde das Bundesprimärrecht beispielsweise durch die provisorische Geschäftsordnung der Bundesversammlung vom 14. November 1816,[535] durch die Austrägalordnung des Deutschen Bundes vom 16. Juni 1817[536] sowie durch die zwei Bundesbeschlüsse über die Aufrechterhaltung der gesetzlichen Ordnung und Ruhe im Bund vom 5. und 28. Juli 1831.[537]

Neben solchen generellen Beschlüssen zur Konkretisierung des Bundesrechts traf die Bundesversammlung auch spezielle Regelungen zum Ausbau der Verteidigungsbereitschaft des Deutschen Bundes. Um den sicherheitspolitischen Zielrichtungen gerecht zu werden, genügte es nicht, in den Bundesgrundgesetzen zu regeln, dass der Bund anderen Staaten im Namen aller Bundesmitglieder den Krieg erklären konnte. Es musste außerdem sichergestellt werden, dass die Truppen der deutschen Staaten im Falle eines Bundeskrieges wie eine einheitliche Streitmacht agieren konnten. Zu diesem Zweck wurden die Kriegsverfassung mit ihren Grundzügen vom 9. April 1821[538] und ihren Näheren Bestimmungen vom 12. April 1821 und 11. Juli 1822[539] sowie die Abkommen zu den fünf Bundesfestungen verabschiedet.

Durch diese Wehrorganisationsgesetze des Deutschen Bundes sollten seine Mitglieder in die Lage versetzt werden, dem Angriff einer ausländischen Macht koordiniert zu begegnen. Damit dienten sie nicht nur zur Formierung organischer Einrichtungen im Sinne von Art. 10 BA und zur Umsetzung der gegenseitigen

535 Abgedruckt bei Kotulla, Verfassungsrecht, Bd. I, S. 640 ff.

536 Abgedruckt bei Kotulla, Verfassungsrecht, Bd. I, S. 656 ff.

537 Abgedruckt bei Kotulla, Verfassungsrecht, Bd. I, S. 734 ff.

538 Nachfolgend „GKV“ abgekürzt, abgedruckt bei Kotulla, Verfassungsrecht, Bd. I, S. 707 ff.

539 Nachfolgend insgesamt „NBKV“ abgekürzt, abgedruckt bei Kotulla, Verfassungsrecht, Bd. I, S. 710 ff.

Schutzverpflichtungen des Art. 11 BA, sondern insbesondere auch zur Umsetzung des Bundessicherheitszwecks.

Wie bereits dargelegt, wurde der Deutsche Bund mit der Zielvorgabe gegründet, einen gesamtdeutschen Verteidigungsapparat zu schaffen. Folglich sind die Wehrorganisationsgesetze im besonderen Maße geeignet, aufzuzeigen, welche Einschränkungen ihrer Herrschaftsmacht die deutschen Fürsten akzeptierten, wenn es darum ging, einen gesamtdeutschen Zweck zu verfolgen, statt nur – wie beispielsweise bei den Karlsbader Beschlüssen – die eigene Herrschaftsposition gegenüber den Untertanen zu festigen.

A. Die militärischen Beratungsgremien

Die Organisation und Ausrüstung des Bundesheeres und die Errichtung und Aufrechterhaltung von Bundesfestungen gehörten zu den wesentlichen Aufgaben, denen der Deutsche Bund in Bezug auf die auswärtigen Verhältnisse im Rahmen seines Sicherheitszwecks nachkommen musste. Zur Erfüllung dieser Aufgaben gab es seit 1818 einen Militärausschuss der Bundesversammlung sowie eine ständige Kommission aus Offizieren mehrerer Gliedstaaten.[540]

I. Der Militärausschuss

Der Militärausschuss wurde zunächst zur Ausarbeitung der Kriegsverfassung im April 1818 gegründet. In ihm sollten die Fragen erörtert werden, die sich bei der Schaffung der Kriegsverfassung aufgrund bundes- und völkerrechtlicher Bestimmungen ergaben.[541] Der Ausschuss setzte sich bis 1822 aus den Vertretern Österreichs, Preußens, Bayerns, Württembergs, Hannovers, Holstein-Lauenburgs und beider mecklenburgischen Staaten zusammen. Da er oft zusammentrat und ihm die Lösung sämtlicher Probleme im Zusammenhang mit den Militärverhältnissen des Bundes oblag, wurde der Text der Bundeskriegsverfassung de facto in ihm ausgearbeitet, sodass die Bundesversammlung sie zu weiten Teilen nur noch verabschieden musste.[542]

---

540 Hierzu näher Angelow, Von Wien nach Königgrätz, S. 50 ff.

541 Vgl. Ilse, Geschichte der Deutschen Bundesversammlung, Bd. I, S. 725 ff.; Seier, Oberbefehl, S. 7 ff.

542 Vgl. Angelow, Von Wien nach Königgrätz, S. 51.

Nach Fertigstellung der Bundeskriegsverfassung in den Jahren 1821 und 1822 bestand der Militärausschuss als ständiges Gremium des Deutschen Bundes fort, um als Bindeglied zwischen Bundesversammlung und Militärkommission zu dienen.

II. Die Militärkommission

Um die Bundesversammlung in Militärangelegenheiten zu beraten, wurde neben dem Militärausschuss die mit Offizieren besetzte Bundesmilitärkommission gebildet. Diese war zunächst als Militärkomitee für die militärische Beratung bei der Ausarbeitung der Kriegsverfassung vorgesehen und wurde nach Abschluss der Arbeiten im Oktober 1818 vorübergehend aufgelöst.[543] Da sich allerdings rasch die Notwendigkeit eines ständigen militärischen Gedankenaustauschs zeigte, wurde die Militärkommission im März 1819 durch den Bundestag als ständige Institution wieder ins Leben gerufen.[544]

Die Militärkommission setzte sich aus drei Offizieren Österreichs, Preußens und Bayerns sowie drei Offizieren von wechselnden Gliedstaaten der gemischten Armeekorps zusammen. Sie war der Bundesversammlung unterstellt und hatte mit dieser direkt zu kooperieren.[545] Ihre Aufgaben bestanden neben der fachlichen Hilfe in der Sicherstellung der Evidenthaltung der Kontingente und der Aufsicht über die Bundesfestungen.[546]

III. Schlussfolgerungen

Am Beispiel der beiden militärischen Beratungsgremien des Bundes wurde deutlich, dass ihnen eine wichtige Rolle bei der Schaffung und Überwachung der Bundesgesetze zukam. Die Bundestagsbeschlüsse wurden in dem von der Militärkommission beratenen Militärausschuss oft so weit vorbereitet, dass die neuen Bundesgesetze von der Bundesversammlung oft nur noch angenommen werden mussten.[547]

---

543 Vgl. Keul, Militärkommission, S, 63 f.

544 Prot. Bv. vom 15.3.1819, 10. Sitzung, § 37 (S. 117 ff.).

545 Vgl. Angelow, Von Wien nach Königgrätz, S. 51.

546 Siehe zu den Aufgaben Prot. Bv. vom 15.3.1819, 10. Sitzung, § 37 (S. 120 f.).

547 Wie das Beispiel der Korpszuordnung der hessischen Häuser zeigte, war eine Diskussion in der Bundesversammlung auch dann noch möglich, wenn der Bundesmilitärausschuss einen Beschluss weitgehend ausgearbeitet hatte; siehe unten Kapitel 4 B.I.

Obgleich die Vorbereitung der Bundestagsbeschlüsse notwendig und zweckdienlich war, ist der Zusammensetzung der beiden Beratungsgremien zu entnehmen, dass nur Österreich, Preußen und Bayern einen dauerhaften Einfluss auf die konkrete Ausgestaltung der Wehrorganisationsgesetze besaßen, da nur diese Staaten ständig in beiden Beratergremien vertreten waren. Denjenigen Mittel- und Kleinstaaten, die in den Ausschüssen nicht vertreten waren, fehlte folglich die Möglichkeit, durch permanente Instruktion eigener Kommissionsmitglieder direkten Einfluss auf die Militärpolitik des Bundes zu nehmen.[548] Da die wesentlichen gesetzlichen Regelungen von den größten Gliedstaaten oft bereits abgesegnet worden waren, als diese zum Gegenstand einer Bundestagssitzung gemacht wurden, war die tatsächliche Möglichkeit der Einflussnahme auf neue Gesetze für diejenigen Staaten, die nicht bei deren Vorbereitung mitgewirkt hatten, deutlich eingeschränkt.

Je nach Umfang der späteren Diskussionen in der Bundesversammlung konnte die fehlende Möglichkeit zur Vorbereitung der neuen Bundesgesetze demzufolge sogar eine Verkürzung der Entscheidungsbefugnisse derjenigen Gliedstaaten bedeuten, die nicht ständig in den Beratungsgremien vertreten waren.

B. Die Bundeskriegsverfassung

Im Falle eines Bundeskrieges galt es die deutschen Truppenverbände so aufzustellen und zu koordinieren, dass sie wie eine einheitliche Armee agieren konnten. Bereits auf dem Wiener Kongress war erkannt worden, dass es deshalb für ganz Deutschland ein einheitliches Wehrorganisationsgesetz geben muss. In diesem Zusammenhang wurde in Wien zunächst aufgrund des Beschlusses des Deutschen Ausschusses vom 22. Oktober 1814 ein Militärausschuss eingesetzt, der die Grundbestimmungen der Kriegsverfassung ausarbeiten sollte.[549] Da jedoch die beiden Großmächte der Ansicht waren, die Ausarbeitung der Kriegsverfassung solle durch den Bundestag erfolgen, wurde diesem durch Art. 10 BA die „organische Einrichtung in Rücksicht auf seine [...] militärischen [...] Verhältnisse“ übertragen.[550]

Die so beauftragte Bundesversammlung beschloss am 9. April 1821 die „Kriegsverfassung des Deutschen Bundes in ihren allgemeinen Umrissen und wesentlichen

548 Vgl. Angelow, Von Wien nach Königgrätz, S. 52.
549 Vgl. Klüber, Akten, Bd. 2, S. 111.
550 Klüber, Akten, Bd. 2 S. 457.

Bestimmungen";[551] drei Tage später folgten die ersten fünf Abschnitte der „näheren Bestimmungen der Kriegsverfassung des Deutschen Bundes",[552] die gut ein Jahr danach mit den letzten fünf Abschnitten am 11. Juli 1822 komplettiert wurden.[553] Obwohl der Deutsche Bund erst mit der Verabschiedung der Bundeskriegsverfassung seinem äußeren Sicherheitszweck wirklich gerecht werden konnte, dauerte es somit beinahe sieben Jahre, bis das Regelwerk vollständig beschlossen war. Die Ursache hierfür lag nicht nur in Kontroversen bei Grundsatz- und Detailfragen zur Wehrstruktur, sondern auch darin, dass für viele Gliedstaaten die Festigung des restaurativen Systems Priorität genoss.[554]

Die Militärhoheit eines Staates gehört zu dessen essenziellen Herrschaftsrechten.[555] Mit der Bundeskriegsverfassung wurde jedoch ein für den ganzen Bund geltendes Wehrorganisationsgesetz geschaffen. Zur Bewertung der souveränitätsrechtlichen Auswirkungen ist deshalb zu prüfen, inwieweit die inhaltlichen Vorgaben der Kriegsverfassung die Gliedstaaten in der Ausübung ihrer Militärhoheit einschränkten. Darüber hinaus soll, wie bei den Karlsbader Beschlüssen, untersucht werden, ob es bereits bei der Schaffung der Kriegsverfassung zu faktischen Beschränkungen von Souveränitätsrechten einzelner Staaten kam, indem man ihre Interessen nicht angemessen berücksichtigte.

I. Die Entstehung der Kriegsverfassung

Ohne an dieser Stelle generell auf die Kritik einzugehen, die manche Bundesmitglieder in den Bundestagsverhandlungen gegen die Kriegsverfassung äußerten,[556] wird anhand der Korpszuweisung von Hessen-Kassel und Hessen-Darmstadt aufgezeigt, wie bundesrechtlich verbriefte Rechte einzelner Staaten umgangen wurden, um überhaupt einen Konsens zu finden. Hierdurch soll verdeutlicht werden, dass die Herrschaftsbefugnisse der einzelnen Staaten auch auf andere Art als nur durch Gesetze und Maßnahmen des Bundes verkürzt werden konnten.

---

551 Prot. Bv. (Plenum) vom 9.4.1821, § 2 (S. 192 ff.).

552 Prot. Bv. 17. Sitzung vom 12.4.1821, § 102 (S. 204 ff.).

553 Prot. Bv. 24. Sitzung vom 11.7.1822, § 193 (S. 137 ff.).

554 Vgl. Wienhöfer, Das Militärwesen, S. 105.

555 Vgl. Fitschen/Stehr, Eine gemeinsame Armee für Europa, S. 1; Steiger, Staatlichkeit und Mitgliedstaatlichkeit, 57 (70); nach Hobbes ist Souveränität unabdingbar mit dem militärischen Oberbefehl verbunden, vgl. Hobbes, Leviathan, 18, S. 166.

556 Die Verhandlungen zur Kriegsverfassung sind dargestellt bei Kotulla, Die Entstehung der Kriegsverfassung des Deutschen Bundes, S. 130 ff.

1. Das Problem um die Einteilung der hessischen Häuser

Insgesamt drei der geplanten zehn Armeekorps des Bundes sollten aus Kontingenten mehrerer Gliedstaaten zusammengesetzt werden.[557] Hessen-Darmstadt und Hessen-Kassel waren zunächst gemeinsam für das IX. Korps vorgesehen. Neben den beiden hessischen Staaten sollte dieses Armeekorps nur aus Klein- und Kleinststaaten bestehen. Dies hätte die Bildung einer hessischen Division praktisch unmöglich gemacht, weil die andere Division des Korps dann nur aus den Kontingenten von Kleinstaaten bestanden hätte, was aus militärischer Sicht inakzeptabel gewesen wäre.[558]

2. Die Lösungsvorschläge

Die hessischen Staaten beantragten im Bundestag, dem VIII. Korps zugeteilt zu werden. Ihre Rolle im IX. Armeekorps sollte hingegen Sachsen einnehmen.[559] Eine solche Umstrukturierung hätte allerdings das eigentliche Problem nicht gelöst, da es in diesem Fall im IX. Korps neben dem königlich-sächsischen Großverband eine ausschließlich aus Kleinstaaten bestehende Division gegeben hätte, die man gerade verhindern wollte. Die von Hessen vorgeschlagene Einteilung hätte aber auch Vorteile gehabt. Zum einen wären alle sächsischen Häuser im IX. Korps vereinigt gewesen. Außerdem wäre die gemeinsame hessische Division realisierbar gewesen und das VIII. und IX. Korps hätten zudem eine beinahe identische Stärke besessen.[560] Diese Vorteile überzeugten zumindest die süddeutschen Staaten, sodass Württemberg[561] und Baden[562] der von Hessen vorgeschlagenen Heeresstruktur zustimmten.[563]

Auch von sächsischer Seite wurde betont, dass größter Wert auf die Beachtung der verwandtschaftlichen und geografischen Verhältnisse gelegt werden müsse und die sächsischen Häuser aus diesem Grund in einem Armeekorps zusammengefasst

---

557 Hierzu näher unten Kapitel 4 B.II.2(a).

558 Vgl. Kotulla, Die Entstehung der Kriegsverfassung des Deutschen Bundes, S. 190; siehe auch Höbelt, Militätpolitik, S. 114 (118 f.) und die diesbezüglichen Anmerkungen Hessens im Bundestag, abgedruckt in Prot. Bv. 2. Sitzung vom 28.1.1819, § 12 (S. 39 f.).

559 Siehe hierzu die vom Ghzgtm. Hessen vorgeschlagene Einteilung des VIII. und IX. Korps in: Prot. Bv. 2. Sitzung vom 28.1.1819, Beilage zu § 12 (S. 50).

560 Nach dem Kommissionsvorschlag hingegen hätte zwischen den Verbänden ein Unterschied von annähernd 9.000 Mann bestanden.

561 Prot. Bv. 3. Sitzung vom 4.2.1819, § 18 (S. 52).

562 Prot. Bv. 4. Sitzung vom 11.2.1819, § 22 (S. 65).

563 Siehe zu den diesbezüglichen Vor- und Nachteilen Kotulla, Die Entstehung der Kriegsverfassung des Deutschen Bundes, S. 191 f.

werden sollten.[564] Zur Erreichung dieses Ziels legte Sachsen der Bundesversammlung einen veränderten Vorschlag zur Heereseinteilung vor.[565] Nach diesem Entwurf sollten sich Württemberg und Baden im VIII. Korps zusammenfinden. Gleichzeitig sollte sich das Königreich Sachsen im IX. Korps zu einer Division mit den anderen sächsischen Häusern vereinigen. Die zweite Division war für die Truppen der beiden hessischen Staaten plus weiterer Kleinstaaten vorgesehen. Im sächsischen Vorschlag wurden somit auch die Interessen der hessischen Häuser berücksichtigt.

Obwohl alle Gliedstaaten, die ihre Kontingente in eines der beiden betroffenen Armeekorps eingliedern sollten, sich weder mit dem hessischen noch mit dem sächsischen Vorschlag unzufrieden zeigten, wurde keiner von beiden vom Bundestag angenommen. Hauptgrund für eine fehlende allgemeine Akzeptanz waren die Ansichten und Vorstellungen Preußens zu diesem Thema, welches aus „übergeordneten militärischen Interessen" lieber an den Beschlüssen des Bundestagsausschusses festhalten wollte.[566] Nach Ansicht Preußens sei es unvernünftig, wenn Truppen aus dem hessischen Raum nach Schwaben marschieren müssten, um dort ihre Aufgabe im Rahmen des VIII. Armeekorps wahrzunehmen. Hierdurch würde in einem für Gesamtdeutschland wichtigen Gebiet, dem Raum zwischen Saar und Rhein, ein Vakuum entstehen.[567] Daher sei es sinnvoller, wenn sich die sächsischen Truppen nach Oberdeutschland bewegten und die hessischen Einheiten zur Verteidigung des mitteldeutschen Kerngebietes dort verblieben, wo auch deren Fürsten ansässig waren.

Die von Preußen vorgetragenen Argumente waren aus militärstrategischer Sicht zweifelhaft und sind dementsprechend nur nachvollziehbar, wenn der politische Hintergrund in die Betrachtungen einbezogen wird.[568] Preußen fürchtete,

---

564 Prot. Bv. 3. Sitzung vom 4.2.1819, § 18 (S. 52).

565 Prot. Bv. 3. Sitzung vom 4.2.1819, Beilage zu § 18 auf S. 52 (S. 64).

566 Siehe Kotulla, Die Entstehung der Kriegsverfassung des Deutschen Bundes, S. 192.

567 „Kgl.-Preuß. Bemerkungen über die Abstimmungen und Bemerkungen des Bundesgesandtschaften von Baiern, Kgr. Sachsen, Hannover, Württemberg, Baden, Ghzgtm. Hessen, Luxemburg und den sächs. Häusern die Militär-Verhältnisse des Deutschen Bundes betreffend", in: Prot. Bv. 3. Sitzung vom 4.2.1819 (gedruckt loco dictature, nachfolgend abgekürzt:„g. l. d.").

568 Es hätte sicherlich eine größere Schwächung in den Verteidigungslinien bedeutet, wenn die Divisionen und Brigaden des VIII. Armeekorps, wie im Beschluss des Ausschusses vorgesehen, über weite Teile des Bundes verstreut worden wären und dadurch Sachsen kein gemeinsames Verteidigungskonzept mit den übrigen Staaten des VIII. Korps hätte entwickeln können. Daher scheint es militärisch sinnvoller, eine oder beide Divisionen des IX. Korps zur Verteidigung nach Westen zu beordern, um damit im Rahmen des IX. Korps den mitteldeutschen Raum sichern zu können.

durch ein starkes Korps im Südwesten Deutschlands seinen Einfluss in diesem Bereich zu verlieren. Darüber hinaus hätte ein aus Truppen Hessen-Darmstadts, Kurhessens, Badens und Württembergs zusammengesetzter militärischer Großverband die Rheinprovinzen Preußens von dem übrigen preußischen Territorium noch stärker abgetrennt, als dies ohnehin schon der Fall war.[569]

Im Februar 1819 einigte man sich auf Anraten Österreichs in der Bundesversammlung darauf, dass die Gesandten aller betroffenen Bundesstaaten sich unter Beachtung der geltenden Direktivnormen um eine möglichst angemessene und gleichmäßige Einteilung des VIII. und IX. Korps bemühen sollten.[570] Daraufhin wurde der sogenannte Concillatorische Plan erarbeitet.[571] Nach diesem sollten das VIII. und IX. Korps etwa gleich groß sein und jeweils etwa 31.500 Mann umfassen, wobei die Truppen Hessen-Kassels und Hessen-Darmstadts zwei unterschiedlichen Armeekorps angehören sollten. Das Großfürstentum und Kurhessen wären durch diesen Vorschlag mithin noch schlechter gestellt worden, als dies durch den ursprünglichen Vorschlag bereits der Fall war. Deshalb verweigerten die beiden hessischen Staaten ihre Zustimmung.[572] Preußen hingegen befürwortete den Concillatorischen Plan, da hierdurch ein Abdriften der beiden hessischen Staaten aus seiner Einflusssphäre verhindert zu sein schien.[573]

Die Gesandten Hessens bezogen sich in ihren Stellungnahmen zu dem neuen Plan auf die Direktivnormen vom 9. April 1818, nach denen der Bund gehalten war, die nachbarschaftlichen und verwandtschaftlichen Verhältnisse seiner

---

Ohnehin bestand hier, wie auch von Hessen später noch vorgetragen wurde, kein Machtvakuum, da die Truppen Bayerns sich in unmittelbarer Nähe befanden.

569 Ebenso gesehen von Kotulla, Kriegsverfassung, S. 192. Die Unzulänglichkeiten in der preußischen Argumentation wurden auch vom Großherzogtum Hessen erkannt und entsprechend gewertet. In seiner Erwiderung verneinte es die Existenz einer Verteidigungslücke im mittelrheinischen Gebiet bei einer Verbindung der hessischen mit den schwäbischen und badischen Kontingenten. Diese bestehe schon deshalb nicht, weil sowohl die preußischen als auch die bayerischen Truppen zur Verteidigung dieses Gebietes bereitstünden und außerdem mehrere Festungen dieses Gebiet zusätzlich sicherten; vgl. hierzu „Ghzgl.-Hessische Notamina zu den Kgl.-Preuß. Bemerkungen über die diesseits vorgeschlagene Corps-Eintheilung“, in: Prot. Bv. 5. Sitzung vom 18.2.1819 (g. l. d.).

570 Vgl. Prot. Bv. 5. Sitzung vom 18.2.1819, § 25 (S. 81 f.).

571 Vgl. Prot. Bv. 7. Sitzung vom 4.3.1819, § 29 (S. 88 f.).

572 Vgl. Prot. Bv. 7. Sitzung vom 4.3.1819, § 29 (S. 89 ff.).

573 Vgl. Prot. Bv. 7. Sitzung vom 4.3.1819, § 29 (S. 89); hierzu näher: Kotulla, Die Entstehung der Kriegsverfassung des Deutschen Bundes, S. 194 ff.

Gliedstaaten angemessen zu berücksichtigen.[574] Die beiden hessischen Staaten betonten, dass sie sowohl verwandtschaftliche als auch nachbarschaftliche Beziehungen verbanden. Aus diesem Grund bestanden sie auf der Bildung einer gemeinsamen Division.[575]

Die Diskussion um die Heereseinteilung stellte nicht zuletzt ein rechtliches Problem dar. Streitig war in diesem Zusammenhang insbesondere, ob die beiden hessischen Staaten mit einfachem Mehrheitsentschluss gezwungen werden konnten, eine Korpseinteilung auch gegen ihren Willen zu akzeptieren. Der Kernpunkt dieser Frage war, ob vom Grundsatz der Direktivnormen abgewichen werden konnte, wenn die Mehrheit der Gesandten der Bundesversammlung dies befürwortete, oder ob hierfür ein einstimmiger Beschluss des Plenums herbeigeführt werden musste.[576]

Kurhessen und Hessen-Darmstadt waren der Ansicht, dass mit den Direktivnormen vom 9. April 1818 ein genereller Grundsatz aufgestellt worden sei, der einem allgemein gültigen Bundesgesetz gleichkomme.[577] Nach Art. 7 BA konnten solche Rechtsnormen nur durch einstimmige Entscheidung geändert werden. Aus diesem Grund nahmen die hessischen Staaten an, sie dürften nicht gegen ihren Willen gezwungen werden, eine Korpseinteilung zu akzeptieren, bei der ihre verwandtschaftlichen und nachbarschaftlichen Beziehungen keine Berücksichtigung fanden.

Diese Rechtsauffassung wurde am 29. März 1819 untermauert, indem die hessischen Staaten erklärten, dass es sich bei der Korpseinteilung um eine „Erfüllung organischer Normen“ handele und infolgedessen gemäß Art. 7 BA darüber nur einstimmig entschieden werden könne.[578]

Die Direktivnormen und deren Anwendung wurden von den übrigen Staaten anders bewertet als von den beiden hessischen Häusern. Hierzu wurde der konkrete Wortlaut der Bestimmungen vom 9. April 1818 herangezogen. Demnach müsse die Korpseinteilung „mit gehöriger Beachtung geographischer und verwandtschaftlicher Verhältnisse“ erfolgen. Nach Auffassung der Präsidialmacht habe die Situation der hessischen Staaten gehörige Beachtung gefunden, weil drei Pläne zur Korpseinteilung vorgelegt worden seien, in denen die beiden hessischen Staaten jeweils demselben Korps zugeteilt werden sollten. Alle drei seien jedoch von

574 Siehe Prot. Bv. 16. Sitzung vom 9.4.1818, § 84 (S. 146 ff.).
575 Vgl. Kotulla, Die Entstehung der Kriegsverfassung des Deutschen Bundes, S. 197.
576 Siehe zu den Voraussetzungen hierfür oben Kapitel 3 A.II.2.
577 Vgl. Prot. Bv. 9. Sitzung vom 11.3.1819, § 31 (S. 102).
578 Vgl. Prot. Bv. 12. Sitzung vom 29.3.1819, § 40 (S. 126).

den hessischen Häusern abgelehnt worden.[579] Die Vorgabe, die verwandtschaftlichen Verhältnisse zu beachten, sei somit befolgt worden, zumal diese Ausnahmen zulasse, wenn „zum Wohl und Bestand des Bundes“ keine andere Möglichkeit mehr in Betracht komme.[580]

Bezüglich der Einordnung der Direktivnormen als organischer Beschluss des Bundestages erwiderte das Präsidium pragmatisch, dass die Abstimmung über organische Einrichtungen im Plenum zu erfolgen habe, die Direktivnormen jedoch im Engeren Rat beschlossen worden seien und sie somit nur einfachgesetzlichen Charakter haben können, weshalb über sie auch mit einfacher Mehrheitsentscheidung disponiert werden dürfe.

Da die hessischen Staaten keine Möglichkeit sahen, die eigene Rechtsposition gegenüber der geschlossenen Mehrheit des Bundestages durchzusetzen, fügten sie sich schließlich dem Concillatorischen Plan und beschrieben diesen Schritt als „patriotisches Opfer ihrer Nachgiebigkeit“.[581] Da sie sich der Tatsache bewusst waren, dass sie ihre eigene rechtliche Auffassung in dieser Form nicht durchsetzen konnten, vermieden sie so das Eingeständnis einer Niederlage.[582]

3. Fazit

Das Beispiel der Korpszuteilung der beiden hessischen Häuser zeigt, dass insbesondere Österreich und Preußen die eigenen Interessen über die Souveränitätsgarantie der Bundesgrundgesetze stellten.

Weil die Korpseinteilung zum einen unter dem Aspekt der verwandtschaftlichen Beziehungen im Bundestag erörtert wurde und diese zum anderen nur zur Ausfüllung einer organischen Norm, nicht aber zur Schaffung einer solchen diente,[583] kann in dem vom Bundestag gewählten Vorgehen kein Verstoß gegen die Direktivnormen oder Art. 7 BA gesehen werden.

Die verwandtschaftlichen Beziehungen der beiden hessischen Staaten hätten jedoch ohne negative Auswirkungen auf die Verteidigungsbereitschaft des Bundes beachtet werden können, wenn sich auch Österreich und Preußen dem Vorschlag Sachsens vom 4. Februar 1819 angeschlossen hätten. Die fehlende Akzeptanz des sächsischen Vorschlags beruhte folglich ausschließlich auf Eigeninteressen der

579 Vgl. Prot. Bv. 9. Sitzung vom 11.3.1819, § 31 (S. 106).
580 Prot. Bv. 9. Sitzung vom 11.3.1819, § 31 (S. 106).
581 Prot. Bv. 12. Sitzung vom 29.3.1819, § 40 (S. 126).
582 Vgl. Kotulla, Die Entstehung der Kriegsverfassung des Deutschen Bundes, S. 199.
583 Vgl. Kotulla, Die Entstehung der Kriegsverfassung des Deutschen Bundes, S. 199.

beiden deutschen Vormächte und nicht auf bundessicherheitspolitischen Erwägungen. Den hessischen Häusern wurde folglich die von ihnen favorisierte Einteilung des Bundesheeres nur deshalb verwehrt, weil diese den (ohnehin bundesrechtswidrigen) Hegemonialinteressen Preußens in Südwestdeutschland entgegenstand.[584] Die Rechte der hessischen Häuser wurden aus diesem Grund in unangemessener Weise missachtet.

II. Die Regelungen der Kriegsverfassung

Nicht nur aus der Entstehungsgeschichte, sondern insbesondere auch aus den inhaltlichen Regelungen der Kriegsverfassung lassen sich Rückschlüsse zum Umfang der Herrschaftsbefugnisse der Bundesmitglieder herleiten.

1. Das Bundesheer als Kontingentsarmee

Um die in den Bundesgrundgesetzen verbriefte Souveränität und die Bildung eines Bundesheers miteinander in Einklang bringen zu können, stand seit dem Beginn der Verhandlungen zur Kriegsverfassung fest, dass der Deutsche Bund kein Heer mit einer bundeseinheitlichen Führungsstruktur erhalten konnte, da dies den Verlust der Militärhoheit der Gliedstaaten bedeutet hätte.[585] Statt einer gesamtdeutschen Einheitsarmee kam mithin im Wege des gebotenen Ausgleichs der Sicherheits- und Souveränitätsinteressen nur die Bildung eines Kontingentsheeres in Betracht.[586] Art. 1 GKV legte hierzu schlicht fest, dass das Bundesheer aus den Kontingenten der deutschen Staaten zusammengesetzt ist.

Auch bei der Organisation des Militärapparats des Deutschen Bundes wurde demzufolge versucht, die oft gegenläufigen Zielvorgaben „gliedstaatliche Souveränität“ und „gemeinsame Bundessicherheit“ miteinander in Einklang zu bringen. Inwieweit dieser Interessenausgleich gelang, lässt sich nur anhand der konkreten Rechte und Pflichten, die die Kriegsverfassung für die Bundesmitglieder statuierte, sowie deren Umsetzung beurteilen.

584 Siehe hierzu auch Höbelt, Militärpolitik, S. 114 (119 f.).

585 Vgl. Huber, Verfassungsgeschichte, Bd. I, S. 610.

586 Bei einem Kontingentsheer handelt es sich um einen föderativen Zusammenschluss mehrerer Armeen verschiedener Staaten, die nur militärorganisatorisch, nicht aber politisch in eine gemeinsame Befehlsstruktur eingebunden werden; siehe Huber, Verfassungsgeschichte, Bd. I, S. 610.

2. Struktur und Größe des Bundesheeres

Das Bundesheer bestand gemäß Art. 4 GKV, Artt. 23 ff. NBKV aus insgesamt zehn Armeekorps, die sich aus jeweils mindestens zwei Divisionen zu je zwei Brigaden zusammensetzten.

Die Vorschriften über die Struktur und Größe des Bundesheeres begründeten keine Kompetenzen des Bundes, weshalb sie sich nur mittelbar auf die Souveränität der deutschen Staaten auswirken konnten. Anhand dieser Normen bestimmte sich jedoch der Umfang der Militärleistungen, die die einzelnen Gliedstaaten für den Bund aufzuwenden hatten. Die Pflicht zur Bereithaltung von Streitkräften stellte für die Gliedstaaten eine Einschränkung ihrer Dispositionsbefugnisse in Bezug auf die eigenen militärischen Verhältnisse dar. Die Dispositionsbefugnis wiederum ist Ausfluss der staatlichen Herrschaftsbefugnisse. Damit standen Heeresstruktur und -größe tatsächlich in einem (zwar mittelbaren, aber deutlich erkennbaren) Zusammenhang mit der gliedstaatlichen Souveränität.

(a) Korpseinteilung

Auch bei der Einteilung des Bundesheeres wurde die besondere Stellung der Großmächte deutlich. Gemäß Art. 4 GKV setzten sich die einzelnen Armeekorps entweder aus den Kontingenten eines oder mehrerer Gliedstaaten zusammen. Die Kontingente Österreichs und Preußens bildeten dabei jeweils drei homogene Armeekorps. Daneben bestand nur noch das bayerische Armeekorps aus den Truppen eines einzelnen deutschen Staates. Alle anderen Korps setzten sich aus den Kontingenten mehrerer Staaten zusammen.[587] Die Unterscheidung zwischen gemischten und ungemischten Armeekorps war dem Umstand geschuldet, dass Österreich, Preußen und Bayern mehr Einwohner hatten als die anderen Staaten und die von ihnen zu stellenden Truppen somit ein bzw. mehrere Armeekorps auffüllen konnten.[588]

Diejenigen Gliedstaaten, deren Militärkontingente ein gemeinsames gemischtes Armeekorps bildeten, sollten sich gemäß Art. 6 GKV nach Möglichkeit untereinander über dessen Einteilung verständigen. Nur wenn dies nicht gelang, oblag diese Aufgabe der Bundesversammlung.

---

587 Die Einteilung der drei gemischten Armeekorps ist abgedruckt in Prot. Bv. Beilage zur 3. Sitzung vom 4.2.1819 (S. 64).

588 Siehe zur Ermittlung der Kontingentsgröße anhand der Bundesmatrikel Kapitel 4 B. II.2(b).

(b) Heeresgröße

Die Größe des Bundesheeres bestimmte sich nach § 1 NBKV. Durch diese Norm wurde festgelegt, dass das „gewöhnliche Contingent eines jeden Bundesstaates [...] den hundertsten Theil seiner Bevölkerung" beträgt. Bevor man sich im Bundestag auf diese Regelung einigen konnte, waren zahlreiche kontroverse Debatten notwendig.[589] So forderte beispielsweise Bayern ursprünglich, dass die Kriegsgröße des Bundesheeres erst mit dessen Aufstellung festgelegt werden solle.[590] Da der Bundeszweck konterkariert worden wäre, wenn die Gliedstaaten erst im Kriegsfall zur Aufstellung und Ausbildung ihrer Armeekontingente aufgefordert worden wären, stellten die Großmächte klar, dass die Festlegung und Bereithaltung des Bundesheeres zu Friedenszeiten nicht zur Disposition stand.[591] Österreich und Preußen hatten sich außerhalb des Bundestages in geheimen Sitzungen bilateral darauf verständigt,[592] dass die Friedensstärke des Bundesheeres 0,4 Prozent der Bevölkerung und die Kriegsstärke inklusive der Reserve 3 Prozent der Bevölkerung, mithin knapp eine Million Mann, ausmachen solle.[593]

Während die von den Großmächten veranschlagte Friedensstärke von den kleineren Gliedstaaten entweder akzeptiert oder sogar als unzureichend moniert wurde,[594] bestand unter den Mittelstaaten weitgehende Einigkeit darüber, dass eine Kriegsstärke von 3 Prozent der Bevölkerung ihre Leistungsfähigkeit deutlich überstrapazieren würde.[595] Die beiden Großmächte konnten sich gegen den Widerstand der Mittelstaaten nicht mit ihren Forderungen zur Kriegsstärke durchsetzen, was schließlich zu der in Art. 1 Abs. 2 NBKV normierten Ein-Prozent-Regelung führte. Zusätzlich musste gemäß Art. 4 Abs. 1 NBKV eine Reserve von einem Sechstel Prozent der Bevölkerung gestellt werden, die zum Ausgleich der erlittenen Verluste dienen sollte. Soweit die Reserve in den aktiven Dienst übergeleitet wurde, war sie wieder aufzufüllen. Insgesamt war die Aufstockung der Reserve jedoch gemäß Art. 5 NBKV auf ein halbes Prozent pro Kriegsjahr begrenzt.

---

589 Der Inhalt dieser Debatten ist dargestellt bei Kotulla, Die Entstehung der Kriegsverfassung des Deutschen Bundes, S. 139 ff.

590 Vgl. Prot. Bv. 37. Sitzung vom 23.6.1817, § 259 (S. 290).

591 Vgl. Prot. Bv. 3. Sitzung vom 19.1.1818, § 9 (S. 168).

592 Vgl. Burg, Deutsche Trias, S. 96.

593 Prot. Bv. 3. Sitzung vom 19.1.1818, § 9 (S. 170).

594 Sachsen schloss sich beispielsweise dem Vorschlag an; Hannover hingegen sah darin eine faktische Entwaffnung weiter Teile Deutschlands, siehe Prot. Bv. 11. Sitzung vom 23.2.1818, § 39 (S. 7 ff).

595 Vgl. Prot. Bv. 15. Sitzung vom 6.4.1818, § 76 (S. 116 f.).

Grundsätzlich wurden bei der Ausgestaltung der Vorschriften zur Heeresstärke alle Gliedstaaten – auch die kleinsten – gleich behandelt. Die Regelung über die zu stellenden Truppen beruhte damit auf dem vom preußischen Bundestagsgesandten auf den Punkt gebrachten Grundsatz: „Gleiche Rechte setzen gleiche Verbindlichkeiten voraus".[596] Diese Aussage Preußens wäre allerdings nur richtig gewesen, wenn die Verbindlichkeiten auch faktisch alle Staaten gleich getroffen hätten. Dies war jedoch nicht der Fall, da die größeren deutschen Staaten ohnehin ein starkes Heer unterhielten, das genutzt werden konnte, um die Bereithaltungspflichten des Bundes zu erfüllen.[597] Österreichs Armee hatte beispielsweise eine (theoretische) Sollstärke von etwa 400.000 Mann[598], und Preußens Heer brachte es auf eine Kriegsstärke von etwa einer halben Million Soldaten.[599] Damit besaßen beide Großmächte wesentlich größere Streitkräfte, als der Bund ihnen abverlangte. Die meisten Mittelstaaten wollten hingegen keinen zu großen Teil

---

596 „Kgl.-Preußische Bemerkungen ueber die Kgl.-Baierischen Bemerkungen", in: Prot. Bv. 3. Sitzung vom 4.2.1819 (g. l. d.).

597 § 28 NBKV verlangte insofern nicht, dass die für den Deutschen Bund bereitgehaltenen Truppen nicht aus den Streitkräften des Gliedstaates bestanden.

598 Auch wenn diese Zahlen tatsächlich nie erreicht wurden (vgl. Angelow, Von Wien nach Königgrätz, S. 67). Die politische Größe des Kaiserreichs spiegelte sich nämlich nur bedingt auch in dessen Militär wider. Statt der nominalen Stärke von etwa 400.000 Mann lag die Zahl der aktiven Soldaten wegen vieler Beurlaubungen nur bei etwa 210.000 bis 230.000 Mann, was den tatsächlichen Handlungsspielraum im Falle eines Krieges eingeschränkt hätte (vgl. Angelow, Von Wien nach Königgrätz, S. 67). Obwohl viele notwendige Investitionen aufgrund einer immer angespannteren Finanzlage ausblieben, war das österreichische Heer dennoch allein aufgrund seiner Größe den Armeen aller deutschen Mittelstaaten deutlich überlegen (vgl. Niemeyer, Das Österreichische Militärwesen, S. 45).

599 Siehe Engels, Die Armeen Europas, S. 444. Preußens Finanzlage war nach den Befreiungskriegen zunächst recht angespannt. Bei der Gründung des Deutschen Bundes zählte die preußische Armee deshalb gerade einmal 130.000 Mann. Verglichen mit dem Heer zur Regierungszeit Friedrichs des Großen war dies ein relativ kleiner Militärapparat: Vormals hatte das nur halb so bevölkerungsreiche Preußen eine Armee von rund 200.000 Soldaten besessen (vgl. Engels, Die Armeen Europas, S. 444). Die zunehmende Konsolidierung des Staatshaushaltes führte jedoch dazu, dass Preußen im Jahr 1850 mit einem Militärbudget, das 37,8 Prozent des Staatshaushaltes ausmachte, im bundesweiten Durchschnitt mit weitem Abstand an der Spitze bei den Militärausgaben lag und so seine militärische Stärke immer weiter zunahm (vgl. Angelow, Von Wien nach Königgrätz, S 85).

ihres Staatsbudgets für das Militär aufwenden[600], und das Gros der Kleinstaaten unterhielt nur eine Armee, die diese Bezeichnung kaum verdiente.[601] Aus diesem

---

600 Der Gruppe der Mittelstaaten gehörten Bayern, Württemberg, Hannover, Sachsen, Baden, das Großherzogtum Hessen, Kurhessen, Holstein, Luxemburg und Mecklenburg-Schwerin an, wobei nachfolgend vier von ihnen exemplarisch dargestellt werden. **Bayern:** Bei der Finanzierung des bayerischen Militärs herrschte regelmäßig Geldknappheit, weshalb die 24 bayerischen Regimenter und die Artilleriebrigade keine Streitmacht darstellten, die für hegemoniale Zwecke geeignet gewesen wäre (zum bayerischen Militär: Ostertag, Militärgeschichte, S. 160 ff.; Petter, Mittelstaaten, S. 289 ff.). **Württemberg:** Auch der württembergische Militärhaushalt war notorisch knapp bemessen (der Militäretat sank zwischen 1820 und 1830 von 2,3 auf 1,8 Millionen Gulden, vgl, Petter, Mittelstaaten, S. 284). Dies hatte zur Folge, dass von den insgesamt 21.000 Soldaten, die das Heer umfasste, nur etwa ein Drittel wirklich unter Waffen stand. Der Rest der Truppe wurde nach der Grundausbildung auf unbestimmte Zeit in den Urlaub entlassen (vgl. Ostertag, Militärgeschichte, S. 163). Selbst wenn es Württemberg gelungen wäre, seine Truppen vollständig zu mobilisieren, hätten mit einer Armee dieser Größe weder eine effektive Eigenverteidigung sichergestellt noch hegemoniale Ziele erreicht werden können.
Hannover: Hannover lag mit seinen Militärausgaben insgesamt im Mittelfeld der Staaten des Deutschen Bundes und war der einflussreichere der beiden norddeutschen Mittelstaaten (vgl. Wersebe, Geschichte der hannoverschen Armee, S. 257 ff).
Baden: Durch die Gründung des Bundes sollte insbesondere auch ein effektiver Schutz Deutschlands vor potenziellen Angriffen Frankreichs ermöglicht werden. Hiervon profitierte Baden mehr als alle anderen Gliedstaaten, weil es eine lange Grenzlinie mit Frankreich besaß und die relativ kleine badische Armee nicht in der Lage gewesen wäre, sich selbstständig gegen einen französischen Angriff zu verteidigen. Deshalb vertraute man politisch und militärisch auf den Schutz durch den Bund. Eigene Militärausgaben erschienen aus der Sicht Badens daher nur noch bedingt notwendig, was dazu führte, dass der Militäretat bis 1840 auf 10,8 Prozent der Bruttoeinnahmen zusammengekürzt wurde (vgl. Petter, Mittelstaaten, S. 278).

601 **Nassau** lag mit seiner Größe von 4.700 km² und mit etwa 300.000 Einwohnern zwischen Mittel- und Kleinstaat (vgl. Petter, Mittelstaaten, S. 278). Dennoch wäre der nassauische Militärapparat nicht geeignet gewesen, das eigene Territorium erfolgreich zu verteidigen. Zum einen war die Truppenstärke mit einer Infanteriebrigade und zwei Artilleriekompanien dafür schon von seiner Konzeption her viel zu klein (siehe Matuschka/Petter, Organisationsgeschichte, S. 336 f.). Zum anderen betrug die Friedenspräsenz des Heeres nur etwa 20 Prozent der Sollstärke, da der Rest der Truppenteile ständig beurlaubt war (vgl. Wacker, Das nassauische Militärwesen, S. 82).
Sachsen-Altenburg besaß 1818 etwa 98.000 Einwohner und erlangte 1826 durch das Aussterben der Linie Sachsen-Gotha-Altenburg die Unabhängigkeit (vgl. Angelow, Von Wien nach Königgrätz, S. 323). Auch das einzige (und dazu noch völlig wehrunfähige) altenburgische Bataillon wurde durch dieses Ereignis eigenständig. Als

Grund mussten viele kleinere Gliedstaaten nur wegen der Bundesforderungen eine eigene Armee aufstellen, während die größeren dem Bund lediglich mitzuteilen brauchten, welche ihrer Truppen zukünftig das Bundeskontingent bilden sollten.[602]

Die negative Entscheidungsfreiheit darüber, ob und in welchem Umfang ein Staat eigene Militäreinheiten bildet, war somit eingeschränkt, weil die einzelnen Staaten nicht mehr selbst über den Mindestumfang der bereitzuhaltenden Truppen bestimmen durften, wobei die Auswirkungen dieser Bundesvorschriften viele der Kleinstaaten jedoch härter trafen als die Großstaaten.

Um den Militärbeitrag der einzelnen Staaten zum Bund bestimmen zu können, wurden die hierfür maßgeblichen Bevölkerungszahlen in der Bundesmatrikel verbindlich festgelegt.[603] Im Bundestag bestand weitgehende Einigkeit, dass die

---

die Monarchie im Zuge der Märzrevolution ins Wanken geriet, entsandte die Bundesversammlung gleich zweimal sächsische, hannoversche und preußische Truppen, um zu verhindern, dass die altenburgische Regierung von den eigenen Untertanen entmachtet wurde (siehe hierzu Meyers Konversationslexikon, Bd. XIV, S. 145). Wie man hieran erkennen kann, benötigte man in Kleinstaaten wie Altenburg selbst für innere Unruhen die Unterstützung anderer Staaten, da das eigene Militär nicht einmal solchen Herausforderungen gewachsen war. Um die Beispiele fortzusetzen: **Sachsen-Weimar** besaß nur zwei Infanteriebataillone; **Altenburg** sogar nur ein einziges (siehe Matuschka, Petter, Militärgeschichte, S. 340 ff.). Auch in allen anderen Kleinstaaten war die militärische Ausgangslage vergleichbar. So wurden bei der oldenburgischen Brigade Mängel der kriegsmäßigen Ausrüstung festgestellt (vgl. Pleitner, Oldenburg im 19. Jahrhundert, Bd. I, S. 371 f.) und das braunschweigische Heer bestand nur aus einem Infanterie- und einem Husarenregiment (vgl. Matuschka/Petter, Organisationsgeschichte, S. 339).

602 Reuß forderte aus diesem Grund beispielsweise sogar, dass von den Kleinstaaten einerseits nur die Gestellung von Infanterie verlangt werden solle und diese auch zahlenmäßig hinter den Truppen der größeren Gliedstaaten zurückbleiben müsse, siehe „Einige Bemerkungen und Wünsche der Fürstlichen Häuser Hohenzollern, Liechtenstein, Reuß, Schaumburg-Lippe, Lippe und Waldeck über die Militärverfassung des deutschen Bundes“, in: Prot. Bv. 3. Sitzung vom 4.2.1819 (g. l. d.). Oldenburg wiederum betonte, dass große Streitkräfte nun einmal nur von großen Staaten unterhalten würden: „Große Staaten entwickeln große Streitkräfte für ihr eigenes politisches Ansehen und für ihre Sicherheit … Schwerlich wird aber der, der mit gleicher Anstrengung einige Tausend oder einige Hundert Streiter stellt, einen jener Zwecke erreichen; seine Leistung ist daher bloß passive Pflicht, keine Selbstbefriedigung“, aus: Ilse, Geschichte der Deutschen Bundesversammlung, S. 370.

603 Vgl. Bundesbeschluss über die Matrikel abgedruckt bei Kotulla, Verfassungsrecht, Bd. I, S. 664 ff.

Bevölkerungszahlen nicht durch den Bund, sondern durch dessen Mitglieder ermittelt werden sollten.[604] Da diese ihre genaue Bevölkerungszahl noch nicht erfasst hatten, wurde anhand der vorhandenen Informationen zunächst eine vorläufige Matrikel gebildet.[605] Sobald die Gliedstaaten genauere Angaben zu ihrer Bevölkerungszahl machen konnten, spätestens aber nach fünf Jahren, sollte dann die vorläufige Matrikel durch eine endgültige ersetzt werden.

Tatsächlich wurde weder eine endgültige Matrikel beschlossen noch die vorläufige an das Bevölkerungswachstum in Deutschland angepasst. Da die Bevölkerung in Deutschland jährlich um etwa 1 Prozent wuchs, wichen reelle Einwohnerzahl und Matrikel im Laufe der Jahre immer weiter voneinander ab.[606] So lebten beispielsweise im Jahr 1815 im Königreich Sachsen etwa 1.179.000 Menschen, wobei die der Matrikel zugrunde gelegte Einwohnerzahl im Jahr 1818 auf realitätsnahe 1.200.000 beziffert wurde.[607] Im Jahr 1848 waren die Zahlen in der Matrikel gegenüber 1818 unverändert. Tatsächlich lebten zu diesem Zeitpunkt in Sachsen jedoch bereits 1.894.000 Einwohner.[608] In Bayern stieg die Bevölkerungszahl im gleichen Zeitraum von 3.707.000 auf 4.520.000,[609] während die Matrikel bei 3.560.000 stagnierte. Im Deutschen Bund erhöhte sich insgesamt die Bevölkerungszahl zwischen 1818 und 1848 von 24.831.000 auf 34.839.000 Einwohner.[610] Damit wird deutlich, dass die vorgenannten Zahlen beispielhaft für alle deutschen Staaten stehen.

Bei Betrachtung der Verhandlungen und Beschlüsse zur Ermittlung der Matrikel und zur Festlegung der Heeresstärke unter dem Aspekt des Interessensausgleichs zwischen Unabhängigkeits- und Sicherheitszweck ist festzustellen, dass der Bundessicherheitszweck bei der gemeinsamen Verteidigungspolitik alles andere als rigoros umgesetzt wurde. Obwohl die Verteidigungsbereitschaft Deutschlands eines der vornehmlichen Ziele des Deutschen Bundes war, mussten die Gliedstaaten nur das notwendige Mindestmaß an Truppen für den Bund bereithalten. Aus diesem Grund wurden ihre Herrschaftsbefugnisse allenfalls gerade so stark eingeschränkt, wie es eine halbwegs effektive Umsetzung des Sicherheitszwecks erforderte. Da die Matrikel nicht an die steigende Bevölkerungszahl angeglichen

604 Siehe Prot. Bv. 15. Sitzung vom 6.4.1818, § 78 (S. 125 ff).
605 Siehe Kotulla, Entstehung der Kriegsverfassung, S. 134 f.
606 Vgl. Hubert, Deutschland im Wandel, S. 44.
607 Vgl. Hubert, Deutschland im Wandel, S. 44.
608 Vgl. Hubert, Deutschland im Wandel, S. 44.
609 Vgl. Hubert, Deutschland im Wandel, S. 44.
610 Siehe Hubert, Deutschland im Wandel, S. 330.

wurde, kann sogar konstatiert werden, dass der Sicherheitszweck in Bezug auf die Verteidigungsbereitschaft Deutschlands hinter den Unabhängigkeitszweck zurücktrat. Dies lässt die Schlussfolgerung zu, dass die Souveränität der deutschen Staaten durch den vorrangigen Zweck des Bundes, nämlich den Schutz vor ausländischen Angriffen, paradoxerweise teilweise weniger stark verkürzt wurde als etwa durch die Karlsbader Beschlüsse, die die Aufrechterhaltung der fürstlichen Autorität zum Ziel hatten.

(c) Verhältnis der Waffengattungen

Da bei der Umsetzung der Kriegsverfassung der Gleichheitsgrundsatz gelten sollte, mussten alle Staaten neben den Infanterietruppen auch Kavallerie und Artillerie bereithalten.[611] Nach Art. 11 NBKV sollte die Kavallerie ein Siebtel der zu stellenden Truppen ausmachen. Außerdem hatten die Gliedstaaten gemäß Art. 12 NBKV zwei Artilleriegeschütze auf je 1.000 Soldaten zu stellen,[612] wobei für die Bedienung eines Feldgeschützes gemäß § 15 NBKV in der Regel 36 Kanoniere veranschlagt wurden, oft aber tatsächlich über 50 Mann notwendig waren.[613]

Nach den für 1818 ermittelten Matrikelzahlen stellten insgesamt 15 deutsche Staaten Kontingente, die aus weniger als 1.000 Soldaten bestanden.[614] Bezüglich dieser Staaten drängt sich die Frage auf, wie sie ein Geschütz stellen sollten, wenn nur eine Artilleriekanone auf 1.000 Soldaten vorgesehen war. Zudem konnten Artilleriegeschütze nur effektiv eingesetzt werden, wenn es mindestens auf Batterieebene operierte, also in einen Verband von etwa sechs bis acht Geschützen eingegliedert war.[615] Eine entsprechende Anzahl an Geschützen konnten aber nur die Gliedstaaten bereithalten, deren Kontingente wenigstens Brigadestärke besaßen.

Da diese Problematik bereits bei den Verhandlungen zur Kriegsverfassung erkannt worden war, schlug Bayern zunächst vor, dass nur die größeren Staaten Kavallerie und Artillerie stellen sollten.[616] Dies stieß bei den betroffenen

---

611 Hierzu Kotulla, Entstehung der Kriegsverfassung, S. 145 ff.

612 Plus ein weiteres als Reserve gemäß Art. 12 S. 2 NBKV.

613 Siehe hierzu Leonhardy, Kriegsverfassung, S. 221.

614 Liechtensteins Kontingent umfasste beispielsweise gerade einmal 55 Soldaten; vgl. Zusammensetzung des Bundesheeres 1822, abgedruckt bei Angelow, Von Wien nach Königgrätz, S. 324.

615 Dies wurde sodann auch in Art. 25 NBKV festgehalten.

616 Siehe die diesbezüglichen Anmerkungen der Kleinstaaten in Prot. Bv. 37. Sitzung vom 23.6.1817, § 259 (S. 291).

Kleinstaaten auf wenig Zustimmung,[617] da sie befürchteten, dass der Bund im Gegenzug für die fehlenden Spezialtruppen einen höheren Infanterieanteil oder gar finanziellen Ausgleich verlangen könnte.[618] Um dies zu verhindern, forderten die kleineren Gliedstaaten eine flexible Lösung, die es ihnen ermöglichte, selbst zu entscheiden, ob sie Kavallerie und Artillerie oder anderweitigen Ersatz stellen mochten.[619]

Eine solche Lösung unterbreitete schließlich Kurhessen: Demnach könnten die einzelnen Gliedstaaten verpflichtet werden, Artillerie und Kavallerie zu stellen, gleichzeitig aber die Möglichkeit erhalten, die eigenen Truppen durch andere Staaten desselben Armeekorps substituieren zu lassen.[620] Dieser Vorschlag wurde schließlich in der Kriegsverfassung umgesetzt, indem der in Art. 11 NBKV normierte Grundsatz, dass alle Bundesmitglieder Truppen aller Waffengattungen aufzustellen hatten, durch Artt. 25, 26 NBKV relativiert wurde. Hiernach war es zulässig, dass die größeren Staaten des Korps bestimmte Truppen in Vertretung für kleinere Staaten desselben Korps stellten, wenn innerhalb des Korps eine Einigung über die Umsetzung solcher Substitutionen zustande kam.[621]

Da sich die in den gemischten Armeekorps zusammengefassten Staaten nicht über die Ausgestaltung der Organisation und Einteilung einigen konnten, kam es hier bis in die 1830er Jahre zu keinen verbindlichen Festlegungen bezüglich der Aufstellung von Artillerie- und Kavallerietruppen.[622] Dies überrascht nicht, denn die Kleinstaaten hatten nur zwei Handlungsoptionen: Sie konnten entweder unter großem finanziellem Aufwand teure Spezialtruppen aufstellen oder sich gegenüber den größeren Staaten ihres Armeekorps im Gegenzug für eine Substitution zu Geldzahlungen verpflichten. Die Substitution durch die Mittelstaaten hätte mit einiger Wahrscheinlichkeit zu einer noch stärkeren militärischen Abhängigkeit geführt, was einem teilweisen Verlust der eigenen Militärhoheit gleichgekommen wäre. Die

---

617 Vgl. Prot. Bv. 14. Sitzung vom 5.3.1818, § 64 (S. 55 ff.).

618 Vgl. Kotulla, Kriegsverfassung, S. 192.

619 Vgl. Höbelt, Militärpolitik, S. 116; siehe auch Ilse, Geschichte der Deutschen Bundesversammlung, S. 370.

620 Vgl. Prot. Bv. 21. (vertrauliche) Sitzung vom 17.8.1820, Registratur (g. l. d.).

621 Siehe hierzu § 25 S. 2,3 NBKV: „Die Stellung dieser Einheit wird der Uebereinkunft der Bundesstaaten, mit der unerläßlichen Bedingniß überlassen, daß sie ganz gleich organisirt, bewaffnet und geübt seyn müsse. Als Grundsatz wird jedoch festgesetzt, daß, im Falle der Vertretung, solche nur im Corps statt finden kann."

622 Vgl. Angelow, Von Wien nach Königgrätz, S. 42.

Aufstellung von Spezialtruppen hingegen wäre teuer und militärisch wenig sinnvoll gewesen.[623]

1830 entband die Bundesversammlung die Kleinstaaten von ihrer Pflicht zur Gestellung von Spezialtruppen für den Deutschen Bund.[624] Die Kontingente der Kleinstaaten wurden fortan in der neu gebildeten Reserveinfanteriedivision zusammengefasst, die zur Verstärkung der Bundesfestungen diente.[625]

Am aufgezeigten Beispiel der Bundespflicht zur Aufstellung von Spezialtruppen lässt sich deutlich die Divergenz zwischen rechtlicher und faktischer Beschränkung von Herrschaftsbefugnissen erkennen. Während des gesamten Bestehens des Deutschen Bundes wurde die Militärhoheit der Gliedstaaten in einem gewissen Rahmen eingeschränkt. Bis 1830 unterlagen die Kleinstaaten zusätzlichen Einschränkungen, weil ihnen durch den Bund vorgegeben wurde, entweder militärisch sinnlose Investitionen zu tätigen oder sich in die Abhängigkeit von einem größeren Gliedstaat zu begeben. Tatsächlich wirkten sich diese Einschränkungen indes kaum auf die Militärverhältnisse der Kleinstaaten aus, da diese weitgehend straffrei die bundesrechtlichen Verpflichtungen ignorieren konnten.[626]

(d) Fazit

Wie sich anhand der mangelhaften Umsetzung der Bundesvorschriften zur Größe und Einteilung des Heeres mit Hilfe des Bundeszwangs und anhand der fehlenden Anpassung der Matrikel an die wirklichen Bevölkerungszahlen erkennen lässt, waren die tatsächlichen Auswirkungen von Bundesgesetzen, die die Herrschaftsmacht der Gliedstaaten beschränkten, nicht immer so ausgeprägt, wie es ihr Regelungsgehalt vermuten ließ.

Daraus, dass der Bund die geforderte Aufstellung der Spezialtruppen gegenüber den Kleinstaaten nicht durchsetzte, darf jedoch nicht geschlussfolgert werden, das Bundesrecht sei für die Gliedstaaten per se unverbindlich gewesen. Wie in Kapitel 5 aufgezeigt wird, war der Bund oftmals bereit, das Bundesrecht – insbesondere

---

623 Gerade in Zeiten, in denen die Militäretats knapp waren, bestand an sinnlosen, aber teuren Ausgaben für die eigenen Streitkräfte nur wenig Interesse. Siehe hierzu Angelow, Von Wien nach Königgrätz, S. 81.

624 Vgl. Prot. Bv. 41. Sitzung vom 9.12.1830 § 314 (S. 1316 ff).

625 Siehe zu den Bundesfestungen unten Kapitel 4 C; zur Reserveinfanteriedivision und deren Aufgaben: Prot. Bv. 7. Sitzung vom 3.3.1831 § 53 (S. 154 ff); siehe auch Angelow, Von Wien nach Königgrätz, S. 107.

626 Hierzu näher in Kapitel 4 B.II.4.

gegenüber Klein- und Mittelstaaten – auch zwangsweise durchzusetzen.[627] An der unzureichenden Umsetzung der Kriegsverfassung ist jedoch zu erkennen, dass die Herstellung der Verteidigungsbereitschaft des Bundes nicht dieselbe Priorität wie die Aufrechterhaltung des monarchischen Systems genoss.

3. Die Befehlsstrukturen im Bundesheer

Die Kommandogewalt der Bundesmitglieder musste zwangsläufig verkürzt werden, wenn ein bundeseinheitliches Oberkommando etabliert werden wollte. Während die Vorschriften zu Größe und Zusammensetzung des Heeres sich nur mittelbar auf die Souveränität auswirkten, konnten die Regelungen zur Befehlsstruktur folglich einen unmittelbaren Eingriff in die Herrschaftsbefugnisse bedeuten.

(a) Der Oberbefehl in Kriegs- und Friedenszeiten

Das Bundesheer setzte sich aus den Kontingenten der Bundesmitglieder zusammen, wobei jedes einzelne Bundeskontingent der Regierung seines Gliedstaates unterstand. Der Sicherheitszweck des Deutschen Bundes konnte jedoch nur erreicht werden, wenn das gesamte Bundesheer eine geordnete Befehlsstruktur erhielt. Andernfalls wäre ein strategisch koordiniertes Vorgehen der Bundestruppen unmöglich gewesen. Demzufolge musste eine Lösung gefunden werden, die das föderale Prinzip des Bundes berücksichtigte, aber auch eine einheitliche Führung des Bundesheeres ermöglichte. Streitpunkt war vor allem die Abgrenzung zwischen den Befehlsgewalten der Gliedstaaten und des Bundes, Letzterer vertreten durch den Stab des Bundesfeldherrn.[628]

Obgleich die Bildung eines gemeinsamen deutschen Heeres einer der Hauptgründe für den Zusammenschluss der deutschen Staaten war, waren sich die meisten von ihnen bei den Verhandlungen zur Kriegsverfassung einig, dass der Bund nur im Kriegsfall das Oberkommando über das Bundesheer übernehmen sollte.[629] Demzufolge war in Friedenszeiten keine einheitliche Bundesheeresführung vorgesehen,

627 Siehe hierzu Kapitel 5.

628 Vgl. Seier, Oberbefehl, S. 12.

629 Wortlaut von § 45 NBKV; in keiner Sitzung der Bundesversammlung zur Verhandlung der Kriegsverfassung äußerte sich irgendein Staat hierzu gegenteilig: vgl. Prot. Bv. 37. Sitzung vom 23.6.1817, § 259 (S. 289 ff.); Prot. Bv. 3. Sitzung vom 19.1.1818, § 9 (S. 171 ff.); Prot. Bv. 16. Sitzung vom 9.4.1818, § 84 (S. 146 ff.).

was wegen der negativen Auswirkungen auf die Effizienz des Heeres insbesondere von der preußischen Generalität kritisiert wurde.[630]

Da der Oberbefehl über die Kontingente somit den Regierungen der Einzelstaaten zustand, wurde deren Militärhoheit im Frieden zwar durch Truppeninspektionen,[631] nicht jedoch durch die Regelungen zum Oberbefehl tangiert. Dies änderte sich jedoch im Fall eines Bundeskrieges.

(b) Die Wahl des Bundesfeldherrn

Im Kriegsfall sollte die Führung des Heeres von einem vom Bund zu bestimmenden Bundesfeldherrn übernommen werden, der ab seiner Ernennung formell nur der Bundesversammlung und nicht der Regierung eines Gliedstaates unterstand.[632] Da dieser zwangsläufig den Reihen des Offizierskorps eines Gliedstaates entstammte, war von einem besonderen Loyalitätsverhältnis zwischen dem Bundesfeldherrn und seinem Heimatstaat auszugehen. Aus diesem Grund strebten alle Bundesmitglieder ein möglichst umfangreiches Mitspracherecht bei der Ernennung des Bundesfeldherrn an.[633]

Österreich und Preußen hatten sich zunächst außerhalb des Bundestages darauf verständigt, dass die Person des Bundesfeldherrn bereits vor dem Kriegsfall bestimmt werden sollte; bei der Aufstellung des Bundesheeres wäre der Oberbefehlshaber dann nur noch mit einfacher Stimmenmehrheit durch den Bundestag zu bestätigen gewesen.[634] Da entweder Österreich oder Preußen das Vorschlagsrecht zuteilgeworden wäre, lehnten die anderen Gliedstaaten diesen Vorschlag im Hinblick auf die damit verbundene Preisgabe ihrer Entscheidungsmöglichkeiten bei der Wahl des Feldherrn ab und beriefen sich dabei auf ihre durch Art. 3 BA statuierte Gleichberechtigung.[635] Österreich und Preußen beugten sich schließlich der Mehrheit und stimmten einer Direktwahl des Oberfeldherrn im Verteidigungsfall zu.[636]

---

630 Siehe Seier, Oberbefehl, S. 13.

631 Hierzu näher unten Kapitel 4 B.II.4.

632 Siehe Art. 47 NBKV.

633 Vgl. Seier, Oberbefehl, S. 12. Welche Schwierigkeiten die Wahl des Oberfeldherrn aufgrund des Dualismus zwischen Österreich und Preußen mit sich ziehen könnte, wird aus zeitgenössischer Sicht dargestellt bei Hirtenfeld (Hrsg.), Militär-Zeitung, Bd. XIII, S. 157.

634 Vgl. Prot. Bv. 3. Sitzung vom 19.1.1818, § 9 (S. 171).

635 Vgl. Meinecke, Leben des Generalfeldmarschalls, S. 288 f.

636 Vgl. Leonhardy, Kriegsverfassung, S. 68.

Die Bestimmungen zur Wahl des Oberfeldherrn wurden in Art. 13 GKV und Art. 45 ff. NBKV festgeschrieben. Während die Grundzüge der Kriegsverfassung in Art. 13 GKV nur vorgaben, dass jedes Mal, wenn die Bundesversammlung die Aufstellung des Kriegsheeres beschloss, auch ein Oberfeldherr gewählt werden sollte, wurde durch Art. 45 NBKV normiert, dass der Oberfeldherr durch einfachen Mehrheitsbeschluss in einer Direktwahl zu bestimmen war.

Auch in Bezug auf die Wahl des Bundesfeldherrn beschränkten die Mitglieder des Bundes die eigenen Entscheidungsbefugnisse letztlich gerade so weit, wie es zur Erreichung des Sicherheitszwecks unerlässlich erschien. Hierzu akzeptierten sie in der Kriegsverfassung, dass sie im Kriegsfall keine Letztentscheidungsbefugnis, sondern nur ein Mitbestimmungsrecht bei der Ernennung der Person hatten, der für die Dauer des Krieges der Oberbefehl über die eigenen Truppen zukam. Gleichzeitig setzte sich kein Gesandter irgendeines Gliedstaates ernsthaft für die Ernennung eines gemeinsamen Oberbefehlshabers bereits zu Friedenszeiten ein, obwohl eine solche Lösung aus militärischer Sicht sinnvoll gewesen wäre.

(c) Die Kompetenzen des Oberfeldherrn

Mit der Darstellung der Regelungen zur Wahl des Oberfeldherrn ist noch nichts zu dessen Kompetenzumfang gesagt. Dieser entscheidet jedoch darüber, ob die Militärhoheit im Kriegsfall weiterhin bei den Gliedstaaten blieb oder auf ein Bundesorgan überging.

Bei der Abfassung der Kriegsverfassung war man sich der Tatsache bewusst, dass eine umfangreiche Übertragung von Kompetenzen auf den Oberfeldherrn einer Preisgabe der eigenen Militärhoheit gleichkommen konnte. Auch in Bezug auf die Kompetenzen des Bundesfeldherrn galt es deshalb einen Weg zu finden, der sowohl den Sicherheitszweck des Bundes als auch die Souveränität seiner Mitglieder berücksichtigte.

Bayern forderte hierzu, dass die Kompetenzen des Oberfeldherrn erst festgelegt werden sollten, wenn dieser ernannt worden sei.[637] Österreich und Preußen, die sich abermals im Vorfeld der Bundestagssitzungen untereinander abgestimmt hatten,[638] beharrten jedoch darauf, die Kompetenzen des Oberfeldherrn bereits in der Kriegsverfassung zu regeln,[639] sodass auch Bayern sich schließlich dieser Auffassung anschließen und damit seine ursprünglichen Vorstellungen aufgeben musste. Zudem waren sich die Großmächte und Bayern einig, dass mit dem

637 Vgl. Prot. Bv. 37. Sitzung vom 23.6.1817, § 259 (S. 293, Nr. 21).
638 Vgl. Kotulla, Die Entstehung der Kriegsverfassung des Deutschen Bundes, S. 201.
639 Vgl. Prot. Bv. 3. Sitzung vom 19.1.1818, § 9 (S. 171 ff.).

Oberbefehl nur militärische und keine politischen Kompetenzen verbunden sein sollten.[640]

Eine wesentliche militärische Kompetenz des Bundesfeldherrn wurde in Art. 49 NBKV festgeschrieben. Hiernach sollte dieser eigenständig einen Operationsplan ausarbeiten, um ihn dann dem Bundestag zu präsentieren. Gemäß Art. 53 NBKV war es dem Oberbefehlshaber gestattet, Waffenstillstände zu vereinbaren. Soweit diese nicht nur aus strategischen Gründen abgeschlossen wurden, sondern auch politische Wirkung entfalten sollten, mussten sie allerdings vom Bundestag genehmigt werden. Art. 54 NBKV gab dem Oberfeldherrn die Befugnis, über die ihm unterstellten Truppen nach eigenem Ermessen zu verfügen.[641] Die innere Einteilung der Kontingente oblag jedoch auch nach dessen Benennung gemäß Art. 58 NBKV weiterhin den Gliedstaaten, die sie stellten. Der Bundesfeldherr musste demzufolge im Kriegsfall die schwierigen Aufgaben lösen, ein Heer zu lenken, das aus Kontingenten verschiedener Einzelstaaten zusammengesetzt war, und einen Operationsplan zu entwerfen, der einer Rechtfertigung vor dem Bundestag standhielt.

Obwohl dem Machtumfang des Oberfeldherrn mithin klare Grenzen gesetzt waren, bedeutete dessen Oberbefehlsgewalt über alle Truppen des Deutschen Bundes für die einzelnen Gliedstaaten, dass diese im Kriegsfall nur noch personell auf ihre Truppen einwirken konnten.[642] Die operativ-militärische Führung ihrer Bundeskontingente hingegen hätten sie praktisch vollständig an den Oberfeldherrn abgeben müssen. Dabei war es diesem im Kriegsfall sogar im begrenzten Umfang möglich, einen indirekten Einfluss auf die politischen Optionen des Bundes zu nehmen, da auch diese zu einem nicht unerheblichen Teil von der Ausgestaltung des Operationsplans abhingen.[643]

(d) Fazit zum Oberbefehl

Am Beispiel des Oberbefehls wird erneut deutlich, in welchem Spannungsverhältnis die Souveränität der Gliedstaaten und der Sicherheitszweck standen.[644] Zu dessen bestmöglicher Umsetzung hätte in der Kriegsverfassung ein permanenter Oberbefehlshaber, durch den die Einsatzbereitschaft des Bundesheeres sichergestellt wird, vorgesehen werden müssen. Hierdurch wäre jedoch die Militärhoheit der einzelnen

640 Vgl. Prot. Bv. 3. Sitzung vom 19.1.1818, § 9 (S. 171 ff.); Prot. Bv. 9. Sitzung vom 16.2.1818, § 33 (S. 209).

641 Er musste hierbei allerdings die grundsätzliche Heereseinteilung beachten.

642 Siehe hierzu Angelow, Von Wien nach Königgrätz, S. 46.

643 Vgl. Angelow, Von Wien nach Königgrätz, 46; Wienhöfer, Militärwesen, S. 61.

644 So auch gesehen von Angelow, Von Wien nach Königgrätz, S. 45.

Gliedstaaten bereits in Friedenszeiten ernsthaft in Frage gestellt worden. Deshalb ging die oberste militärische Befehlsgewalt gemäß Art. 13 GKV erst mit der Aufstellung des Kriegsheeres auf den Bund über.

Bereits in den 1820er Jahren war man sich darüber im Klaren, dass eine Armee nur dann als Sieger aus einem bewaffneten Konflikt hervorgehen kann, wenn sie sowohl das taktische Vorgehen auf Divisions- und Bataillonsebene als auch das strategische Zusammenspiel ganzer Truppenverbände einüben kann.[645] Auch wenn in Art. 32 NBKV gemeinsame Manöver verschiedener Bundeskontingente vorgesehen waren,[646] konnten diese zumindest nicht einheitlich durch einen Bundesfeldherrn koordiniert werden. Es hätte sich damit erst im Kriegsfall gezeigt, inwieweit der Bundesfeldherr in der Lage gewesen wäre, durch seine militärischen Fähigkeiten die Truppen des Bundes zu lenken.[647]

Da der Bund keine Möglichkeit erhielt, aus den Kontingenten der Gliedstaaten bereits zu Friedenszeiten ein homogenes und schlagkräftiges Bundesheer zu formieren, bestand nur eine eingeschränkte Verteidigungsbereitschaft des Bundes. Die Regelungen zum Oberbefehl werden somit nicht ohne Grund in der Literatur als „Schwachstelle" der Kriegsverfassung bezeichnet.[648]

Gleichzeitig wurden die Oberbefehlsregelungen auch dem Unabhängigkeitszweck nicht völlig gerecht. Ein Staat unterhält seinen Militärapparat prinzipiell, um für einen eventuellen Krieg gewappnet zu sein. Im Kriegsfall aber konnten die Gliedstaaten nicht mehr entscheiden, wo und wie ihre Bundeskontingente eingesetzt werden, sodass sie die Befehlsgewalt über die eigenen Truppen verloren hätten. Gerade für Gliedstaaten in exponierter Lage hätte dies dazu führen können, dass bei der Verteidigung des eigenen Territoriums offene Flanken entstehen.[649]

---

645 Vgl. zur zeitgenössischen Einschätzung Schels, Militär-Ökonomie, S. 321 ff.; siehe generell zu militärischen Taktiken und Strategien auch Oestmann, Dazu befehle ich…!, S. 12 ff.

646 Siehe hierzu unten Kapitel 4 B.II.4.

647 Vgl. Wienhöfer, Militärwesen, S. 61.

648 So Kotulla, Verfassungsrecht, Bd. I, S. 116.

649 Hätte sich beispielsweise der Bundesfeldherr bei einem Angriff durch Frankreich dazu entschlossen, die Gebiete Badens und Württembergs nicht an ihren Westgrenzen, sondern in der Tiefe des Raums zu verteidigen, wäre ein solcher Operationsplan aus Bundessicht sicherlich sinnvoll gewesen und vom Bundestag gebilligt worden. Die beiden südwestdeutschen Staaten hätten jedoch hierbei ihre Truppen einer Armee unterstellen müssen, deren Plan die Zerstörung weiter Gebiete des eigenen Territoriums zwangsläufig mit sich gezogen hätte, statt sie effektiv für dessen Verteidigung an der Westgrenze einzusetzen.

Trotz dieser Auswirkungen auf die Befehlsgewalt der Gliedstaaten führten die Oberbefehlsregelungen insgesamt betrachtet nicht zu einer unverhältnismäßigen Preisgabe der Militärhoheit. Denn diese mussten ihre Streitkräfte dem Bundesfeldherrn nur temporär und nur so weit unterstellen, wie es zur Umsetzung des Bundeszwecks unerlässlich war. Da der Oberbefehlshaber zudem seinen Operationsplan der Bundesversammlung vorlegen musste, die ihn hätte ablehnen können, behielten die Gliedstaaten zusätzlich eine mittelbare Kontrolle über alle strategischen Entscheidungen des Bundes, die sich auf einen Einsatz der eigenen Kontingente auswirken konnten.

Darüber hinaus konnten die Gliedstaaten die Kommandogewalt über sämtliche eigenen Streitkräfte im Kriegsfall nur dann verlieren, wenn sie gerade so viele Truppen unterhielten, wie ihnen von der Kriegsverfassung abverlangt wurden. Die Gliedstaaten, deren Bundeskontingente nur einen Bruchteil der gesamten eigenen Streitkräfte ausmachten, verloren hingegen nur die Einflussmöglichkeit auf diejenigen Truppen, die dem Bund unterstellt werden mussten. Da die Armeen Österreichs und Preußens deutlich größer waren als ihre jeweiligen Bundeskontingente, bedeutete dies, dass die beiden Großmächte auch im Kriegsfall nur einen Teil ihres Militärs dem Oberbefehl des Bundes unterstellen mussten. Im Gegensatz zu den Klein- und Mittelstaaten, deren Bundeskontingente meist alle verfügbaren Streitkräfte umfassten, hätten die beiden Großmächte folglich auch während eines Bundeskriegs mit ihren nicht dem Bund unterstellten Truppen noch eigene militärische Ziele verfolgen können, solange keine Bundesinteressen entgegenstanden.

4. Der Bereitschaftsgrad in Friedenszeiten

Um im Kriegsfall die Einsatzbereitschaft des Bundesheeres in kurzer Zeit herstellen zu können, musste ein Mindestbereitschaftsgrad der Bundeskontingente sichergestellt werden. Durch entsprechende Regelungen in der Kriegsverfassung sollten die aus der föderalen Struktur des Bundes resultierenden militärischen Nachteile dabei so weit wie möglich kompensiert werden.[650]

Nach Auffassung des Militärkomitees durften nach Mobilisierungsbeginn nicht mehr als drei Wochen vergehen, bis die volle Kriegsstärke des Bundesheeres hergestellt war.[651] In Art. 28 NBKV wurde die vorgeschriebene Höchstfrist für die

650 Siehe hierzu Seier, Zur Frage der militärischen Exekutive, S. 418 f.

651 Siehe das diesbezügliche Gutachten des Komitees vom 31. März 1818, abgedruckt in GStA Merseburg, Rep. 75 D, Nr. 79, Bl. 8; siehe hierzu auch Angelow, Von Wien nach Königgrätz, S. 43.

Mobilisierung des Bundesheeres schließlich mit vier Wochen veranschlagt; somit wurde der Vorschlag des Militärkomitees weitestgehend aufgegriffen. Trotz dieser relativ kurz bemessenen Mobilisierungsfrist gestatteten die Artt. 30, 31 NBKV den Gliedstaaten, ständig bis zu fünf Sechstel ihrer Soldaten und ein Drittel ihrer Unteroffiziere zu beurlauben.[652] Um die Einsatzbereitschaft trotzdem zu gewährleisten, schrieb Art. 29 NBKV vor, dass alle Bundesmitglieder ständig ausreichend Militärgerät für alle Waffengattungen bereitzuhalten haben. Im Übrigen waren sie gemäß Art. 32 NBKV nur verpflichtet, wenigstens einmal im Jahr eine vierwöchige Übung mit ihrem vollständigen Bundeskontingent abzuhalten. Nach der Revision der Kriegsverfassung im Jahr 1855 musste an diesen Übungen nur noch die Hälfte der Truppen des jeweiligen Kontingents teilnehmen.[653] Die Kleinstaaten sollten diese Manöver so mit anderen Kleinstaaten koordinieren, dass sie wenigstens auf Brigadeebene stattfinden konnten. Weitere gemeinsame Übungen der gemischten Armeekorps waren nicht vorgesehen. Selbst ein bundeseinheitliches Erkennungszeichen sollten die Soldaten der einzelnen Kontingente gemäß Art. 36 NBKV erst im Kriegsfall erhalten.

Nach Art. 43 NBKV waren für Waffenübungen und Dienstreglements in jedem Armeekorps gleiche Grundsätze zu beachten. Auch wenn diese Bestimmung im Abschnitt Mobilmachung normiert worden ist, sollten hierdurch in erster Linie die kleineren Staaten angehalten werden, ihre Friedensmanöver in einer Weise abzuhalten, die der Professionalität der preußischen Militärübungen zumindest nahekam.[654]

Dieses Ziel wurde tatsächlich nie erreicht. So gab es beispielsweise entgegen einem Vorschlag des Militärkomitees aus dem Jahre 1818[655] und dessen Umsetzung in Art. 37 NBKV bis zur Auflösung des Bundes in den verschiedenen Kontingenten der gemischten Armeekorps keine einheitlichen Gewehrkaliber.[656] Ferner einigte man sich nie auf bundeseinheitliche akustische Signale, sodass beispielsweise in Baden und Württemberg, die beide dem VIII. Armeekorps angehörten, ein und dasselbe Signal einmal „Rückzug“ und einmal „Angriff“ bedeutete.[657]

652 Zahlen gelten für die Infanterie; bei der Artillerie und Kavallerie wurde gemäß § 31 lit. b) und c) die Anzahl der bereitzuhaltenden Truppen auf zwei Drittel der Truppe als Regelsatz festgelegt, wovon aber in Ausnahmefällen nach unten abgewichen werden durfte.

653 Siehe Art. 30 NBKV (revidierte Fassung ab 1855).

654 Hierzu auch Schnabel, Kriegs- und Finanzverfassung, S. 35.

655 Vgl. Gutachten des Komitees vom 7. Juli 1818, abgedruckt in GStA Merseburg, Rep. 75 D, Nr. 79, Bl. 47.

656 Vgl. Angelow, Von Wien nach Königgrätz, S. 44.

657 Vgl. Altbadisches Militär Rastatt (e. V.), Unter dem Greifen, S. 99.

Auch die Regelungen zur Bereithaltung der Truppen waren folglich stark von der föderalen Struktur des Deutschen Bundes und dem Widerstreit von Souveränität und Bundessicherheitszweck geprägt.[658] Einerseits wurde versucht, die Nachteile des dezentral organisierten Bundesheeres durch eine kurze Mobilisierungsdauer zu kompensieren. Andererseits gestattete es der Bund seinen Mitgliedern, den Großteil ihrer Truppen quasi permanent zu beurlauben. Insbesondere wegen der großzügigen Beurlaubungsregelung und der rudimentären Manöverpflichten müssen die Einschränkungen, die die Gliedstaaten durch die Bereithaltungsregelungen erfuhren, als gering bewertet werden. Teilweise wird wegen des mangelnden Bereitschaftsgrades des Bundes die Ansicht vertreten, dieser sei seinem Sicherheitszweck nicht gerecht geworden.[659]

Der geringe Bereitschaftsgrad des Bundesheeres wirkte sich jedoch hauptsächlich friedensfördernd aus, da der Deutsche Bund rein faktisch kaum in der Lage war, einen Angriffskrieg gegen einen Nachbarstaat zu führen. Da der Deutsche Bund ohnehin keine hegemonialen Ziele verfolgen durfte, kann konstatiert werden, dass der Unabhängigkeitszweck bei der Verteidigungspolitik Deutschlands zwar Vorrang vor dem Sicherheitszweck genoss, die notwendigen Mindestvoraussetzungen für eine defensiv ausgerichtete gemeinsame Verteidigungspolitik der deutschen Staaten jedoch durch die Kriegsverfassung geschaffen wurden.

5. Bewertung der Kriegsverfassung in Bezug auf die Souveränität

Die Kernaussage zur Struktur des Bundesheeres in Bezug auf die Souveränität statuierte Art. 1 GKV. Er bestimmte, dass sich das Bundesheer aus den Kontingenten der deutschen Gliedstaaten zusammensetzte. Damit unterstanden die Truppen des Bundesheeres dem Bund nur mittelbar. So wurde sichergestellt, dass die deutschen Staaten ihre Militärhoheit behielten. Auch die übrigen Vorschriften der Kriegsverfassung, durch die die Rahmenbedingungen für den verbundenen Einsatz der unterschiedlichen Kontingente geschaffen wurden, enthielten keine so einschneidenden Regelungen, dass hierdurch der Souveränitätsgrundsatz durchbrochen worden wäre.

So schränkten die Näheren Bestimmungen der Kriegsverfassung zwar die negative Entscheidungsfreiheit der Bundesmitglieder ein, indem sie die Mindestanforderungen für die Kontingente festlegten. Dennoch blieb den einzelnen Staaten bei der Bildung ihrer Armeen ein eigener Handlungsspielraum. Zum einen wurden in der Kriegsverfassung nur geringere Mindestanforderungen an die Truppenstärke gestellt,

658 So auch Angelow, Von Wien nach Königgrätz, S. 43.
659 Vgl. Angelow, Von Wien nach Königgrätz, S. 43.

als ursprünglich vorgesehen. Zum anderen waren die Bundesvorgaben durch die Urlaubsregelungen noch einmal deutlich reduziert worden, sodass bei der Pflicht zur Aufstellung der Bundeskontingente eher der Sicherheitszweck hinter den Souveränitätszweck zurücktrat als umgekehrt. Außerdem legten die Bundesgesetze nicht fest, wie viele Truppen ein Gliedstaat maximal unterhalten durfte. Ähnliches galt in Bezug auf die Oberbefehlsregelungen, die die Kommandogewalt der Bundesmitglieder nur im Kriegsfall verkürzten und demzufolge nicht dazu führten, dass diese sich ihre Militärhoheit ständig mit dem Bund teilen mussten.

Da der Bund zudem die Einhaltung der Vorschriften der Kriegsverfassung oft nur kursorisch überwachte, waren die tatsächlichen Auswirkungen der Kriegsverfassung sogar noch geringer, als es die rechtlichen Vorgaben vermuten ließen.

C. Die Bundesfestungen

Die Bundesfestungen waren Bundeseinrichtungen, die „zur gemeinschaftlichen Vertheidigung Deutschlands bestimmt" waren.[660] Sie dienten als Militäranlagen, die auch zu Friedenszeiten unterhalten wurden, vornehmlich zur Sicherung der Westgrenze Deutschlands.[661] Die Regelungen zu den Bundesfestungen setzten mithin, ebenso wie die Kriegsverfassung, den Bundessicherheitszweck um.

Bereits unmittelbar nach Verabschiedung der Bundesakte wurden auf der Pariser Friedenskonferenz die Städte Mainz, Luxemburg und Landau zu Bundesfestungen bestimmt.[662] Deren tatsächliche Inbesitznahme durch den Bund erfolgte sukzessive erst ab dem Jahr 1825. Die Bundesfestungen Ulm und Rastatt wurden sogar erst nach 1840 fertiggestellt.

I. Die generellen Regelungen zu den Bundesfestungen

Die Bundesfestungen waren permanente Anlagen des Deutschen Bundes auf dem Gebiet einzelner Gliedstaaten.[663] Der Grund und Boden, auf dem die Bundesfestungen errichtet wurden, gehörte weiterhin zu deren Staatsgebiet und wurde nicht etwa

660 Prot. Bv. 3. Sitzung vom 19.1.1818, § 9 (S. 172, VIII.).

661 Siehe Angelow, Von Wien nach Königgrätz, S. 57.

662 Vgl. Angelow, Von Wien nach Königgrätz, S. 57.

663 Die Bundesfestung Luxembourg befand sich im Großherzogtum Luxemburg, Landau im Königreich Bayern, Mainz im Großherzogtum Hessen, Ulm im Königreich Württemberg und Rastatt im Großherzogtum Baden.

als Bundesterritorium ausgewiesen.[664] Dennoch galt für die in der Bundesfestung stationierten Truppen ausschließlich Bundesrecht.

Innerhalb der Festungen oblag die militärische Führung dem Festungskommandanten und die administrative Leitung dem Festungsgouverneur. Beide mussten einen Eid darauf schwören, „dieses Amt im Interesse des Bundes nur zu dessen Vertheidigung [zu] führen",[665] wodurch sie direkt dem Bund verpflichtet waren. Gouverneur und Kommandant wurden in der Regel von dem Bundesstaat eingesetzt, der das Gros der Festungsgarnison stellt;[666] teilweise wurden aber auch Vereinbarungen getroffen, durch die zwei Staaten das Recht zur Ernennung der Festungsführung unter sich aufteilten.[667] Obwohl die Besatzungen der Bundesfestungen formell noch den Streitkräften ihres Gliedstaates angehörten, waren sie gleichzeitig der Festungsleitung zum uneingeschränkten Gehorsam verpflichtet.[668] Demzufolge galten für die Festungsbesatzungen auch in Friedenszeiten Bundesbefehlsrechte, die denjenigen des Oberbefehls über das Bundeskriegsheer entsprachen.[669]

Die generellen Regelungen zur Führung der Bundesfestungen schränkten die Ausübung der Befehlsgewalt eines Gliedstaates über die eigenen Streitkräfte grundsätzlich ein, da nur die dem Bund unterstehende Festungsleitung die Befehlsgewalt über die Festungsbesatzung besaß. Tatsächlich aber wurden die militärischen und administrativen Festungsführer von den Garnisonsstaaten so ausgesucht, dass sie vornehmlich die Interessen ihres Fürsten verfolgten und sich erst in zweiter Linie dem Bund verpflichtet fühlten.[670] Der Einfluss auf das eigene Festungskontingent wurde daher nur bei den Staaten tatsächlich eingeschränkt, die nicht gleichzeitig auch die Festungsführung stellten.

II. Die Regelungen für die Festungen Mainz, Luxemburg und Landau

Wie bereits einleitend erwähnt, wurde auf den Pariser Friedenskonferenzen entschieden, Mainz, Luxemburg und Landau zu Bundesfestungen zu erheben. Die generellen Vorgaben für die Bundesfestung Luxemburg waren in der Wiener Kongressakte

---

664 Vgl. Art. 10 des Pariser Vertrags, abgedruckt bei Meyer, CJGC, Bd. II, S. 291.
665 GStA Merseburg, Eidesformel für den Gouverneur, Rep. 75 D, Nr. 198, Bl. 138.
666 Vgl. Angelow, Von Wien nach Königgrätz, S. 58.
667 Vgl. Wienhöfer, Militärwesen, S. 66 ff.
668 Vgl. Wienhöfer, Militärwesen, S. 61.
669 Siehe oben Kapitel 4 B.II.3.
670 Ebenso gesehen von Angelow, Von Wien nach Königgrätz, S. 59.

enthalten.[671] Sie wurden im Oktober 1820 der Bundesmilitärkommission zur inhaltlichen Prüfung übergeben[672] und 1825 von der Bundesversammlung gebilligt.[673] Luxemburg erhielt eine Friedensbesatzung von 4.000 Mann, die sich zu drei Vierteln aus preußischen und einem Viertel aus niederländisch-luxemburgischen Soldaten zusammensetzte.[674] Ab 1856 bestand die Festungsbesatzung in Friedenszeiten nur noch aus preußischen Truppen.[675] Nachdem ab 1831 die Kontingente der Kleinststaaten in der Reserveinfanteriedivision zusammengefasst worden waren, wurde die Kriegsbesatzung um 1.400 zusätzliche Soldaten aus Waldeck, Schaumburg-Lippe und Lippe ergänzt.[676]

Obwohl sich die Festung auf luxemburgischem Staatsgebiet befand, stellte Preußen das Gros der Truppen. Gleichzeitig gelang es Preußen, einen Vertrag mit dem luxemburgischen Großherzog zu schließen, durch den Preußen das Recht erwarb, sowohl den Kommandanten als auch den Gouverneur der Festung Luxemburg zu benennen.[677]

Preußen hatte damit eine handfeste Machtposition in Luxemburg erlangen können. Gleichzeitig lag es im preußischen Interesse, dass im Kriegsfall Truppen anderer Gliedstaaten die Festungsbesatzung verstärkten, um den eigenen Truppeneinsatz möglichst gering halten zu können. Die Verstärkung der Festungsbesatzung durch die Staaten der Reserveinfanteriedivision erfolgte folglich auf den Wunsch Preußens.[678] Für Luxemburg wiederum hatte die Sicherung des eigenen Territoriums gegen Frankreich Vorrang vor der uneingeschränkten Ausübung der Hoheitsrechte im Bereich der Bundesfestung. Auch wenn zu diesem Zweck die gesamte Festungsleitung durch einen Staatsvertrag in preußische Hand gelegt wurde, kann von einer unangemessen starken Verkürzung der Souveränitätsinteressen Luxemburgs nicht die Rede sein, weil dessen Ausbau zur Bundesfestung auch den eigenen Sicherheitsinteressen Luxemburgs entsprach.

---

671 Siehe Kotulla, Verfassungsrecht, S. 117 f.

672 Vgl. Prot. Bv. 29. Sitzung vom 5.10.1820 § 164 (S. 98).

673 Beschluss abgedruckt in Meyer, CJCG, Bd. II, S. 116.

674 Vgl. Angelow, Von Wien nach Königgrätz, S. 60.

675 Vgl. Staatsvertrag zwischen Preußen und Luxemburg, abgedruckt in Meyer, CJCG, Bd. II, S. 662.

676 Siehe Leonhardy, Die Kriegsverfassung des Deutschen Bundes, S. 44 f.

677 Ergänzungs-Traktat mit dem Königreich der Niederlande vom 8.11.1816, in: Gesetz-Sammlung für die königlich preußischen Staaten, Beilage, S. 131.

678 Vgl. Angelow, Von Wien nach Königgrätz, S. 61.

Mainz wurde im Rahmen der Neuordnung Deutschlands territorial dem Großherzogtum Hessen zugeordnet,[679] als Bundesfestung jedoch militärisch unter die direkte Herrschaft des Bundes gestellt.[680] Für sie war nach den Beschlüssen der Karlsbader Konvention vom August 1817 eine Besatzung von insgesamt 7.000 Mann vorgesehen, die sich zur Hälfte aus Truppen Österreichs und Preußens zusammensetzte.[681] Das Großherzogtum, auf dessen Gebiet sich die Festung befand, sollte die Festungsbesatzung mit einem Bataillon verstärken, wurde aber aufgrund von Platzmangel in der Festung selbst von dieser geringen Truppengestellung befreit.

Auch in Bezug auf Mainz musste das Großherzogtum Hessen die tatsächliche Kontrolle über das Festungsgebiet Österreich und Preußen überlassen. Zur Beurteilung des Stellenwertes, den der Bund dem Sicherheitszweck beimaß, ist jedoch ein Blick auf den Ausbaustand der Festung, deren Kriegsstärke 21.000 Soldaten ausmachen sollte, aufschlussreicher. Die Bundesfestung Mainz war so unzureichend dimensioniert, dass bereits in Friedenszeiten die Sollstärke nicht erreicht werden konnte. Daher mussten die Truppen teilweise in Bürgerquartieren in der Stadt untergebracht werden.[682] Außerdem befand sich der Festungskern trotz ständiger Instandsetzungsarbeiten praktisch notorisch in einem baufälligen Zustand.[683]

Für die Bundesfestung Landau war in Friedenszeiten von Anfang an eine rein bayerische Garnison vorgesehen.[684] Nur im Kriegsfall hatte „Baden auf Wunsch Bayerns ein Drittel der auf insgesamt 6.000 Mann anwachsenden Festungsbesatzung zu stellen".[685] Ab 1831 wurde der badische Teil der Kriegsbesatzung durch Truppen der Reserveinfanteriedivision substituiert, die sich aus den Kontingenten von insgesamt sieben Kleinststaaten zusammensetzten.[686] Der militärische Wert dieses zusammengewürfelten Festungskontingents wird bis heute zu Recht als „fraglich" eingestuft.[687]

---

679 Vgl. Kotulla, Verfassungsrecht, Bd. I, S. 117.

680 So beschlossen im Vertrag zwischen Österreich und Preußen vom 30.6.1816, abgedruckt in CJCG, Bd. II, S. 118.

681 Siehe Meyer, CJCG, Bd. II, S. 119 ff.

682 Siehe Angelow, Von Wien nach Königgrätz, S. 60.

683 Vgl. Angelow, Von Wien nach Königgrätz, S. 60, mit Verweis auf GStA Merseburg, Rep. 75 D, Nr. 205, Bl. 52.

684 So vereinbart auf der Pariser Friedenskonferenz, abgedruckt bei Klüber, Staatsarchiv, S. 389; auch in: Prot. Bv. 50. Sitzung vom 8.10.1818, § 232, Beilage 31 (g. l. d.).

685 Angelow, Von Wien nach Königgrätz, S. 61.

686 Siehe Leonhardy, Kriegsverfassung, S. 44.

687 Vgl. Angelow, Von Wien nach Königgrätz, S. 61.

Die Einschränkungen der eigenen Herrschaftsbefugnisse, die Bayern insgesamt durch die Errichtung der Bundesfestung Landau auf seinem Staatsgebiet erfuhr, sind als gering zu bezeichnen. Denn Bayern hätte im Friedensfall keine Truppen anderer Gliedstaaten als Festungsbesatzung auf seinem Territorium geduldet und behielt im Kriegsfall die weitgehende Kontrolle über den nicht-bayerischen Teil der Festungsbesatzung, auch wenn der bayerische Festungskommandant offiziell dem Bund und nicht der bayerische Krone unterstand. Zusätzliche negative Auswirkungen für das bayerische Territorium hätten sich zwar dann ergeben können, wenn die Bundesfestung Landau so in den Gesamtoperationsplan für einen Bundeskrieg einbezogen worden wäre, dass Bayern zu einem Hauptkriegsschauplatz geworden wäre. Je nach strategischer Gesamtlage bestand ein entsprechendes Risiko jedoch immer und wurde durch eine Bundesfestung auf dem eigenen Territorium allenfalls geringfügig erhöht.

III. Die Regelungen für die Festungen Ulm und Rastatt

Ulm und Rastatt wurden erst Anfang der 1840er Jahre zu Bundesfestungen erhoben.[688] Dies ist darauf zurückzuführen, dass man ursprünglich nur eine weitere Festung errichten wollte und sich im Bundestag nicht über deren Standort einigen konnte.[689] Erst ab 1836 wurde erwogen, beide Städte zu Bundesfestungen auszubauen;[690] der Bundversammlungsbeschluss zur Errichtung der Festungen erfolgte 1841.[691]

Die Besatzung der Bundesfestung Rastatt wurde ausschließlich von badischen Truppen gestellt, sodass sich zu Friedenszeiten keine fremden Soldaten auf dem badischen Staatsgebiet befanden. Nur im Kriegsfall sollte die Besatzung auch zu einem Drittel aus Truppen Österreichs bestehen.[692] Insgesamt sollte Rastatt im Kriegsfall bis zu 30.000 Soldaten aufnehmen. Zumindest im Friedensfall waren die Souveränitätsbeschränkungen, die Baden mit der Festung Rastatt erfuhr, demzufolge genauso gering wie diejenigen Bayerns in Bezug auf Landau.

Die Friedensbesatzung Ulms betrug 5.000 Mann; für den Kriegsfall waren 18.000 bis 20.000 Soldaten vorgesehen. Württemberg und Bayern teilten sich das Recht, die Festungsleitung zu ernennen. Dabei einigten sich beide Staaten darauf,

688 Vgl. Schnabl, Kriegs- und Finanzverfassung, S. 39.
689 Vgl. Hassel, Joseph v. Radowitz, S. 228 f.
690 Vgl. Angelow, Von Wien nach Königgrätz, S. 63.
691 Vgl. Sep. Prot. Bv. 7. Sitzung vom 26.3.1841.
692 Vgl. Xylander, Heer-Wesen, S. 2 ff.

sich alle fünf Jahre mit der Ernennung des Gouverneurs und des Kommandanten abzuwechseln.[693] Während die anderen Bundesfestungen Grenzfestungen waren, sollte Ulm als Rückhalt für eine in Südwestdeutschland operierende Armee dienen. Zugleich war die Festung aber auch als Ausgangspunkt für mögliche Operationen gegen Frankreich gedacht. Damit bildete sie einen Kompromiss zwischen der defensiven Konzeption Österreichs und der eher offensiveren Haltung Preußens.[694]

IV. Bewertung der Bundesfestungen in Bezug auf die Souveränität

Eine bundesrechtswidrige Einschränkung der Souveränitätsrechte konnte der Aufbau der Bundesfestungen für die Staaten, in denen sie lagen, nur dann bedeuten, wenn diese hierdurch in unangemessener Weise von der Ausübung der Herrschaftsbefugnisse abgeschnitten worden wären. Die Festungsregelungen beinhalteten jedoch nur Sonderbestimmungen für das Festungspersonal und betrafen folglich selbst in Luxemburg nur einen relativ kleinen Teil des Staatsgebiets. Zudem waren die Bundesfestungen ein wichtiges Element zur Verteidigung Deutschlands. Da die Staaten, in denen sich Bundesfestungen befanden, in der Regel nur solche Einschränkungen ihrer Hoheitsrechte erfuhren, die zur Aufrechterhaltung der Verteidigungsbereitschaft Deutschlands geboten erschienen, ergibt eine Abwägung zwischen den Sicherheitsinteressen des Bundes und den Unabhängigkeitsinteressen seiner Mitglieder folglich, dass die Festungsregelungen das Sicherheits- und Souveränitätsinteresse innerhalb des Bundes angemessen berücksichtigten und demzufolge keine bundesrechtswidrigen Herrschaftsbeschränkungen darstellten.

D. Gesamtbewertung der Wehrorganisationsgesetze

Der Zweck des Deutschen Bundes bestand vornehmlich in der Bewahrung der Unabhängigkeit seiner Mitglieder und der Sicherheit Deutschlands. Aus diesem Grund mussten mit den Wehrorganisationsgesetzen Regelungen zum Schutz Deutschlands getroffen werden, die die Souveränität der Bundesmitglieder nicht in Frage stellten. Demzufolge galt es einen Kompromiss zwischen höchstmöglicher militärischer

693 Separat Prot. Bv. 10. Sitzung vom 28.4.1842 (S. 174).
694 Vgl. Angelow, Von Wien nach Königgrätz, S. 64.

Effizienz und mindestmöglicher Begrenzung der einzelstaatlichen Militärhoheit zu finden. In den Wehrorganisationsgesetzen spiegelte sich somit die souveränitätsrechtliche Gesamtsituation des Bundes wider.

Durch die Organisation des Heeres als Kontingentsarmee wurde die in den Bundesgrundgesetzen verbriefte Souveränität der Gliedstaaten anerkannt, da diese ihre Truppen nicht dem Bund unterstellen mussten. Gleichzeitig beschränkten sich die Wehrorganisationsgesetze nicht auf allgemeine und unverbindliche Vorgaben, sondern schrieben den Bundesmitgliedern dezidiert vor, in welchem Mindestumfang ihre Armeen aufgestellt, ausgerüstet und ausgebildet werden mussten. Zudem wurden im Kriegsfall alle Bundeskontingente einem Bundesfeldherrn unterstellt und Bundesfestungen, in denen ein spezifisches Bundesrecht galt, auf den Gebieten mehrerer Gliedstaaten errichtet.

Dennoch führten die Verpflichtungen der Wehrorganisationsgesetze nicht zu unverhältnismäßigen Eingriffen in die Souveränität, da sich die bundesrechtlichen Regelungen auf das zur Umsetzung des Bundeszwecks erforderliche Mindestmaß beschränkten und die Einhaltung der Vorgaben nicht einmal konsequent vom Bund eingefordert wurde.

Da ein föderal aufgebautes Bundesheer weniger effektiv und einsatzfähig ist als eine einheitlich organisierte Armee, wurden vielerorts die Wehrorganisationsgesetze als weiteres Zeichen der politischen Schwäche und Ohnmacht Deutschlands kritisiert.[695] Dabei wird jedoch verkannt, dass mit den Wehrorganisationsgesetzen keine Streitmacht zur Durchsetzung hegemonialer Interessen gebildet werden sollte. Stattdessen war das Bundesmilitärwesen dazu gedacht, äußere Aggressoren durch den Zusammenschluss der deutschen Armeen abzuschrecken und so den Frieden in Deutschland zu bewahren. Um dieses Ziel zu erreichen, wurden in konsequenter Umsetzung der Bundesgrundgesetze Regelungen geschaffen, die die Militärhoheit der Gliedstaaten nicht durch die Bildung eines Bundesheeres, das vollständig dem Bund unterstellt wurde, negierten.

Der Aufbau des Bundesheeres entsprach folglich der föderalen Struktur des Deutschen Bundes und war somit geeignet, Unabhängigkeits- und Sicherheitsinteressen gleichermaßen zu berücksichtigen. Letztendlich hätte die Einhaltung der bundesrechtlichen Vorgaben hierfür jedoch mit mehr Nachdruck vom Bund überwacht werden müssen. Daher kann konstatiert werden, dass der Unabhängigkeitszweck bei der Herstellung der Verteidigungsbereitschaft Deutschlands ein stärkeres Gewicht besaß als der Sicherheitszweck. Dies führte dazu, dass der Deutsche Bund nicht in der Lage gewesen wäre, Offensivkriege gegen seine

---

695 Vgl. Kotulla, Entstehung der Kriegsverfassung, S. 124.

Nachbarn zu führen. Dieses Resultat entsprach jedoch gerade der Intention der europäischen Mächte bei der Gründung des Deutschen Bundes. Wenn auch unbeabsichtigt, so trug der fehlende Wille vieler Staaten, den vorgesehenen Beitrag zum Militärwesen des Bundes zu leisten, im Ergebnis dennoch dazu bei, dass der Deutsche Bund seinen friedenserhaltenden Zweck im Zentrum Europas erfüllte.

Kapitel 5. Die Umsetzung der Souveränitätsprinzipien am Beispiel der Anwendung des Bundeszwangs

Mit den Bundesinterventions- und den Bundesexekutionsrechten erhielt der Deutsche Bund Kompetenzen, die es ihm erlaubten, gegen seine Mitglieder militärische Zwangsmaßnahmen anzuwenden. Während in den beiden vorhergehenden Kapiteln vornehmlich die Souveränitätsauswirkungen der für alle Bundesmitglieder gleichermaßen geltenden Rechtssätze des Bundes thematisiert wurden, soll nachfolgend durch die exemplarische Darstellung konkreter Bundeszwangsmaßnahmen aufgezeigt werden, welche souveränitätsrelevanten Rückschlüsse sich aus der zwangsweisen Durchsetzung des Bundesrechts ziehen lassen. Anhand der Art und Weise der Durchsetzung der Bundeszwangsbefugnisse gegenüber verschiedenen Gliedstaaten soll insbesondere ermittelt werden, wie sich deren Größe und Machtstellung auf den Umfang der Souveränitätseinbußen auswirkten, die diese im Fall einer gegen sie gerichteten Bundeszwangsmaßnahme erfuhren. Um dies möglichst prägnant und repräsentativ darstellen zu können, wurden Beispiele ausgewählt, die die Ursachen und Folgen von Bundeszwangsmaßnahmen gegenüber verschiedensten deutschen Staaten zu unterschiedlichen Zeitpunkten zwischen 1815 und 1866 deutlich machen.

A. Exekutionsandrohung gegenüber Braunschweig

In den 1820er Jahren kam es zwischen dem Königreich Hannover und dem Herzogtum Braunschweig zu einem Konflikt, der erst durch die Einschaltung des Bundes beendet werden konnte.[696]

I. Die historischen Hintergründe

Herzog Friedrich Wilhelm von Braunschweig fiel 1815 und hinterließ den erst elfjährigen Sohn Karl als legitimen Thronfolger.[697] Gemäß einer testamentarischen

696 Dieser Konflikt wird ausführlich dargestellt bei Kotulla, Verfassungsrecht, Bd. III, S. 63 ff.

697 Siehe zum Tode Herzog Friedrich Wilhelms in der Schlacht von Quatre-Bras Bluntschli, Deutsches Staats-Wörterbuch, Bd. XI, S. 165.

Verfügung Friedrich Wilhelms übernahm Prinzregent Georg von Hannover-England die Vormundschaft über den minderjährigen Herzog Karl. Gleichzeitig erhielt er für die Zeit der Vormundschaft die Regentschaft über Braunschweig, deren Ausübung er weitgehend an seinen hannoverschen Minister Graf Münster übertrug.[698] Dieser beaufsichtigte den Geheimen Rat Braunschweigs, dessen Vorsitz Geheimrat von Schmidt-Phiseldeck führte.

Unter (dem mittlerweile zum britischen König aufgestiegenen) Georg IV. erhielt Braunschweig 1820 mit der „Erneuerten Landschaftsordnung“ eine neue Verfassung.[699] 1822 wurde Herzog Karl II. 18 Jahre alt und damit volljährig.[700] König Georg IV. wollte jedoch die Regierungsgewalt aufgrund der fehlenden Reife des Herzogs noch nicht abgeben und verlängerte seine Regentschaft um ein weiteres Jahr.[701] Erst als Herzog Karl II. am 30. Oktober 1823 19 Jahre alt geworden war, konnte er schließlich die Regierungsgeschäfte in Braunschweig übernehmen.[702]

Nach der Rückkehr von einem dreijährigen Auslandsaufenthalt[703] machte Herzog Karl II. zunächst Geheimrat Schmidt-Phiseldeck für seinen verspäteten Regierungsantritt verantwortlich,[704] woraufhin dieser heimlich das Land gen Hannover verließ.[705] Als Hannover den Geheimrat auch noch zum Chef des Justizdepartements ernannte,[706] forderte Karl den Bundestag auf, dessen Auslieferung zu erzwingen.[707]

Des Weiteren griff Karl II. die unter Georg IV. eingeführte Erneuerte Landschaftsordnung an. Diese verpflichtete das Staatsoberhaupt Braunschweigs, einen Eid auf die Verfassung abzulegen, was Karl jedoch verweigerte. Am 10. Mai 1827 erließ er das sogenannte Serenissimi-Patent,[708] in welchem er erklärte, er erkenne

698 Zu Münster siehe Huber, Verfassungsgeschichte, Bd. I, S. 510.

699 Text in Anlage 2 der Braunschweiger Beschwerde in Prot. Bv. 11. Sitzung vom 9.4.1829, § 67 (S. 289 ff.).

700 Siehe hierzu mit Verweis auf § 79 der Erneuerten Landschaftsordnung in Verbindung mit dem Pactum Henrico_Wilhelminium vom 16. November 1535: Kotulla, Verfassungsrecht, Bd. III, S. 79.

701 Zu dem Streit siehe Böse, Entthronung, S. 23 ff.

702 Nur aufgrund von Schlichtungsverhandlungen von Metternichs wurde die Vormundschaft lediglich um ein Jahr verlängert; vgl. Böse, Entthronung, S. 23 ff.; Kotulla, Verfassungsrecht, Bd. III, S. 79.

703 Siehe zu den vermutlichen Hintergründen dieser Reise Kotulla, Verfassungsrecht, Bd. III, S. 80.

704 Vgl. Bentfeldt, Deutscher Bund als nationales Band, S. 127.

705 Vgl. Stern, Geschichte Europas, S. 244.

706 Vgl. Bentfeldt, Deutscher Bund als nationales Band, S. 128.

707 Vgl. Prot. Bv. 12. Sitzung vom 16.5.1828, § 83 (S. 283).

708 Das Patent ist abgedruckt bei Kotulla, Verfassungsrecht, Bd. III, S. 861 f.

die während seiner Minderjährigkeit von der Regentschaft gefassten Regierungsbeschlüsse und erlassenen Verordnungen nur so weit an, wie diese seine eigenen Regentenrechte nicht tangierten.[709] Diese Erklärung stellte nicht nur eine Beleidigung der hannoverschen Krone dar, sondern widersprach wohl auch dem geltenden Recht, da die Handlungen eines Regenten gewohnheitsrechtlich ebenso wirksam waren wie diejenigen des Fürsten selbst.[710]

Herzog Karl II. beleidigte außerdem König Georg IV. durch Schmähschriften[711] und forderte Graf Münster als dessen Stellvertreter in Hannover sogar zum Duell heraus, was diesem allerdings durch Georg untersagt wurde, da sich einer seiner Minister nicht mit einem Monarchen duellieren sollte.[712] Karl ließ daraufhin die Pistolenforderung durch seinen eigens dafür eingesetzten Oberjägermeister Praun wiederholen, der den hannoverschen Minister nicht nur zum Duell aufforderte, sondern diesen ebenfalls beleidigte.[713]

II. Die Einschaltung des Bundes

Der Gesandte Hannovers forderte am 9. April 1829 den Bundestag auf, Braunschweig für die Beleidigung des hannoverschen Königs zu maßregeln.[714] Braunschweig wiederum legte Beschwerde gegen Hannover ein und rügte hiermit unter anderem die Verlängerung der Regentschaft und die Einführung der Erneuerten Landschaftsordnung von 1820.[715]

Mit der Untersuchung der Sache wurde eine Bundestagskommission beauftragt,[716] die am 9. Juli 1829 ihren Bericht dem Bundestag präsentierte.[717] Darin stellte

709 Siehe hierzu auch Prot. Bv. 11. Sitzung vom 9.4.1829, § 67 Anlage I 2 (S. 165).

710 Zur juristischen Bewertung des Serenissi-Patents: Kotulla, Verfassungsrecht, Bd. III, S. 81; siehe hierzu auch Böse, Entthronung, S. 58 ff.; Huber, Verfassungsgeschichte, Bd. II, S. 48.

711 Hierzu Kotulla, Verfassungsrecht, Bd. III, S. 83, mit Verweis auf die Schmähschriften in Fn. 134; Inhalt der Schriften zu finden in Prot. Bv. 11. Sitzung vom 9.4.1829, § 67 (S. 131 ff).

712 Vgl. Kotulla, Verfassungsrecht, Bd. III, S. 83.

713 Dazu Ilse, Geschichte der Deutschen Bundesversammlung, S. 69.

714 Vgl. Huber, Verfassungsgeschichte, Bd. II, S. 50; Kotulla, Verfassungsrecht, Bd. III, S. 83.

715 Vgl. Bentfeldt, Deutscher Bund als nationales Band, S. 131.

716 Dieser Kommission gehörten die Bundestagsgesandten von Österreich, Preußen, Bayern, Sachsen und Baden an.

717 Siehe Bentfeldt, Deutscher Bund als nationales Band, S. 133.

sie fest, dass der Streit zwischen Hannover und Braunschweig eine Bundesangelegenheit sei, sodass der Bundestag darüber entscheiden müsse.[718]

Die Bundesversammlung beschloss daraufhin am 20. August 1829, dass Herzog Karl II. sein Patent vom 10. Mai 1827 zurücknehmen, ein Entschuldigungsschreiben an König Georg IV. richten und den Oberjägermeister von Praun wegen der Duellforderung bestrafen müsse.[719] Die Beschwerden Braunschweigs gegen Hannover wurden hingegen vollumfänglich zurückgewiesen.[720]

III. Der Exekutionsbeschluss gegen Braunschweig

König Georg IV. teilte der Bundesversammlung am 17. September 1829 mit, dass er auf ein Entschuldigungsschreiben verzichte.[721] Herzog Karl II. kam jedoch auch den anderen Bundestagsforderungen nicht nach, weshalb Hannover am 12. November 1829 die Bundesexekution gegen Braunschweig beantragte.[722] Nachdem zwei vom Bund gesetzte Fristen ergebnislos verstrichen waren, fasste der Bundestag am 4. März 1830 den Exekutionsbeschluss gegen Braunschweig und beauftragte das Königreich Sachsen mit dessen militärischem Vollzug.[723] Außerdem wurde festgelegt, dass der Einsatz von Truppen gegen Braunschweig so lange andauern sollte, bis das Patent vom 10. Mai 1827 zurückgenommen und ein ordnungsgemäßes Strafverfahren gegen Oberjägermeister von Praun eingeleitet worden war.[724] Entsprechend § 4 ExO wurde Braunschweig noch eine Frist von vier Wochen gewährt, um die drohende Exekution abzuwenden.[725]

In seiner ersten Sitzung nach Ablauf der Frist stellte der Bundestag dann fest, dass Braunschweig den Forderungen des Bundes beinahe vollständig nachgekommen sei.[726] Der braunschweigische Herzog hatte ein Strafverfahren gegen den Oberjägermeister von Praun einleiten lassen und zudem sein Patent

---

718 Text des Kommissionsberichtes in: Prot. Bv. 19. Sitzung vom 9.7.1829, § 124 (S. 450 ff).

719 Vgl. Prot. Bv. 24. Sitzung vom 20.8.1829, § 146 (S. 608 ff); siehe hierzu auch Kotulla, Verfassungsrecht, Bd. III, S. 84.

720 Siehe Kotulla, Verfassungsrecht, Bd. III, S. 84.

721 Siehe Bentfeldt, Deutscher Bund als nationales Band, S. 134.

722 Siehe Ilse, Geschichte der Deutschen Bundesversammlung, Bd. 1, S. 249 f.

723 Vgl. Separat Prot. Bv. 5. Sitzung vom 4.3.1830, § 40 (S. 115 ff).

724 Vgl. Separat Prot. Bv. 5. Sitzung vom 4.3.1830, § 40 (S. 121).

725 Vgl. Bentfeldt, Deutscher Bund als nationales Band, S. 137.

726 Vgl. Separat Prot. Bv. 10. Sitzung vom 13.5.1830, § 75 (S. 233 ff).

zurückgenommen – wobei allerdings die Rücknahme in einer Reihe gänzlich anderer Verordnungen versteckt war.[727]

Es oblag jetzt gemäß Art. 5 ExO der Vollziehungskommission, darüber zu entscheiden, ob der Bundestagsbeschluss hinreichend umgesetzt worden war. Obgleich die Rücknahme des Patentes nur halbherzig erfolgt war, entschied die Kommission, dass der Bundesbeschluss hinreichend befolgt worden sei.[728]

Gegen eine Ausführung der Bundesexekution sprachen sich Österreich, Bayern und Sachsen aus, während Preußen und Baden ein Minderheitengutachten abgaben und die Ansicht vertraten, die Erklärungen Braunschweigs seien nicht ausreichend gewesen. In der Bundestagssitzung vom 24. Juni 1830 schloss sich die Mehrheit des Bundestages der Kommissionsmehrheit an und beendete damit die Streitigkeiten zwischen Braunschweig und Hannover, ohne dass es tatsächlich zum Einsatz militärischer Mittel kam.[729]

IV. Bewertung des Konflikts mit Braunschweig

Der Bund hatte in dieser Angelegenheit bewiesen, dass er bereit war, die ihm übertragenen Zwangsmittel zur Durchsetzung des Bundesrechts tatsächlich anzuwenden.

Die beiden Bundesforderungen im Zusammenhang mit der Beleidigung Georgs IV. betrafen das zwischenstaatliche Verhältnis von Hannover und Braunschweig und konnten deshalb ein Einschreiten des Bundes aufgrund von Artt. 21 ff. WSA rechtfertigen. Das Patent Karls II. hingegen widersprach Art. 56 WSA, weil dieser die rechtmäßig erlassene Verfassung nicht auf legitime Weise abänderte, sondern durch ein einseitiges Dekret widerrief.[730]

Auch wenn die Beschlüsse des Bundes mithin vom geltenden Bundesrecht gedeckt waren, zeigten sie, dass der Bund die normativen Rechtsbegriffe der Wiener Schlussakte nutzte, um gegebenenfalls auch in Angelegenheiten einzugreifen, die nicht unmittelbar die Bundessicherheit tangierten. Die Forderung des Bundes, das Patent zurückzunehmen, stellte sicherlich eine zur Umsetzung des Bundeszwecks erforderliche Maßnahme dar, weil Herzog Karl II. gegen Art. 56 WSA verstieß,

---

727 Vgl. Bentfeldt, Deutscher Bund als nationales Band, S. 137; Kotulla, Verfassungsrecht, Bd. III, S. 84 f.; Separat Prot. Bv. 10. Sitzung vom 13.5.1830, § 75 (S. 240 ff.).

728 Vgl. Separat Prot. Bv. 12. Sitzung vom 27.5.1830, § 90 (S. 388).

729 Vgl. Separat Prot. Bv. 15. Sitzung vom 24.6.1830, § 110 (S. 508).

730 So auch Kotulla, Verfassungsrecht, Bd. III, S. 85.

als er mit seinem Patent das geltende Verfassungsrecht abänderte. Zudem konnten die angedrohten Bundeszwangsmaßnahmen nicht unangemessen sein, da sie nach erfolgloser Ausschöpfung aller diplomatischen Möglichkeiten das einzig verbleibende Mittel des Bundes darstellten. Die Beleidigung eines hannoverschen Ministers durch einen braunschweigischen Staatsbeamten stellte hingegen kein Delikt dar, das durch die Bundesversammlung verfolgt werden musste, um den Sicherheitszweck des Bundes zu gewährleisten. Die Sanktionierung des Beleidigungsdelikts mit der Androhung des Bundeszwangs lässt demzufolge den Rückschluss zu, dass der Bund offensichtlich gewillt war, seine Zuständigkeiten über den erforderlichen Umfang hinaus zu erweitern, wenn es darum ging, einem anerkannten König gegenüber einem rangniederen Herzog Genugtuung zu verschaffen.

Der Konflikt mit Braunschweig konnte letztendlich ohne Exekutionsmaßnahmen beendet werden. Dennoch bedurfte selbst die Androhung des Bundeszwangs einer militärpolitischen Abwägung des Bundes, um sicherzustellen, dass eine eventuelle Bundesexekution nicht am erfolgreichen Widerstand des betroffenen Gliedstaates scheitern würde. Eine Bundesexekution konnte mithin nur in den Fällen tatsächlich stattfinden, in denen der Bund über ausreichende Ressourcen für ein militärisches Vorgehen verfügte. Im vorliegenden Beispiel hätte Braunschweig, das nur ein Infanterie- und ein Husarenregiment sowie vier Haubitzen besaß,[731] der angedrohten Exekution durch sächsische Truppen nichts entgegensetzen können.[732] Ein Blick auf die militärische Stärke Österreichs und Preußens hingegen zeigt, dass ein Exekutionsbeschluss gegen einen dieser Gliedstaaten allein schon wegen der fehlenden militärischen Mittel des Bundes kaum zu einer zwangsweisen Durchsetzung des Bundesrechts hätte führen können.[733]

---

731 Vgl. Matuschka/Petter, Organisationsgeschichte, S. 339.

732 Die sächsische Armee besaß in den Anfangsjahren des Deutschen Bundes eine Stärke von 12.605 Soldaten (vgl. Naumann, Sächsische Geschichte in Daten, S. 196). Trotz dieser durchschnittlichen Größe belief sich der Militäretat im Jahre 1821 auf 1.444.533 Taler (vgl. Schuster/Francke, Geschichte der Sächsischen Armee, S. 10). Damit lag Sachsen mit seinen Militärausgaben – gemessen an der Einwohnerzahl – hinter Preußen auf dem zweiten Rang im Deutschen Bund (siehe Angelow, Von Wien nach Königgrätz, S. 85).

733 Siehe zum Unvermögen des Bundes, eine Bundesexekution gegen Österreich oder Preußen durchzuführen, Siemann, Deutschlands Ruhe, S. 253, der den bayerischen Ministerpräsidenten Pfordten zitiert, „eine Bundesexekution gegen Österreich oder Preußen wäre ein europäischer Krieg“. Auch Menzel (Internationales Öffentliches Recht, S. 129, Fn. 185) vertritt die Auffassung, dass eine Bundesexekution gegen alle Gliedstaaten außer Österreich und Preußen erfolgreich sein konnte.

Die Bundesexekution stellte somit in erster Linie ein geeignetes Instrumentarium zur Erzwingung der Bundestreue der kleineren und mittelgroßen deutschen Staaten dar; mangels ausreichender militärischer Kapazitäten des Bundes kam die Androhung oder gar der erfolgreiche Einsatz von Bundesexekutivgewalt gegen eine der beiden deutschen Großmächte indes kaum in Betracht.[734]

B. Intervention und Exekution in Frankfurt

In den Jahren 1833 und 1834 griff der Bund in die Angelegenheiten Frankfurts ein. Dabei wandelte sich eine anfängliche Intervention innerhalb kurzer Zeit zu einer Exekution.

I. Der Hintergrund der Bundesmaßnahmen

Am 3. April 1833 versuchten Burschenschaftler, einen Sturz des restaurativen Systems auszulösen.[735] Dazu zogen sie in die Tagungsstadt der Bundesversammlung und besetzten die Frankfurter Hauptwache.[736] Sie hatten gehofft, durch die Erstürmung wichtiger Gebäude in der „Hauptstadt" des Deutschen Bundes eine revolutionäre Lawine loszutreten, die anschließend ganz Deutschland überrollen würde. Der Wachensturm hatte allerdings nicht den gewünschten Effekt, da selbst die Frankfurter Bevölkerung ihn nur mit interessierter „Passivität" hinnahm,[737] statt sich dem Aufstand anzuschließen. Die geplante Revolution war damit bereits gescheitert, bevor sie überhaupt begonnen hatte.

II. Die Intervention des Bundes

Obwohl der Wachensturm nach kurzer Zeit beendet war, sollten dessen sicherheitspolitische Auswirkungen fast zehn Jahre andauern. Bereits am 4. April 1833

---

734 Hierzu konkret am Beispiel der Bundesexekution gegen Preußen unten Kapitel 5 F.

735 Zum genauen Hintergrund und den Beteiligten des Wachensturms siehe Huber, Verfassungsgeschichte, Bd. II, S. 164 ff.; siehe auch Kotulla, Verfassungsgeschichte, Rn. 1656; Müller, Deutscher Bund, S. 115.

736 Die Ereignisse wurden im Bundestag genau geschildert: Prot. Bv. 13. Sitzung vom 4.4.1833 § 130 (S. 380).

737 Kotulla, Verfassungsgeschichte, Rn. 1656.

trat der Bundestag zusammen, um sich wegen der Ereignisse des Vortages zu beraten.[738] Man war wegen der Vorfälle am eigenen Tagungsort zuhöchst beunruhigt. Die Stadt Frankfurt wurde deshalb aufgefordert, Rechenschaft über die veranlassten und (insbesondere) die unterlassenen Maßnahmen abzulegen. Zudem sollten künftig die Truppen der nahegelegenen Bundesfestung Mainz stärker in die Bewachung des Bundesversammlungssitzes eingebunden werden.[739]

Von Frankfurter Seite wurde daraufhin mitgeteilt, dass die Sicherheit Frankfurts durch die Verdoppelung der Wachen in der Stadt und die Aufstellung von Abteilungen der Stadtwehr und des Linienmilitärs gewährleistet sei.[740] Das Präsidium der Bundesversammlung teilte diese Auffassung nicht und befürchtete insbesondere Aktionen, die die Befreiung der mittlerweile inhaftierten Aufständischen zum Ziel haben könnten. Außerdem erachtete das Präsidium die Angriffe vom 3. April 1833 als Angriff gegen den Bund und nicht nur gegen die Stadt Frankfurt. Der Bundestag sah es daher als unerlässlich an, die Sicherheit Frankfurts fortan in die Hände von Bundestruppen zu legen.[741]

Bundesrechtlich war dies im Wege der Intervention nur möglich, wenn Frankfurt den Bund gemäß § 26 WSA um Hilfe ersuchte oder nicht in der Lage war, ein solches Hilfeersuchen an den Bundestag zu richten.[742] Ein Hilfeersuchen wurde von Frankfurt abgelehnt. Da mittlerweile wieder Ruhe in der Stadt eingekehrt war, lag auch keine Ausnahmesituation vor, die ein solches entbehrlich machen konnte.

Der Bundestag beschloss trotzdem noch am selben Tag, zwei Bataillone, ein Schwadron und vier Geschütze, mithin knapp 2.500 Soldaten, aus der Bundesfestung Mainz nach Frankfurt abzuberufen.[743] Frankfurt wagte „keinen förmlichen Protest“ gegen dieses Vorgehen und verwahrte sich nur gegen die Kosten für die Stationierung der Bundestruppen.[744] Der Frankfurter Senat erklärte einen knappen

738 Zu diesen Beratungen im Bundestag: Bentfeldt, Der Deutsche Bund als Nationales Band, S. 194 ff.

739 Siehe Prot. Bv. 13. Sitzung vom 4.4.1833 § 130 (S. 382); Bentfeldt, Der Deutsche Bund als Nationales Band, S. 196.

740 Prot. Bv. 13. Sitzung vom 4.4.1833 § 130 (S. 383).

741 Prot. Bv. 16. Sitzung vom 12.4.1833 § 148 (S. 421).

742 Zu den Voraussetzungen der Intervention siehe oben Kapitel 3 C.II.2(a).

743 Prot. Bv. 16. Sitzung vom 12.4.1833 § 148 (S. 421 f.).

744 So die diesbezügliche Deutung des Verhaltens Frankfurts von Huber (Verfassungsgeschichte, Bd. II, S. 172); siehe hierzu auch Prot. Bv. 16. Sitzung vom 12.4.1833 § 149 (S. 424).

Monat später sogar, dass er keine Zweifel an der Rechtsgültigkeit des Beschlusses habe.[745] Die Bundestruppen blieben bis 1842 in Frankfurt.[746]

III. Die Exekution gegen Frankfurt

Durch die in Frankfurt stationierten Bundestruppen entstanden neue Konfliktherde. Der Befehlshaber der Bundestruppen hatte keine Befehlsgewalt über die stadteigenen Soldaten Frankfurts, sodass eine Koordinierung der Truppen erhebliche Schwierigkeiten bereitete.[747] Nachdem einer der inhaftierten Teilnehmer des Wachensturms ausgebrochen war, entschied der Bundestag im Dezember 1833, dass Bundestruppen und Stadttruppen zu einem gemeinsamen Sicherheitskorps unter dem Kommando des befehlshabenden Generalmajors des Bundes zusammenzulegen seien.[748]

Der Gesandte der Stadt Frankfurt widersprach einem solchen Vorgehen. Dennoch ordnete der Bundestag genau ein Jahr nach dem Wachensturm die Bildung eines gemeinsamen Sicherheitskorps in Frankfurt an.[749] Da Frankfurt durch diese Maßnahme die Befehlsgewalt über seine gesamten Streitkräfte verlor, akzeptierte es die Zusammenlegung der Truppen nicht.[750] Der Bundestag entschied, dass der Frankfurter Protest keine aufschiebende Wirkung entfalten dürfe, und forderte Frankfurt sodann auf,[751] ihm die Umsetzung des Beschlusses vom 3. April 1834 bis zum 1. Mai anzuzeigen.[752]

Ein erneuter Protest Frankfurts wurde als bundesrechtswidrig abgetan[753] und der Freien Stadt gemäß der Exekutionsordnung eine zweite Frist zur Umsetzung der Bundesmaßnahmen gesetzt.[754] Nachdem auch diese Frist erfolglos

745 Vgl. Prot. Bv. 21. Sitzung vom 9.5.1833 § 187 (S. 470); auch in Huber, Verfassungsgeschichte, Bd. II, S. 169.

746 Siehe Huber, Verfassungsgeschichte, Bd. II, S. 169, 172.

747 Siehe hierzu Bentfeldt, Der Deutsche Bund als Nationales Band, S. 203 ff.

748 Siehe Huber, Verfassungsgeschichte, Bd. II, 170 ff.; Beschluss in Prot. Bv. 51. Sitzung vom 9.5.1833 § 546 (S. 1167 ff).

749 Prot. Bv. 13. Sitzung vom 3.4.1834 § 164 (S. 353 ff).

750 Dazu Bentfeldt, Der Deutsche Bund als Nationales Band, S. 204.

751 Prot. Bv. 14. Sitzung vom 10.4.1834 § 186 (S. 405 ff); zu den nachfolgend dargestellten Bundesbeschlüssen insgesamt: Bentfeldt, Der Deutsche Bund als Nationales Band, S. 204 ff.; Huber, Verfassungsgeschichte, Bd. II, S. 170 ff.

752 Vgl. Prot. Bv. 16. Sitzung vom 24.4.1834 § 204 (S. 453 ff).

753 Vgl. Prot. Bv. 17. Sitzung vom 1.5.1834 § 221 (S. 478).

754 Vgl. Prot. Bv. 18. Sitzung vom 5.5.1834 § 237 (S. 497 ff).

verstrichen war, ordnete der Bundestag förmlich die Durchführung des Exekutionsverfahrens an.[755]

Das in Frankfurt bestehende Interventionskorps wurde zur Umsetzung der Beschlüsse in ein Exekutionskorps umfunktioniert und die Leitung der Umsetzungsmaßnahmen einem preußischen Zivilkommissar übertragen.[756] Noch bevor es zur Ausführung der Exekutionsmaßnahmen kam, fügte sich Frankfurt den Bundesbeschlüssen und gliederte seine Stadtsoldaten in die Bundestruppen ein.[757]

IV. Bewertung der Bundesmaßnahmen

Auch wenn sich die Intervention von 1833 und die Exekution von 1834 als quasi einheitliche Vorgänge darstellen, müssen sie rechtlich dennoch separat beurteilt werden.

Wie bereits im Sachkontext erwähnt, wäre für die Bundesintervention ein Hilfeersuchen des Senats der Stadt Frankfurt erforderlich gewesen. Da dieser ein solches nicht an den Bundestag richtete, konnte die Bundesintervention nur über Art. 26 WSA legitimiert werden. Aufgrund dieser Norm war die Bundesintervention auch statthaft, wenn der Senat durch die Unruhen in der Stadt außerstande gewesen wäre, den Bundestag um Hilfe zu ersuchen.

Die tatbestandlichen Voraussetzungen für eine Bundesintervention nach Art. 26 S. 1 2. Alt. WSA konnten aus zwei Gründen nicht vorliegen: Zum einen waren die Unruhen zu dem Zeitpunkt, als die Verlegung von Bundestruppen beschlossen wurde, nicht mehr gegenwärtig, weil alle Aufständischen bereits inhaftiert waren und die Vorfälle zudem keine weiteren Ausschreitungen ausgelöst hatten. Zum anderen war der Frankfurter Senat keineswegs außerstande, ein Hilfegesuch an den Bundestag zu richten. Er entschied sich jedoch aus freien Stücken dafür, die eigenen Kräfte zu verstärken, statt den Bund anzurufen. Die Intervention war somit bereits tatbestandlich nicht von Art. 26 S. 1 WSA gedeckt.[758]

---

755 Vgl. Prot. Bv. 20. Sitzung vom 22.5.1834 § 261 (S. 549).

756 Siehe Bentfeldt, Der Deutsche Bund als Nationales Band, S. 206; Huber, Verfassungsgeschichte, Bd. II, S. 172; Kotulla, Verfassungsgeschichte, Rn. 1573; Kotulla, Verfassungsrecht, Bd. I, S. 108.

757 Siehe Bentfeldt, Der Deutsche Bund als Nationales Band, S. 206, mit Verweis auf die Einordnungserklärung des älteren Bürgermeisters der Stadt Frankfurt an den Oberbefehlshaber der Bundestruppen in Frankfurt Generalmajor von Piret, in: Beilage 1 zu Prot. Bv. 22. Sitzung vom 5.6.1834 § 274 (S. 583).

758 Vgl. Huber, Verfassungsgeschichte, Bd. II, S. 169.

Die Bundesmaßnahmen vom April 1833 konnten auch nicht durch Art. 28 WSA gerechtfertigt werden. Hiernach war der Bundestag berechtigt, nach Rücksprache mit den betroffenen Gliedstaaten Maßregeln zu beschließen, wenn die Sicherheit des Bundes aufgrund von Anschlägen und gefährlichen Verbindungen in mehreren Bundesstaaten bedroht war. Die Ereignisse vom 3. April 1833 waren ursprünglich geeignet, die Sicherheit maßgeblich zu gefährden. Da Frankfurt angehört worden war, lag auch die erforderliche Rücksprache vor. Jedoch waren die Ausschreitungen auf das Stadtgebiet Frankfurts räumlich beschränkt. Es lag somit kein Ereignis vor, das in mehreren Bundesstaaten gleichzeitig auftrat. Damit waren auch die Tatbestandvoraussetzungen von Art. 28 WSA nicht erfüllt.[759]

Da die Voraussetzungen für eine Bundesintervention nicht gegeben waren, wäre allenfalls noch eine Bundesexekution in Frage gekommen, falls Frankfurt Bundespflichten verletzt hätte.[760] Eine solche Pflichtverletzung hätte nur in der unzureichenden Sicherung des Bundestages durch die Frankfurter Stadttruppen liegen können. Als jedoch der Bundestag über geeignete Maßnahmen beriet, hatte Frankfurt seine Wachen bereits verdoppelt, sodass jedenfalls im Zeitpunkt der Beschlussfassung die Voraussetzungen für eine Bundesexekution nicht mehr vorlagen und ein Einschreiten des Bundes auch nicht erforderlich sein konnte.

Letztendlich entschied sich der Bund zu einem Vorgehen im Wege der Intervention, um so die Fristenregelungen der Exekutionsordnung nicht beachten zu müssen.[761] Auch in Frankfurt bediente sich die Bundesversammlung folglich ihrer Rechtsdurchsetzungsbefugnisse, obwohl ein Eingreifen des Bundes nicht erforderlich war und damit den bestehenden Souveränitätsprinzipien widersprach. Die Bundesversammlung hatte sich über das geltende Bundesrecht hinweggesetzt und hierdurch die Herrschaftsbefugnisse eines der kleineren Gliedstaaten verkürzt.

Auch die Exekution von 1834 erfolgte nicht im Einklang mit dem Bundesrecht, da keine Verpflichtung Frankfurts bestand, die eigenen Streitkräfte den Truppen der Bundesfestung Mainz zu unterstellen. Die Staaten des Bundes, auch Frankfurt, sollten nach den Vorschriften der Kriegsverfassung so lange die uneingeschränkte Befehlsgewalt über ihr Militär behalten, bis die Bundesversammlung

---

759 Im Ergebnis ebenso gesehen von Huber (Verfassungsgeschichte, Bd. II, S. 169 f.), der darauf hinweist, dass die Bundesbeschlüsse ergingen, um dem Bund hierdurch konkludent ein präventives Interventionsrecht zuzuerkennen.

760 Ebenso Huber, Verfassungsgeschichte, Bd. II, S. 168.

761 Vgl. Huber, Verfassungsgeschichte, Bd. II, S. 168; Art. 19 WSA war ebenfalls nicht als Ermächtigungsgrundlage heranzuziehen, weil sich diese Vorschrift nur auf zwischenstaatliche Streitigkeiten bezog.

den Bundeskrieg feststellte.[762] Außerhalb eines Bundeskrieges konnten folglich nur durch einen einstimmigen Bundestagsbeschluss bestimmte Kontingente dem Bund unterstellt werden.[763] Da weder ein Fall des Bundeskrieges noch ein einstimmiger Bundesbeschluss vorlag, durfte der Bund die Frankfurter Truppen nicht unter sein Kommando stellen und der Stadt demzufolge auch keine Bundesexekution androhen.

Auch die Ereignisse in Frankfurt verdeutlichen somit, dass der Bund auch dann in die Rechte kleinerer Mitgliedstaaten eingriff, wenn dies zur Umsetzung des Sicherheitszwecks weder erforderlich noch verhältnismäßig war. Die Bundesversammlung zeigte hierdurch, dass sie zumindest gegenüber kleineren Bundesmitgliedern selbst bestimmte, welche Bundesmaßnahmen erforderlich waren, statt hierfür objektive Kriterien heranzuziehen. Hier bestand somit ein deutlicher Widerspruch zwischen dem bundesrechtlichen Ideal und der politischen Wirklichkeit.

C. Der schleswig-holsteinische Krieg von 1848

Die vom Deutschen Bund ab 1848 im Zusammenhang mit dem Konflikt um Schleswig-Holstein ergriffenen Maßnahmen stellten keine Bundesexekution im eigentlichen Sinne dar, sondern müssen eher als kriegerischer Akt gegen eine ausländische Macht bewertet werden. Da diese Maßnahmen im Jahr 1850 aber in eine Bundesintervention mündeten, die die Sequestration Holsteins zur Folge hatte, wird der gesamte Verlauf des Konfliktes um Schleswig-Holstein an dieser Stelle zusammenhängend dargestellt.

I. Die Ausgangslage

In Norddeutschland gab es eine besondere staatsrechtliche Konstellation, weil das Herzogtum Holstein durch eine Personalunion mit dem Königreich Dänemark verbunden war, es aber gleichzeitig dem Deutschen Bund (und nicht etwa dem Königreich Dänemark) angehörte. Zwischen Holstein und dem nördlichen Nachbarherzogtum Schleswig bestand seit jeher ein festes inneres Band und ein starkes

---

762 Siehe unten Kapitel 4 B.II.3(a); etwas anderes galt insoweit nur für die Besatzungen der Bundesfestungen, die auch in Friedenszeiten einem gemeinsamen Festungskommandanten unterstanden; vgl. Kapitel 4 C.

763 Als Änderung des Bundesrechts in Bezug auf die organischen Einrichtungen des Deutschen Bundes; siehe oben Kapitel 3 A.II.3(a).

Zusammengehörigkeitsgefühl.[764] Dieses Band wurde seit 1460 durch die Ripener Klausel manifestiert, die den Herzogtümern eine rechtliche Verbundenheit garantierte und die zum Bestandteil des Verfassungsrechts beider Staaten wurde.[765] Schleswig gehörte nicht zum Deutschen Bund, wurde aber ebenfalls von der dänischen Krone regiert. Nordschleswig hatte einen großen dänischen Bevölkerungsanteil, während Südschleswig überwiegend deutsch besiedelt war.[766]

Die schleswig-holsteinische Situation wurde zum Problem, als 1848 eine gemeinsame Verfassung für Dänemark und Schleswig geschaffen werden sollte. Durch dieses Vorhaben wäre Schleswig, das bislang nicht dem dänischen Staatsgebiet angehörte, de facto von Dänemark annektiert worden.[767] Als in diesem Zusammenhang am 21. März 1848 der dänische König die Besetzung Schleswigs angeordnet hatte und unmittelbar im Anschluss daran dänische Truppen in das Herzogtum einrückten,[768] wurde in Schleswig und Holstein zur Unterbindung der faktischen Trennung der beiden Herzogtümer eine provisorische Landesregierung gebildet.[769] Deren erklärtes Ziel war der bewaffnete Kampf gegen die dänischen Besatzungstruppen. Da ihr allein nicht die erforderlichen militärischen Mittel zur Verfügung standen, bat sie Preußen und den Deutschen Bund um Hilfe.[770] Preußen stellte sodann zusammen mit den Staaten des X. Armeekorps ein Observationskorps auf, das zur Unterstützung der Landesregierung in die Konfliktregion entsandt wurde.[771]

II. Das Einschreiten des Bundes

Die provisorische Landesregierung hatte den Bundestag nicht nur um militärische Unterstützung gebeten, sondern auch die Aufnahme Schleswigs in den Deutschen Bund beantragt.[772] Der Bundestag setzte zur Beurteilung der Situation einen

764 Vgl. Samwer/Droysen, Schleswig-Holstein und das Königreich Dänemark, S. 114.
765 Vgl. Khan, Staatsgrenzen, S. 352 ff.
766 Siehe hierzu Samwer/Droysen, Schleswig-Holstein und das Königreich Dänemark, S. 114.
767 Vgl. Huber, Verfassungsgeschichte, Bd. II, S. 666 f.
768 Siehe Prot. Bv. 27. Sitzung vom 2.4.1848 Beilage zu § 211.
769 Siehe hierzu Proklamation der Führer der deutschen Bewegung Schleswig-Holsteins, in: Huber, Dokumente, Bd. I, Nr. 186b.
770 Vgl. Prot. Bv. 27. Sitzung vom 2.4.1848 § 211 (S. 319 f.).
771 Siehe Schnabl, Kriegs- und Finanzverfassung, S. 49.
772 Vgl. Prot. Bv. 27. Sitzung vom 2.4.1848 § 211 (S. 319 ff.).

Ausschuss ein, der am 4. April 1848 durch Bundesbeschluss erklären ließ, dass die Gefahr eines Angriffs auf das Bundesgebiet Holstein bestehe.[773] Die Bundesversammlung billigte daraufhin die eingeleiteten Abwehrmaßnahmen Preußens.[774] Zudem beschloss sie kurze Zeit später, die dänischen Truppen durch Bundestruppen aus dem Gebiet Schleswigs zurückzudrängen.[775] Da Schleswig kein Teil des Deutschen Bundes war, bestand keine Rechtsgrundlage für ein Vorgehen gegen Dänemark, solange nicht Holstein unmittelbar angegriffen wurde. Daher wurde erneut das Bundesrecht sehr weit ausgelegt und die Besetzung Schleswigs durch Dänemark als Angriff auf das „durch den Bund zu schützende Recht Holsteins auf die Union mit Schleswig“[776] gewertet.

Den ebenfalls beantragten Beitritt Schleswigs zum Deutschen Bund lehnte die Bundesversammlung allerdings ab. Da England, Frankreich und Russland Beistandspakte mit Dänemark geschlossen hatten, fürchtete der Bundestag, dass ein Angriff auf Dänemark zu einem europäischen Krieg führen könnte. Ein formeller Beschluss zur Durchführung eines Bundeskrieges gegen Dänemark wurde demzufolge nie erlassen. Gleichwohl erkannte der Deutsche Bund die provisorische Regierung Schleswigs offiziell an.

Am 10. April 1848 rückten die preußischen Truppen in Schleswig ein, um die Streitkräfte der provisorischen Regierung zu unterstützen. Am 15. April ersuchte der Bundestag die preußische Regierung, einen gemeinsamen Oberbefehlshaber für die Truppen des X. Bundeskorps und Preußens zu ernennen.[777] Preußen bestimmte daraufhin seinen kommandierenden General in Schleswig als solchen.

Das von den Deutschen aufgefahrene Heer belief sich auf 22.000 Mann, von denen 12.000 durch Preußen und der Rest durch Teile des X. Armeekorps gestellt wurde. Hinzu kamen noch etwa 9.000 Mann aus Schleswig-Holstein, die zu einem Drittel aus regulären Soldaten und zu zwei Dritteln aus Freiwilligen bestanden.[778] Der Allianz standen 14.000 dänische Soldaten gegenüber, die von schwedischen und norwegischen Freiwilligen unterstützt wurden.[779]

Dänemark reagierte auf das Eindringen der Truppen in Schleswig mit der Eröffnung des Seekrieges und der Beschlagnahme der preußischen Handelsschiffe,

---

773 Vgl. Prot. Bv. 28. Sitzung vom 4.4.1848 § 228 (S. 340 ff.).
774 Vgl. Huber, Verfassungsgeschichte, Bd. II, S. 669.
775 Vgl. Prot. Bv. 32. Sitzung vom 12.4.1848 § 267 (S. 386 ff.).
776 Prot. Bv. 32. Sitzung vom 12.4.1848 § 267 (S. 386 f.).
777 Vgl. Prot. Bv. 35. Sitzung vom 15.4.1848 § 285 (S. 406 f.).
778 Vgl. Angelow, Von Wien nach Königgrätz, S. 140.
779 Vgl. Obermann, Deutschland von 1815 bis 1849, S. 285.

die in dänischen Häfen vor Anker lagen.[780] Da die preußische Militärführung dies nicht hinnehmen wollte, wurde bereits am 2. Mai 1848 bei Kolding die Grenze zu Jütland von preußischen Truppen überschritten und die Festung Frederica eingenommen. Auch ohne offiziellen Beschluss des Bundestages war durch dieses Überschreiten der dänischen Grenze nunmehr der Tatbestand des Bundeskrieges erfüllt. Die Militäraktion, die zur Verteidigung des Bundesgebietes dienen sollte, war damit in einen Angriffskrieg umgeschlagen.[781]

Durch die Märzrevolution hatten die nationalliberalen Kräfte in Deutschland die Oberhand gewonnen.[782] Im Zuge der weitreichenden politischen Umgestaltungen seit März 1848 wurde auch der Deutsche Bund vorübergehend faktisch aufgelöst. Am 22. Juli 1848 übertrug die Bundesversammlung die Ausübung ihrer Befugnisse auf die neu geschaffene Nationalversammlung und hatte folglich keine unmittelbaren Einwirkungsmöglichkeiten mehr auf das Kriegsgeschehen in den Elbherzogtümern und Dänemark.

Der Konflikt im Ostseeraum war damit weitestgehend zu einer Angelegenheit zwischen Dänemark, Preußen und den beiden betroffenen Herzogtümern geworden. Am 26. August 1848 schlossen Preußen und Dänemark den Waffenstillstand von Malmö. Die Waffen schwiegen daraufhin bis zum Frühjahr 1849; dann keimte der Konflikt erneut auf. Preußen, das sich 1848 aus ganz Dänemark zurückgezogen hatte, drang wieder nach Jütland vor. Das preußische Vorgehen konnte erst durch das Eingreifen Russlands gestoppt werden, das sich für den Erhalt des dänischen Gesamtstaates einsetzte.

III. Die Bundesintervention in Holstein

Als der Deutsche Bund nach dem Scheitern der nationalen Revolution weitgehend wiederhergestellt war, schloss er am 2. Juli 1850 mit Dänemark offiziell den Berliner Frieden. Darin versicherte Dänemark, seinen Einfluss auf Schleswig und Holstein auf eine Personalunion zu beschränken.[783] Im Gegenzug gab der Deutsche Bund Dänemark die Garantie, die Herrschaft über die Herzogtümer

---

780 Siehe hierzu Separat Prot. Bv. 46. Sitzung vom 3.5.1848 (S. 536 f.).

781 Siehe zum Recht des Bundes, Kriege zu führen, oben Kapitel 3 C.IV.

782 Vgl. zur Märzrevolution: Rüdiger Hachtmann: Berlin 1848, Eine Politik- und Gesellschaftsgeschichte der Revolution; Ulrich Speck, 1848, Chronik einer deutschen Revolution.

783 Text des Friedensvertrages abgedruckt bei Huber, Dokumente, Bd. I, Nr. 194, S. 463.

weiterhin auszuüben und dieses Recht notfalls im Wege der Bundesintervention durchzusetzen.[784]

Da in den beiden Herzogtümern noch immer die zuvor von Preußen und Österreich eingesetzten Statthalter an der Macht waren, beschloss der Rumpfbundestag[785] zur Umsetzung des Friedensvertrages von Berlin am 25. Oktober 1850 die Intervention gegen Holstein, um den dänischen König als legitimen Herrscher seines Fürstentums wieder einzusetzen.[786]

Dänemark hielt jedoch weiterhin am Fortbestand eines zusammenhängenden Schleswig-Holsteins fest. Deshalb wurden die Herzogtümer vorerst durch die Interventionsmächte als Sequester und nicht durch den dänischen König verwaltet. Erst auf Druck der europäischen Großmächte erklärte Dänemark, dass es nur noch durch Personalunion mit den Herzogtümern verbunden sein werde,[787] woraufhin der Bund die Intervention einstellte.[788]

IV. Bewertung des schleswig-holsteinischen Konflikts

Interventions- und Exekutionsmaßnahmen des Bundes durften sich nur gegen Mitglieder des Deutschen Bundes richten. Diesem gehörte Schleswig nicht an. Folglich war der 1848 beschlossene Einmarsch in Schleswig nicht von den Zwangsbefugnissen des Bundes gedeckt.

Auch die Argumentation, die der Bund heranzog, um den Einmarsch in Schleswig zu legitimieren, erscheint zweifelhaft. Einerseits bestimmte Art. 1 WSA, dass der Deutsche Bund die „Unverletzbarkeit" seiner Mitglieder bewahren sollte, und die Ripener Klausel stellte einen Teil des Verfassungswerkes Holsteins dar, sodass durch die Annektierung Schleswigs die Interessen eines Bundesmitglieds unmittelbar verletzt wurden. Soweit eine solche Verletzung politischer Interessen bereits als feindlicher Akt bewertet wird, vor dem der Bund seine Mitglieder schützen sollte, konnte der Einmarsch in Schleswig von der Generalermächtigung des Bundeszwecks umfasst sein. Andererseits wurden durch das Vorgehen Dänemarks weder

---

784 § 4 des Friedensvertrages, abgedruckt bei Huber, Dokumente, Bd. I, Nr. 194 S. 463.

785 Als Rumpfbundestag wurde der Bundestag unmittelbar nach dem Ende der Nationalversammlung bezeichnet, da zu diesem Zeitpunkt noch nicht alle Gesandten wieder im Bundestag vertreten waren.

786 Vgl. Prot. Bv. 11. Sitzung vom 25.10.1850 § 33 (S. 134 ff.).

787 Vgl. Manifest Friedrichs VII. von Dänemark, abgedruckt bei Huber, Dokumente, Bd. I, S. 469.

788 Vgl. Prot. Bv. 19. Sitzung vom 29.7.1852 § 197 (S. 775 ff.).

das Staatsvolk noch das Staatsgebiet oder die Staatsmacht eines deutschen Gliedstaates verletzt, sodass ein Präventivkrieg gegen Dänemark gemäß Art. 38 WSA nur zur Abwehr eines bevorstehenden Angriffs auf Holstein hätte geführt werden dürfen. Ein solcher Angriff drohte aber nicht mehr, als die deutschen Truppen in Jütland und Schleswig einmarschierten.

Die Konflikte mit Dänemark machten die spezielle Problematik deutlich, die sich immer dann ergab, wenn deutsche Gebiete in Personalunion von ausländischen Herrschern regiert wurden. Bei einer solchen Konstellation konnte nur schwer abgegrenzt werden, ob der Landesfürst bei der Durchführung einzelner Maßnahmen als deutscher Souverän oder ausländischer Monarch handelte. Solange die Handlungen auf seine Position als Oberhaupt eines anderen Staates zurückzuführen waren, durfte der Deutsche Bund nicht auf die Maßnahmen des Bundeszwanges zurückgreifen.

Am Beispiel der 1850 durchgeführten Intervention in Holstein zeigt sich wiederum, wie sehr auch die Bundesintervention ein Instrumentarium darstellte, das zur Durchsetzung der Bundesinteressen gegen die Regierungen von Bundesmitgliedern herangezogen werden konnte. Obgleich dem dänischen König in seiner Eigenschaft als holsteinischer Monarch zugesagt worden war, eine Intervention in Holstein durchzuführen, um die Regierungsgewalt von den eingesetzten Statthaltern auf ihn zurückzuübertragen, wurden die Interventionskräfte anschließend genutzt, um Dänemark zu zwingen, die Verbindungen mit den beiden Elbherzogtümern auf eine Personalunion zu beschränken.

Dennoch diente die Sequestration Holsteins durch den Bund letztendlich dazu, die Unabhängigkeit Holsteins zu bewahren und einen (faktischen) Anschluss an Dänemark zu verhindern. Folglich wurde durch den schleswig-holsteinischen Konflikt bewiesen, dass in Einzelfällen ein Einschreiten des Bundes zur Wahrung der Unabhängigkeit seiner Mitglieder dienen konnte. In einem solchen Fall standen sich der Sicherheitszweck und der Unabhängigkeitszweck des Bundes nicht als konträre Prinzipien gegenüber. Stattdessen kam es in den Fällen, in denen die Unabhängigkeit eines Gliedstaates durch eine Drittmacht bedroht wurde, zu einem Gleichlauf von Sicherheits- und Unabhängigkeitszweck.

Der Deutsche Bund hatte demzufolge gezeigt, dass er zur Bewahrung der Integrität seiner Mitglieder selbst dann gewillt war, militärische Maßnahmen einzuleiten, wenn die Legitimität der Maßnahmen zweifelhaft erschien. Er setzte zudem die Aufrechterhaltung der politischen Ordnung, die auf dem Wiener Kongress geschaffen worden war, sogar dann rigoros durch, wenn hierdurch die Gefahr eines Krieges mit europäischen Nachbarn drohte. Dies verdeutlicht noch einmal, dass die bundesrechtlichen Schranken der souveränen Herrschaftsmacht der deutschen

Staaten nicht nur auf dem Papier bestanden, sondern notfalls auch mit militärischer Gewalt durchgesetzt wurden.

D. Die Bundesintervention in Kurhessen

1851 kam es nach einem entsprechenden Antrag von Hessen-Kassel zur Bundesintervention in dem Kurfürstentum, um die konstitutionelle Verfassung von 1831[789] durch eine restaurativ-monarchische Verfassung zu ersetzen.[790]

I. Die Vorgeschichte der Intervention

Am 23. Februar 1849 wurde der erzkonservative Politiker Ludwig Hassenpflug gegen den Willen der Landstände kurhessischer Minister.[791] Da Hassenpflug mit Rückendeckung Österreichs eine äußerst reaktionäre Politik betrieb,[792] verweigerten die Landstände ihre Zustimmung zu dem von Hassenpflug vorgelegten Landeshaushalt.[793] Kurfürst Friedrich-Wilhelm von Hessen-Kassel erließ daraufhin am 4. September 1850 die „Verordnung über die Forterhebung der Steuern und Abgaben",[794] die eine Umgehung der Stände bei der Festlegung des Landeshaushalts vorsah.

789 Vgl. Kurhessische Verfassung („KHV") vom 5. Januar 1831, dargestellt bei Ham, Bundesintervention und Verfassungsrevision, S. 93 ff.; abgedruckt bei Huber, Dokumente, Bd. I, Nr. 58.

790 Der kurhessische Konflikt ist dargestellt bei Gräfe, Verfassungskampf in Kurhessen, S. 2 ff.; Ham, Bundesintervention und Verfassungsrevision, S. 143 ff.; Huber, Verfassungsgeschichte, Bd. II, S. 908 ff.; Popp, Ministerverantwortlichkeit, S. 136 ff.

791 Zu den Umständen dieser Ernennung aus zeitgenössischer Sichtweise eines Ständevertreters Kurhessens: Gräfe, Verfassungskampf in Kurhessen, S. 2 ff.

792 So beschreibt Huber (Verfassungsgeschichte, Bd. II, S. 908 m. w. N.) den Auslöser für den kurhessischen Konflikt wie folgt: „Der Streit hatte seine bedeutendste Ursache darin, daß Hasenpflug in dem Bewußtsein, einen sicheren Rückhalt für seine reaktionäre Politik bei Österreich zu finden, im Mai 1850 den Abfall Kurhessens von der Union erklärte." Zur hier erwähnten Erfurter Union: Huber, Verfassungsgeschichte, Bd. II, S. 885 ff.

793 Der Landständevetreter Gräfe begründete die Verweigerung der Bewilligung des Haushalts allerdings in seiner 1855 erschienenen Veröffentlichung (Verfassungskampf in Kurhessen, S. 21) damit, „daß die betreffenden Einnahmenquoten zu hoch gegriffen" seien und die Ständeversammlung deshalb „leichtsinnig und pflichtwidrig" gehandelt hätte, wenn sie dem Haushalt zugestimmt hätte.

794 Siehe hierzu Ham, Bundesintervention und Verfassungsrevision, S. 159 f.; Text der Steuernotverordnung abgedruckt bei Huber, Dokumente, Bd. I, Nr. 248; Popp, Ministerverantwortlichkeit, S. 383.

Diese Verordnung stellte nach überwiegender Auffassung einen Verfassungsbruch dar, weil steuerpolitische Entscheidungen gemäß § 143 ff. KHV nur mit Zustimmung der Landstände erfolgen durften und auch die Voraussetzungen für eine Notstandsgesetzgebung nach § 95 KHV wohl nicht vorlagen.[795] Hassenpflug hingegen stellte sich auf den Standpunkt, die Verweigerung der Haushaltsbewilligung durch die Landstände sei bundesrechtswidrig gewesen, weil die Landstände gemäß Art. 2 der Sechs Artikel vom 28. Juni 1832 ihrem Landesherren nicht die notwendigen finanziellen Mittel verweigern durften.[796] Die Ausnahmegesetzgebung des Bundes, zu denen auch die Sechs Artikel gehörten, war allerdings schon durch den Bundesbeschluss von 2. April 1848[797] außer Kraft gesetzt worden, sodass die Argumentation Hassenpflugs nicht stichhaltig erscheint.[798]

Das Verhalten der kurhessischen Regierung löste im Land so heftigen Widerstand aus, dass der Kurfürst am 7. September 1850 das Kriegsrecht ausrief[799] und seinen Regierungssitz nach Wilhelmsbad verlegte, um nicht Opfer eines Aufstandes der Kasseler Bevölkerung zu werden.[800] Mangels anderweitiger Legitimationsgrundlagen zog Hassenpflug auch zur Rechtfertigung des Kriegsrechts die außer Kraft getretenen Sechs Artikel heran.[801]

Die Maßnahmen Hassenpflugs verstärkten den Widerstand in Kurhessen, statt ihn zu durchbrechen. So entschied beispielsweise das Kasseler Oberappellationsgericht am 12. September 1850, dass die Steuernotverordnung verfassungswidrig

795 Siehe zur Vereinbarkeit der Steuernotverordnung mit dem kurhessischen Verfassungsrecht Ham, Bundesintervention und Verfassungsrevision, S. 143 ff.; siehe auch Huber, Verfassungsgeschichte, Bd. II, S. 909.

796 Vgl. Gräfe, Verfassungskampf in Kurhessen, S. 84; siehe zu den „Sechs Artikeln“ auch oben Kapitel 3 C.III.2.

797 Abgedruckt bei Kotulla, Verfassungsrecht, Bd. I, S. 794.

798 Obgleich auch die Landstände ihre Mitschuld an der Eskalation des Konflikts trugen, vgl. Ham, Bundesintervention und Verfassungsrevision, S. 167 ff.; siehe auch Huber, Verfassungsgeschichte, Bd. I, S. 909; zur Aufhebung der Ausnahmegesetze: Kotulla, Verfassungsrecht, Bd. I, S. 92 f.; siehe zur Begründung Hassenbergs, die Sechs Artikel seien gar nicht vom Bundesbeschluss vom 2. April 1848 umfasst gewesen, Gräfe, Verfassungskampf in Kurhessen, S. 84 ff.

799 Vgl. Verordnung die Erklärung des Kriegszustands betreffend abgedruckt bei Huber, Dokumente, Bd. I, Nr. 249.

800 Die Ausrufung des Kriegsrechts beschrieb Gräfe (Verfassungskampf in Kurhessen, S. 53) als „Lächerlichkeit“; siehe auch Huber, Verfassungsgeschichte, Bd. II, S. 909.

801 Siehe Huber, Verfassungsgeschichte, S. 910.

sei,[802] und viele kurhessische Offiziere verweigerten unter Berufung auf den geleisteten Verfassungseid den Gehorsam gegenüber ihrer Regierung.[803]

II. Die Intervention des Bundes

Da sich Kurfürst Friedrich Wilhelm und sein Minister Hassenpflug außerstande sahen, dieser „Auflehnung aus eigener Kraft entgegenzutreten",[804] beantragte die kurhessische Regierung am 17. September 1850 die Intervention des Bundes.[805] Insbesondere Österreich hatte ein Interesse daran, die noch immer spürbaren Nachwehen der Märzrevolution von 1848 zu überwinden und den seit 1815 geschaffenen restaurativen Zustand wieder vollständig herzustellen.[806] Deshalb beschloss der Rumpfbundestag unter Federführung Österreichs am 21. September 1850,[807] dass, entsprechend Art. 2 der Sechs Artikel, wegen der Steuerverweigerung der Landstände Art. 26 WSA anwendbar und die Intervention in Kurhessen deshalb durchzuführen sei.[808]

Der Interventionsbeschluss[809] erfolgte allerdings ohne die Zustimmung Preußens, das befürchtete, der Einmarsch österreichischer Interventionstruppen in Kurhessen könnte die ohnehin schon bestehende Abtrennung des preußischen

802 Text der Entscheidung abgedruckt bei Huber, Dokumente, Bd. I, Nr. 251; inhaltlich zum Zustandekommen der Entscheidung Huber, Verfassungsgeschichte, Bd. II, S. 911.

803 Hierzu Huber, Verfassungsgeschichte, Bd. II, S. 910.

804 Huber, Verfassungsgeschichte, Bd. II, S. 911.

805 Vgl. Prot. Bv. 3. Sitzung vom 17.09.1850 § 9; über diesen Antrag auch Gräfe, Verfassungskampf in Kurhessen, S. 150.

806 Vgl. Huber, Verfassungsgeschichte, Bd. II, S. 912.

807 Abgedruckt bei Huber, Dokumente, Bd. I, Nr. 253.

808 Auch der Rumpfbundestag zog damit zumindest zur Auslegung seiner Interventionsbefugnisse den aufgehobenen Bundesbeschluss vom 28. Juni 1832 heran; vgl. Huber, Verfassungsgeschichte, Bd. II, S. 912.

809 Da durch die Bundesmaßnahmen die Regierungsgewalt des Kurfürsten auf dessen eigenen Antrag hin wiederhergestellt werden sollte, konnte es sich bei der Bundesmaßnahme nur um eine Intervention, nicht aber um eine Exekution handeln, da sie dazu dienen sollte, die Regierungsgewalt des Landesherrn wiederherzustellen (vgl. oben Kapitel 3 C.II.2); soweit Zeitgenossen die Vorgänge als „Bundesexekution" bezeichneten (so beispielsweise Gräfe, Verfassungskampf in Kurhessen, S. 240 ff.), sollte hierdurch in erster Linie unterstrichen werden, dass die Bundesmaßnahmen gerade nicht die Herstellung eines verfassungsgemäßen Zustands zum Inhalt hatten, wie es Art. 26 WSA vorsah.

Kernlandes von dessen Westgebieten weiter manifestieren.[810] Zur Wahrung der eigenen Interessen konzentrierte Preußen seine Truppen an der Grenze zu Kurhessen.[811] Österreich hingegen bewertete jeden Widerstand gegen die in Bezug auf Hessen gefassten Bundesbeschlüsse als Bundesbruch und schloss sich mit Bayern und Württemberg zusammen, um einem preußischen Einmarsch notfalls mit militärischer Gewalt begegnen zu können.[812]

Am 16. Oktober 1850 beschloss der Rumpfbundestag die Aufstellung eines Interventionskorps und am 26. Oktober 1850 schließlich die Besetzung Kurhessens.[813] Die bayerischen Interventionstruppen rückten daraufhin gemeinsam mit einem österreichischen Bataillon am 1. November 1850 in das Kurfürstentum ein,[814] obwohl Preußen am 28. Oktober 1850 in der „Warschauer Übereinkunft" seine Unionspolitik weitgehend aufgegeben hatte, um so der Gefahr eines drohenden Krieges zu begegnen.[815]

III. Die „Bundeskrise" um Kurhessen

Entgegen den Warschauer Vereinbarungen beantwortete Preußen das Vorrücken des Interventionskorps mit dem Einmarsch zweier Divisionen nach Hessen-Kassel, um hierdurch sicherzustellen, dass die beiden Transitwege durch das Kurfürstentum, die die östlichen mit den westlichen Teilen Preußens verbanden, durch das Königreich weiterhin genutzt werden konnten.[816] Am 5. November 1850 ordnete Preußen sogar die allgemeine Mobilmachung an und drei Tage darauf kam es in Kurhessen zu einem Scharmützel zwischen österreichischen und preußischen Soldaten.[817] Deutschland stand damit 1850 am Rande eines österreichisch-preußischen Krieges.

Weil Preußen befürchten musste, dass sich Russland im Falle eines solchen Krieges auf die Seite Österreichs schlagen würde, um die Bildung einer preußisch

---

810 Siehe zum Protest Preußens Huber, Verfassungsgeschichte, Bd. II, S. 912 ff.

811 Vgl. Huber, Verfassungsgeschichte, Bd. II, S. 915.

812 Sogenanntes Bregenzer Schutz- und Trutzbündnis, abgedruckt bei Huber, Dokumente. Bd. I, Nr. 216.

813 Vgl. Huber, Verfassungsgeschichte, Bd. II, S. 917; die diesbezüglichen Bundesbeschlüsse abgedruckt bei Huber, Dokumente, Bd. I, Nr. 257 und 258.

814 Siehe Huber, Verfassungsgeschichte, Bd. II, S. 918.

815 Vgl. Huber, Verfassungsgeschichte, Bd. II, S. 916 f.

816 Vgl. Huber, Verfassungsgeschichte, Bd. II, S. 918.

817 Siehe hierzu Huber, Verfassungsgeschichte, Bd. II, S. 919.

geführten kleindeutschen Union zu verhindern, traf sich der Leiter des preußischen Außenministeriums Manteuffel in Olmütz mit dem österreichischen Vertreter Schwarzenberg.[818] Bereits nach einem Tag verständigten sich die Vertreter der beiden deutschen Großmächte am 29. November 1850 in der sogenannten Olmützer Punktation[819] darüber, dass Preußen die Auflösung der Erfurter Union veranlassen und die Interventionsmaßnahmen in Kurhessen nicht behindern werde und Österreich im Gegenzug der Einsetzung einer gesamtdeutschen Bundeszentralgewalt zustimmen und die Besetzung der Transitstraßen durch preußische Truppen nicht behindern werde.[820] Zudem stimmte Österreich in § 1 der Punktation zu, die Zukunft Preußens in die Hand aller deutschen Staaten zu legen, statt die Anerkennung der Verbindlichkeit der vom Rumpfbundestag getroffenen Entscheidungen einzufordern. Der Konflikt zwischen Österreich und Preußen hatte sich damit zunächst entspannt.

IV. Der Fortgang der Interventionsmaßnahmen

Entsprechend den Vereinbarungen der Olmützer Punktation wurden die weiteren militärischen Maßnahmen in Kurhessen gemeinsam durch einen österreichischen und einen preußischen Kommissar gesteuert, bis Preußen im Mai 1851 wieder in den Bundestag zurückkehrte und fortan eine einheitliche Bundesintervention stattfand.[821]

Mithilfe der vornehmlich bayerischen Interventionstruppen im Land[822] stellte Friedrich Wilhelm seine Macht wieder her, indem die renitenten Mitglieder des Landtags und des Beamtentums bestraft wurden und man das Oberappellationsgericht zwang, die Steuergesetze des Kurfürsten zumindest indirekt anzuerkennen.[823] Die Kontrolle über das Militär erhielt der Kurfürst zurück, indem er die Offiziere von ihrem Verfassungseid entband und ihnen gleichzeitig eine Amnestie für ihre „Befehlsverweigerung“ zusicherte.[824] Obwohl die Aufhebung des Verfassungseides, die mit der aus Art. 57 WSA hervorgehenden kurfürstlichen Machtstellung

818 Siehe Huber, Verfassungsgeschichte, Bd. II, S. 919.

819 Abgedruckt bei Huber, Dokumente, Bd. I, Nr. 223.

820 Siehe Huber, Verfassungsgeschichte, Bd. II, S. 920.

821 Vgl. Huber, Verfassungsgeschichte, Bd. II, S. 926.

822 Sogenannte „Strafbayern“, nur in Kassel selbst bestanden die Interventionstruppen aus Preußen und Österreichern, vgl. Huber, Verfassungsgeschichte, Bd. II, S. 927.

823 Siehe Huber, Verfassungsgeschichte, Bd. II, S. 927.

824 Siehe Huber, Verfassungsgeschichte, Bd. II, S. 928.

begründet wurde, gegen die noch immer geltende kurhessische Verfassung verstieß, fügten sich die Offiziere angesichts der militärischen Übermacht der Interventionsarmee.[825]

Nachdem die Regierungsgewalt des Kurfürsten und seines Ministers Hassenpflug auf diese Weise wieder vollständig hergestellt war, beendeten die Bundestruppen im Sommer 1851 ihre Interventionsmaßnahmen.

V. Bewertung der kurhessischen Krise

Aus der kurhessischen Krise lassen sich gleich mehrere Rückschlüsse in Bezug auf die Souveränität der deutschen Gliedstaaten ziehen:

Zum einen ist zu erkennen, dass die Beachtung des monarchischen Prinzips deutlichen Vorrang vor allen anderen Bundesprinzipien genoss. Die Bewahrung der Herrschaftsmacht eines deutschen Monarchen war demzufolge zumindest für die reaktionären Kräfte im Bund wichtiger als der Schutz der bestehenden Landesverfassungen. Trotz aller Theorien zur Staatssouveränität, die Mitte des 19. Jahrhunderts immer konkretere Gestalt annahmen,[826] legte der Bund immer noch höchsten Wert darauf, dass die gesamte Staatsgewalt gemäß den Vorgaben von Art. 57 WSA selbst dann in der Person des Landesherrn vereint blieb, wenn die Landesverfassungen etwas anderes vorsahen. Um diesen Zweck zu erreichen, war zumindest der österreichisch geführte, konservative Flügel im Bund bereit, Militärmaßnahmen von erheblichem Umfang zu veranlassen.

Zum anderen machte die Intervention in Kurhessen deutlich, dass Bundesmaßnahmen in einem Mittelstaat wie Kurhessen selbst dann zum gewünschten Erfolg führten, wenn sie nicht nur gegen den Willen der Bevölkerung, sondern auch gegen den Widerstand des Militärs sowie des Verwaltungs- und Justizapparates erfolgten. Bezeichnend ist hierbei, dass dieser Widerstand von den Bundestruppen praktisch ohne Gewaltanwendung gebrochen werden konnte und man sich in Kurhessen den Bundesmaßnahmen ab dem Augenblick fügte, als der Rückhalt durch Preußen verloren gegangen war.

Schlussendlich kann anhand der preußischen Preisgabe der eigenen Interessen aufgrund des gemeinsamen Drucks Österreichs und Russlands noch festgestellt werden, dass eine Bundesintervention nicht deshalb scheitern musste, weil die Ziele der Intervention nicht im Einklang mit den Interessen einer der beiden deutschen

825 Vgl. Huber, Verfassungsgeschichte, Bd. II, S. 928.
826 Siehe oben Kapitel 1 D.

Großmächte standen. Denn solange die Maßnahmen des Bundes einen Rückhalt bei anderen europäischen Großmächten, hier namentlich Russland, fanden, konnte die Bundespolitik – wie das Nachgeben Preußens zeigte – sogar den Widerstand einer der deutschen Großmächte überwinden.

E. Der Deutsch-Dänische Krieg

Der Konflikt zwischen dem Deutschen Bund und Dänemark von 1864 wird häufig als Deutsch-Dänischer Krieg bezeichnet. Da der Bund aber nur Maßnahmen gegen den Bundesbruch Holsteins ergriff, handelte es sich bei dem Konflikt um das Elbherzogtum tatsächlich um eine Bundesexekution.

I. Die Vorgeschichte des Krieges

Am 8. Mai 1852 wurde mit dem Londoner Protokoll zwischen Österreich, Preußen, Großbritannien, Frankreich, Russland, Schweden und Dänemark besiegelt, dass die Verbindung zwischen Dänemark und den Elbherzogtümern auch künftig auf eine reine Personalunion zu beschränken war.[827] Dänemark versuchte danach, Schleswig durch eine Dänisierungspolitik kulturell von Holstein abzusondern.[828] Am 2. Oktober 1855 verstieß Dänemark endgültig gegen das Londoner Protokoll, indem es eine Gesamtstaatsverfassung erließ, die das Ziel hatte, Schleswig, Holstein und Lauenburg in das eigene Staatsgebiet einzugliedern.[829] Der Deutsche Bund war nicht bereit, ein solches Verhalten Dänemarks zu tolerieren. Dennoch wurde erst im Jahr 1858 ein Bundesexekutionsverfahren eingeleitet,[830] woraufhin die dänische Regierung ihre Gesamtverfassung teilweise zurücknahm, sodass diese nur noch Schleswig umfasste. Da Schleswig nicht dem Deutschen Bund angehörte, war folglich der geplanten Bundesexekution die Rechtsgrundlage entzogen worden, sodass der Vollzug der geplanten Exekutionsmaßnahmen einstweilen ausgesetzt wurde.[831]

---

827 Siehe zum Londoner Protokoll Büsch, Handbuch der preußischen Geschichte, Bd. II, S. 336 f.; Huber, Verfassungsgeschichte, Bd. III, S. 462 ff.; Text des Protokolls abgedruckt bei Huber, Dokumente, Bd. I, S. 610 f.

828 Vgl. Brandt, Deutsche Geschichte 18501870, S. 148.

829 Vgl. Nipperdey, Deutsche Geschichte, S. 770 f.

830 Siehe Lutz, Zwischen Habsburg und Preußen, S. 447.

831 Vgl. Kotulla, Verfassungsgeschichte, Rn. 1862.

Viele Mittelstaaten im Deutschen Bund forderten die Schaffung eines unabhängigen Schleswig-Holsteins,[832] weil sie sich erhofften, hierdurch den Einfluss Preußens in Norddeutschland etwas abschwächen zu können. Da der Deutsche Bund dem Londoner Protokoll nicht beigetreten war, hätte er für das nationale Interesse der Mittelstaaten eintreten können, was allerdings den preußischen Interessen widersprochen hätte.[833] Preußen war stattdessen der Auffassung, dass „ein selbstständiges Fürstentum [Holstein] besser sei als die Personalunion [mit Dänemark] und dass die Vereinigung mit dem preußischen Staat besser war als ein selbstständiges Fürstentum".[834]

Ende März 1863 legte der dänische König seiner Regierung ein neues Gesamtstaatsgesetz vor, das die tatsächliche Einverleibung Schleswigs anordnete.[835] Österreich und Preußen beantragten daraufhin die Wiederaufnahme der einstweilen ausgesetzten Bundesexekutionsmaßnahmen gegen die Regierungen von Holstein und Lauenburg.[836] Dies führte dazu, dass die dänische Krone die Sezession Holsteins androhte, was der Deutsche Bund im Dezember 1863 mit Bundesexekutionsmaßnahmen beantwortete.[837]

II. Bundesexekution und Pfandbesetzung

Noch im Dezember 1863 wurde der Exekutionsbeschluss ausgeführt und Holstein sowie Lauenburg von Bundestruppen besetzt.[838] Die Besetzung Holsteins drohte die Kluft zu Schleswig weiter zu manifestieren. Um dies zu verhindern, sprachen sich insbesondere die Mittelstaaten dafür aus, Schleswig im Wege eines Bundeskrieges zu besetzen, an Holstein anzubinden und den vereinigten Gesamtstaat in den Bund aufzunehmen.[839] Österreich und Preußen waren gegen so weitreichende Maßnahmen und wollten Dänemark durch eine „Pfandbesetzung" Schleswigs lediglich zwingen, die Vereinbarungen des Londoner Protokolls einzuhalten.[840] Trotz

---

832 Vgl. Gebhardt, Handbuch der deutschen Geschichte, S. 184 f.
833 Siehe Mommsen, Ringen um den nationalen Staat, S. 159 f.
834 Zitiert nach Gebhardt, Handbuch, S. 185.
835 Vgl. Huber, Verfassungsgeschichte, Bd. III, S. 456.
836 Prot. Bv. 40. Sitzung vom 7.12.1863 § 288 (S. 583 ff.).
837 Vgl. Kotulla, Verfassungsgeschichte, Rn. 1864.
838 Siehe Prot. Bv. 23. Sitzung vom 7.12.1863 § 288 (S. 583 ff.).
839 Vgl. Kotulla, Verfassungsgeschichte, Rn. 1865.
840 Prot. Bv. 4. Sitzung vom 14.1.1864 § 32 (S. 97 ff.), siehe auch Kotulla, Verfassungsgeschichte, Rn. 1866.

der ablehnenden Haltung beider Großmächte beschloss die Bundesversammlung mit den Stimmen der Mittelstaaten die Annektierung Schleswigs statt dessen bloßer Pfandbesetzung.[841] Die beiden Großmächte kamen daraufhin überein, Schleswig notfalls im Alleingang zu besetzen, und stellten Dänemark ein Ultimatum, das erlassene Märzpatent zurückzunehmen.[842]

Nach fruchtlosem Ablauf des gesetzten Ultimatums begann am 1. Februar 1864 die Pfandbesetzung Schleswigs durch preußische und österreichische Truppen.[843] Der Verlauf lässt sich mit wenigen Worten zusammenfassen: Der kurze, aber heftige Widerstand der Dänen gegen die Pfandbesetzung wurde am 8. März mit einem preußisch-österreichischen Vormarsch nach Jütland beantwortet.[844] Als am 18. April die Düppeler Schanzen von den Invasionstruppen erstürmt wurden, war die militärische Niederlage Dänemarks bereits programmiert,[845] wurde aber zunächst durch den Waffenstillstand vom 12. Mai abgewendet.

III. Die Londoner Konferenzen von 1864

Auf englische Initiative wurde am 25. April 1864 eine weitere Londoner Konferenz zur Lösung der dänischen Frage einberufen und im Zuge dessen der zuvor erwähnte Waffenstillstand vereinbart.[846] Preußen forderte erneut, dass beide Elbherzogtümer nur durch die Personalunion mit Dänemark verbunden sein durften.[847] Dies lehnte Dänemark jedoch kategorisch ab. Als Reaktion hierauf verlangte Preußen entweder die Unabhängigkeit von Schleswig und Holstein oder die Angliederung beider Herzogtümer an Preußen.

Österreich versuchte nun zumindest die Annektierung Holsteins durch Preußen abzuwenden und schlug ebenfalls vor, den Herzogtümern völlige Unabhängigkeit zu gewähren. Um sich trotz der österreichischen Abwehrmaßnahmen Holstein doch noch einverleiben zu können, stellte Preußen so hohe

---

841 Vgl. Nipperdey, Deutsche Geschichte, S. 772

842 Vgl. Mommsen, Ringen um den nationalen Staat, S. 162.

843 Vgl. Nipperdey, Deutsche Geschichte, S. 772.

844 Ausführlich zum Verlauf: Helmert/Usczeck, Preußischdeutsche Kriege, S. 56–82; Fiedler, Kriegswesen und Kriegsführung, S. 189–198; ausführlich zur damaligen Waffentechnik: Ortenburg, Waffe und Waffengebrauch.

845 Vgl. Lutz, Zwischen Habsburg und Preußen, S. 449.

846 Vgl. Hillgruber, Bismarcks Außenpolitik, S. 57 ff.; zu den Verhandlungen: Bismarck, Gedanken und Erinnerungen, S. 345.

847 Zit. in Brandt, Deutsche Geschichte, S. 151.

Anforderungen an den neuen Mittelstaat, dass dieser faktisch ein Satellit Preußens geworden wäre.[848] Als Dänemark auch die von Preußen vorgeschlagene Trennung Schleswigs an der deutsch-dänischen Sprachgrenze nicht akzeptieren wollte, wurden die Verhandlungen abgebrochen und der Waffenstillstand für beendet erklärt, wodurch Dänemark politisch und militärisch isoliert wurde.[849] Die militärische Niederlage Dänemarks manifestierte sich daraufhin durch die Eroberung Alsens am 29. Juni 1864.[850]

Der Konflikt belastete nicht nur das Verhältnis zwischen Preußen und Dänemark. Auch die Beziehungen Preußens zum Deutschen Bund wurden in Mitleidenschaft gezogen, als Preußen am 21. Juli 1864 die holsteinische Festung Rendsburg besetzen ließ, nachdem es zwischen den dort stationierten Bundestruppen und preußischen Soldaten zu bewaffneten Zwischenfällen gekommen war.[851]

IV. Kriegsende und Präliminarfrieden

Österreich und Preußen nutzen die Isolation Dänemarks, um auch den Rest Jütlands sowie die Insel Alsen zu besetzen und damit Dänemark endgültig zu besiegen. Am 1. August 1864 mussten die Dänen unter ungünstigen Bedingungen den Präliminarfrieden von Wien annehmen, den Österreich und Preußen als Siegermächte unterzeichneten.[852] Da der Deutsche Bund am Krieg gegen Dänemark nicht beteiligt war, nahm er auch an den Friedensvertragsverhandlungen nicht teil.[853] Der entscheidende Artikel des Friedensvertrages besagte, dass Dänemark Schleswig, Holstein und Lauenburg zugunsten Preußens und Österreichs aufgeben und alle künftigen Entscheidungen über die Herzogtümer akzeptieren müsse.[854] Die Elbherzogtümer wurden dadurch dauerhaft von der dänischen Krone getrennt.

848 Vgl. Brandt, Deutsche Geschichte, S. 151.
849 Vgl. Gebhardt, Handbuch, S. 186.
850 Vgl. Kotulla, Verfassungsgeschichte, Rn. 1867.
851 Vgl. Angelow, Von Wien nach Königgrätz, S. 235; Huber, Verfassungsgeschichte, Bd. III, S. 484.
852 Siehe zum Verlauf des Krieges und zum Präliminarfrieden Huber, Verfassungsgeschichte, Bd. III, S. 480 ff.
853 Siehe Angelow, Von Wien nach Königgrätz, S. 235.
854 Vgl. Angelow, Von Wien nach Königgrätz, S. 235; Huber, Verfassungsgeschichte, Bd. III, S. 482 f.

V. Bewertung des Deutsch-Dänischen Krieges

Der Deutsch-Dänische Krieg von 1864 zeigte insbesondere, dass die deutsche Politik immer mehr von Österreich und Preußen und nicht vom Deutschen Bund dominiert wurde. Bereits 1851 ließ sich an der Unterzeichnung der Londoner Protokolle durch Österreich und Preußen und an der fehlenden Einbeziehung des Bundes erkennen, dass der Einfluss der beiden deutschen Vormächte zunahm, während der Einfluss des Bundes schwand. Spätestens die Besetzung Schleswigs durch Österreich und Preußen verdeutlichte, dass es den beiden Großmächten gleichgültig war, ob sie für ihre militärischen Aktionen die Rückendeckung des Deutschen Bundes erhielten. Das Band, das einst die Gliedstaaten des Deutschen Bundes einen sollte, wurde damit immer lockerer.[855]

Die Pfandbesetzung Schleswigs durch Österreich und Preußen ist unter bundesrechtlichen Gesichtspunkten kritisch zu bewerten. Denn diese besaßen gemäß Art. 11 Abs. 2 BA nur das Recht, eigenständig Kriege zu führen, wenn hierdurch nicht die Sicherheitsinteressen des Deutschen Bundes betroffen wurden. Da der Bundestag bereits eine Besetzung Schleswigs durch deutsche Truppen abgelehnt hatte, hätten Österreich und Preußen Schleswig zumindest nicht in ihrer Eigenschaft als Bundesmächte ohne ausdrückliche Genehmigung des Deutschen Bundes eigenmächtig besetzen dürfen.

Obwohl das Bundesrecht 1864 noch formell die Herrschaftsbefugnisse der Gliedstaaten beschränkte, zeigte sich folglich immer deutlicher, dass die Handlungsoptionen Österreichs und Preußens hierdurch kaum beeinträchtigt wurden. Zum einen fühlten sich Österreich und Preußen nicht verpflichtet, die eigenen Interessen den Bundesinteressen unterzuordnen; zum anderen hätte der Deutsche Bund keine Möglichkeit gehabt, das Bundesrecht zwangsweise gegen eine Allianz der beiden Großmächte durchzusetzen.

Das Verhalten Österreichs und Preußens im Deutsch-Dänischen Krieg lässt erkennen, dass ein beschränkender Einfluss des Deutschen Bundes auf seine beiden größten Mitglieder zumindest in der Spätphase des Bundes kaum vorhanden war. Ohne den Rückhalt dieser beiden Staaten konnte der Bund allerdings seiner Aufgabe, den Frieden in Deutschland und Europa zu wahren, nicht mehr gerecht werden. Indem sich Österreich und Preußen immer weiter vom Bund distanzierten, verstießen sie somit gegen das geltende Bundesrecht und trugen

855 Siehe zur Beschreibung des Deutschen Bundes als nationales bzw. „einigendes Band“ Bentfeldt, Der Deutsche Bund als nationales Band, S. 484; Gruner, Der deutsche Bund als Band der deutschen Nation, S. 49 ff.; Müller, Der Deutsche Bund, S. 86.

gleichzeitig dazu bei, dass die Bedeutung des Deutschen Bundes in Europa immer weiter schwand.

F. Der Deutsch-Deutsche Krieg

Nach dem Krieg mit Dänemark brach über die Frage der politischen Zukunft der beiden Elbherzogtümer die Rivalität zwischen Preußen und Österreich offen aus.

I. Die norddeutsche Situation als Auslöser des Konflikts

Zunächst wurden Schleswig und Holstein von beiden Großmächten gemäß den Bestimmungen des Wiener Friedens gemeinsam verwaltet. Durch die Gasteiner Konvention vom 14. August 1865 wurde die gemeinsame Administration beider Herzogtümer aufgegeben.[856] Preußen verwaltete fortan Schleswig und Österreich Holstein. Ferner verzichtete Österreich auf Lauenburg und trat seine Rechte an dem Herzogtum für 2,5 Millionen Taler an die preußische Krone ab.

Trotz des Abkommens von Gastein strebte Preußen die Kontrolle über ganz Norddeutschland an. In diesem Zusammenhang wurde die Annektierung Holsteins durch Preußen als eine mögliche Option gehandelt.[857] Hierzu kündigte Preußen an, es werde seine Politik in „voller Freiheit“ ausüben, wenn sich eine gemeinsame Linie der beiden deutschen Großmächte in der Frage um Schleswig-Holstein nicht verwirklichen lasse.[858] Preußen provozierte Österreich durch solche Aussagen bewusst, um den Konflikt eskalieren zu lassen.[859] Tatsächlich betrachtete Preußen bereits Anfang 1866 einen Krieg gegen Österreich als „ernsthafte Option“.[860] Zur Verbesserung der eigenen Ausgangslage in dem möglicherweise bevorstehenden Waffengang gegen die Donaumonarchie schloss Preußen am 8. April 1866 im Berliner Allianzvertrag ein geheimes Angriffsbündnis mit Italien ab, um Österreich im Falle einer militärischen Auseinandersetzung in einen Zweifrontenkrieg verwickeln zu können.[861]

---

856 Text der Konvention abgedruckt bei Huber, Dokumente, Bd. I, Nr. 158, S. 212 f.
857 Siehe Büsch, Handbuch der preußischen Geschichte, Bd. II, S. 340.
858 Schieder, Handbuch der europäischen Geschichte, S. 567.
859 Vgl. Angelow, Von Wien nach Königgrätz, S. 240.
860 Kotulla, Verfassungsgeschichte, Rn. 1871.
861 Vgl. Angelow, Von Wien nach Königgrätz, S. 244; Kotulla, Verfassungsgeschichte, Rn. 1872.

Österreich forcierte die eigenen Kriegspläne weniger intensiv als Preußen, bereitete sich aber dennoch ebenfalls auf eine militärische Auseinandersetzung vor. Hierzu wurde im April 1866 die Aufstockung des Militäretats und des Personalbestandes der Streitkräfte beschlossen und im Juni ein Nichtangriffspakt mit Frankreich unterzeichnet.[862] Im Zusammenhang mit dem Abschluss dieses Vertrages verständigten sich Österreich und Frankreich darauf, im Falle eines österreichischen Sieges einen neuen „Rheinstaat"[863] in Deutschland zu schaffen.

Da Österreich, Preußen und Italien zudem den Bereitschaftsgrad ihrer Armeen immer weiter erhöhten und ab Mai 1866 sogar die Mobilmachung ihrer Streitkräfte anordneten, erhöhte sich das gegenseitige Misstrauen und damit auch die Wahrscheinlichkeit eines Krieges.[864]

II. Der Bundesbruch Preußens

Unter Bruch des Gasteiner Abkommens besetzte Preußen am 7. Juni 1866 Holstein mit der Begründung, dies geschehe, um seine im Wiener Friedensvertrag zugesicherten Mitverwaltungsrechte zurückzuerlangen.[865] Dieses Vorgehen Preußens stellte einen Verstoß des Bundesrechts dar, das jede Verletzung der Integrität eines Gliedstaats durch einen anderen verbat. Da Preußen bewusst war, dass sein Einmarsch in Holstein nicht mit dem Bundesrecht in Einklang zu bringen war, zog es als Rechtfertigungsgrund ein sich selbst unterstelltes Recht zur „Einigung Deutschlands in Stellvertretung der handlungsunfähigen Nation" heran.[866]

Österreich zog als Reaktion auf die Besetzung Holsteins seine dort stationierten Truppen ab und beantragte am 11. Juni 1866 im Bundestag, dem Einmarsch Preußens in Holstein mit militärischem Bundeszwang zu begegnen.[867] Die Bundesversammlung beschloss daraufhin am 14. Juni 1866 die Mobilisierung des VI-I.-X. Armeekorps, um Preußen durch eine formlose Bundesexekution zum Abzug

862 Vgl. Angelow, Von Wien nach Königgrätz, S. 244 ff.
863 Angelow, Von Wien nach Königgrätz, S. 247.
864 Vgl. Huber, Verfassungsgeschichte, Bd. III, S. 523 f.; siehe auch Angelow, Von Wien nach Königgrätz, S. 245.
865 Vgl. Büsch, Handbuch der preußischen Geschichte, Bd. II, S. 340; Kotulla, Verfassungsgeschichte, Rn. 1877.
866 Vgl. Büsch, Handbuch der preußischen Geschichte, Bd. II, S. 340.
867 Vgl. Prot. Bv. 23. Sitzung vom 11.06.1866 § 164; siehe hierzu auch Angelow, Von Wien nach Königgrätz, S. 247.

aus Holstein zu bewegen.[868] Die Mehrheit der deutschen Mittel- und Kleinstaaten hatte sich folglich für die Unterstützung Österreichs entschieden, was nicht zuletzt geschah, um die eigene Souveränität vor der zunehmenden Hegemonie Preußens zu schützen.[869]

Als Reaktion auf die Mobilisierung des Bundesheeres gegen Preußen erklärte der preußische Gesandte Savigny in Abstimmung mit Ministerpräsident Bismarck den Rücktritt vom Deutschen Bundestag und die Bundesakte für erloschen.[870]

Nachdem das preußische Heer zudem die Truppen Österreichs und Sachsens in der entscheidenden Schlacht bei Königgrätz besiegt hatte, wurde schließlich die Auflösung des Deutschen Bundes im Vorfrieden von Nikolsburg und dem anschließenden Definitivfrieden von Prag, in denen die Neugliederung Deutschlands ohne das Kaiserreich Österreich festgeschrieben wurde, endgültig besiegelt.

III. Bewertung des Deutsch-Deutschen Krieges

Bereits das Verhalten Preußens und Österreichs im Vorfeld der kriegerischen Auseinandersetzungen hatte gezeigt, dass der Deutsche Bund seinem Sicherheitszweck nur mit Unterstützung durch die beiden deutschen Großmächte gerecht werden konnte.

Als Preußen beschloss, ein antiösterreichisches Bündnis mit Italien einzugehen, reagierte Österreich und unterzeichnete mit Frankreich ein Abkommen, das die Zukunft Deutschlands nach einem Sieg über Preußen regelte. Beide Verträge verstießen gegen die in Art. 11 Abs. 3 BA und Art. 48 WSA statuierte Pflicht, kein Bündnis einzugehen, das die Sicherheit Deutschlands gefährden konnte. Die deutschen Großmächte hatten sich mithin entschieden, das Bundesrecht zur Durchsetzung der eigenen Interessen zu brechen. Spätestens als Preußen diese bundesfeindliche Politik auf die Spitze trieb, indem es Holstein unter Missachtung von Art. 11 Abs. 4 BA rechtswidrig besetzte und die darauf folgende, bundesrechtlich kaum zu beanstandende, militärische Reaktion des Bundes mit dem Bundesaustritt beantwortete, war klar, dass sich Preußen nicht an die bundesrechtlichen Schranken der eigenen Herrschaftsmacht gebunden fühlte.

---

868 Vgl. Prot. Bv. 24. Sitzung vom 24.6.1866 § 170; vgl. in Bezug auf die „formlose" Bundesexekution Angelow, Von Wien nach Königgrätz, S. 249, und im Übrigen auch Huber, Verfassungsgeschichte, Bd. III, S. 542.

869 Vgl. Angelow, Von Wien nach Königgrätz, S. 249.

870 Vgl. Angelow, Von Wien nach Königgrätz, S. 249; Huber, Verfassungsgeschichte, Bd. III, S. 542; Kotulla, Verfassungsgeschichte, Rn. 1878.

Auch im Deutschen Bund galt der Grundsatz, dass die den Gliedstaaten gewährten Souveränitätsrechte nur dazu berechtigten, Herrschaftsbefugnisse im bundesrechtlich vorgegebenen (und damit legitimen) Rahmen auszuüben. Der Austritt Preußens aus dem Deutschen Bund widersprach dem in Art. 1 BA begründeten Grundsatz der Unauflöslichkeit des Bundes und dem in Art. 5 WSA manifestierten Verbot des Bundesaustritts.[871] Weil Preußens Souveränitätsrechte, ebenso wie diejenigen aller anderen Gliedstaaten, von vornherein durch den Bundeszweck beschränkt waren, konnte Preußen seinen Austritt aus dem Bund auch nicht mit dem Argument legitimieren, ein souveräner Staat besitze immer das Recht, über seinen Verbleib in einer Staatenverbindung frei zu entscheiden. Preußens Austritt hätte allenfalls mit der Begründung gerechtfertigt werden können, der Bund sei gescheitert, weil er seinem Sicherheitszweck nicht mehr nachkommen könne, sodass die bundesrechtlichen Schranken der Souveränität ebenfalls keine Geltung mehr besäßen.[872] Auch dieses Argument vermag nur wenig zu überzeugen, da erst das vertragswidrige Verhalten Preußens den Hauptgrund für das Scheitern des Bundes darstellte.

Durch die Kündigung seiner Mitgliedschaft überschritt Preußen somit die Grenzen der Herrschaftsbefugnisse, die ihm das Bundesrecht gewährte. Während ein entsprechendes Verhalten kleinerer Gliedstaaten mit an Sicherheit grenzender Wahrscheinlichkeit zur Sequestration der Regierungsgewalt durch den Bund geführt hätte, erreichte Preußen mit seinem „Austritt", der wohl eher eine Sezession darstellte, die Auflösung des Deutschen Bundes und eine Neuordnung Deutschlands nach den eigenen Vorstellungen.[873] Dies machte deutlich, dass der Umfang der Souveränität der einzelnen Gliedstaaten nur rechtlich denselben Schranken unterlag, dass diese Schranken aber aufgrund der ungleichen Verteilung der Machtverhältnisse innerhalb des Deutschen Bundes von den Großmächten erfolgreich durchbrochen werden konnten.

G. Gesamtbewertung der Bundesmaßnahmen

Den hier beispielhaft aufgezeigten Bundesmaßnahmen ist zu entnehmen, dass der Bund das Mittel des Bundeszwangs zur Bewältigung verschiedenster Arten von

871 Vgl. Kotulla, Verfassungsgeschichte, Rn. 1879.

872 Siehe oben Kapitel 2 C.II.

873 Siehe zur Neuordnung Deutschlands durch die Gründung des Norddeutschen Bundes unter preußischer Vorherrschaft Kotulla, Verfassungsgeschichte, Rn. 1903 ff.

Krisen benutzte. Bereits die beiden Konflikte in den 1820er und 1830er Jahren zeigten, dass der Bund die ihm übertragenen Herrschaftsbefugnisse weit auslegte und das Bundesrecht heranzog, um in einzelnen Staaten selbst solche Konflikte zu unterbinden, die nicht die Sicherheit Deutschlands betrafen und demzufolge unterhalb der Schwelle lagen, ab der der Bund hätte intervenieren dürfen. Gleichzeitig lässt sich feststellen, dass es vornehmlich kleinere Bundesmitglieder wie Braunschweig und Frankfurt waren, gegen die der Deutsche Bund Zwangsmaßnahmen beschloss. Die Art und Weise des konkreten Einsatzes der Bundeszwangsmittel führte dazu, dass die Herrschaftsbefugnisse der Gliedstaaten über den Rahmen der materiellen Bundesgesetze hinaus eingeschränkt werden konnten, wobei der Unabhängigkeitszweck oft deutlich hinter den Sicherheitszweck des Bundes zurücktrat.

Wie die Bundesintervention in Holstein im Jahr 1850 zeigte, konnte der Einsatz von Bundeszwangsmaßnahmen im Einklang mit dem Unabhängigkeitszweck stehen, wenn der Bund im Wege der Bundesintervention sicherstellte, dass keine ausländische Macht zu viel Einfluss über einen deutschen Staat erhielt. Darüber hinaus fand auch die in den Bundesgrundgesetzen festgeschriebene Souveränität der deutschen Fürsten ihre Schranken in der Unabhängigkeit des Gliedstaates, den sie regierten; dies wird daraus ersichtlich, dass sich die Intervention gegen den dänischen König richtete, der gleichzeitig Herzog von Holstein war.

Bereits der Konflikt mit Dänemark im Jahr 1864 zeigte, dass der Bund letztlich nicht über die Möglichkeit verfügte, Bundesrecht gegenüber den Großmächten Österreich und Preußen durchzusetzen. Für die beiden deutschen Großmächte war das Bundesrecht demzufolge faktisch nicht so verbindlich, wie es die Bundesgesetze vorsahen. Dementsprechend konnte der Deutsche Bund nicht verhindern, dass Österreich und Preußen auch ohne einen Bundesbeschluss Schleswig im Alleingang besetzten. Gerade weil die Rechtmäßigkeit dieser Aktion im Hinblick auf Art. 11 Abs. 2 BA fragwürdig erschien, zeigte sie, dass die beiden Großmächte sich notfalls über die bundesrechtlichen Vorgaben hinwegsetzten. Da der Bund Österreich und Preußen nicht an der uneingeschränkten Ausübung ihrer Herrschaftsmacht hindern konnte, besaßen die beiden deutschen Großmächte trotz ihrer Eingliederung in den Deutschen Bund fortwährend die Letztentscheidungsgewalt für ihr Handeln; sie waren nur rechtlich nicht legitimiert, Entscheidungen zu treffen, die gegen Bundesrecht verstießen. Das aufgrund ihrer rechtlichen Bindung an die Bundesgesetze verbleibende Souveränitätsdefizit Österreichs und Preußens konnte somit zumindest faktisch überwunden werden. Als Mitglieder des Deutschen Bundes stand ihnen wegen des beschränkten Umfangs der eigenen Souveränitätsrechte und der Ewigkeitsklauseln in Art. 1 BA, Art. 5 WSA zwar grundsätzlich nicht das Recht zu, die auf den Bund übertragenen Herrschaftsbefugnisse durch einen Austritt aus dem Bund wieder zurückzuerlangen. Wie die Ereignisse um die Bundesexekution gegen Preußen im Jahr 1866 zeigten, konnte der Deutsche Bund, trotz der bundesrechtlichen Ewigkeitsklausel, einen Austritt einer der beiden Großmächte jedoch nicht verhindern.

Anders sah die Situation bezüglich der Klein- und Mittelstaaten aus. Denn im Gegensatz zu den beiden Großmächten war es ihnen nicht nur rechtlich untersagt, aus dem Bund auszutreten; sie konnten es auch faktisch nicht. Bereits die in diesem Kapitel exemplarisch geschilderten Zwangsmaßnahmen des Bundes gegen einzelne Gliedstaaten zeigten, dass jede Maßnahme, die nicht den restaurativen Zielvorstellungen des Deutschen Bundes entsprach, mit militärischer Gewalt unterbunden wurde. Der Versuch eines kleinen oder mittleren Bundesmitglieds, seine auf den Deutschen Bund übertragenen Herrschaftsbefugnisse durch einen Austritt aus dem Bund zurückzuerlangen, wäre vor diesem Hintergrund mit großer Wahrscheinlichkeit durch eine Bundesexekution verhindert worden. Die Klein- und Mittelstaaten besaßen somit aufgrund der konkreten Kräfteverhältnisse im Deutschen Bund weder rechtlich noch faktisch die Möglichkeit, einmal auf den Bund übertragene Herrschaftsbefugnisse zurückzuerlangen.

Abschließende Bewertungen

Es konnte aufgezeigt werden, dass die Souveränitätsrechte der Bundesmitglieder nicht die vollumfänglichen Herrschaftsbefugnisse beinhalteten, die heute gemeinhin mit dem Begriff der Souveränität verbunden werden. Obwohl die Stellung der deutschen Fürsten in den Bundesgrundgesetzen mit dem Begriff „souverain" beschrieben wurde, konnte der Deutsche Bund folglich nicht den idealtypischen Staatenbund darstellen, als der er teilweise interpretiert wird.

Wenn der Deutsche Bund unreflektiert als Verbindung souveräner Staaten bezeichnet wird, kann dies zu der trügerischen Schlussfolgerung führen, er habe die Herrschaftsbefugnisse seiner Gliedstaaten nicht einschränken dürfen. Ein solcher Souveränitätsmaßstab darf jedoch für die Bundesmitglieder nicht angelegt werden. Den politisch-historischen Ereignissen im Vorfeld der Gründung des Bundes lässt sich vielmehr entnehmen, dass die deutschen Staaten von Anfang an in erster Linie diejenigen Rechte einforderten, die ihnen vormals bereits im Rahmen der Landeshoheit zugestanden hatten. Darüber hinaus erlaubten sie eine Beschränkung ihrer Souveränitätsrechte im Rahmen des Bundeszwecks. Demzufolge sollte den deutschen Staaten nie eine absolute Souveränität im Sinne Bodins oder eine dem heutigen Souveränitätsverständnis entsprechende, nur durch das allgemeine Völkerrecht begrenzte Souveränität zuteilwerden.

Mit der Gründung des Bundes wollte man sowohl dem Souveränitätsstreben der deutschen Fürsten als auch dem allgemeinen Sicherheitsbedürfnis nach den napoleonischen Kriegen gerecht werden. Der Bund besaß somit einen Doppelzweck, der in seiner Entstehungsgeschichte begründet lag. Hieraus lässt sich folgern, dass der Bund bei der Wahrnehmung seiner Aufgaben sowohl die Sicherheit Deutschlands als auch die Unabhängigkeit seiner Mitglieder zu beachten hatte. Mithin mussten Sicherheits- und Unabhängigkeitsinteressen bei der Schaffung und Anwendung des Bundesrechts in angemessener Weise gegeneinander abgewogen werden.

Mit der Unterzeichnung der Bundesakte auf dem Wiener Kongress wurden im Jahr 1815 einheitliche Grundsätze für die deutsche Nation aufgestellt. Aufgrund der rudimentären Ausgestaltung der Bundesakte ließen sich die Bundeskompetenzen zunächst fast ausschließlich über den Bundeszweck herleiten. Es gab hingegen kaum materielle Regelungen, die die konkreten Befugnisse des Bundes zur Umsetzung des Bundeszwecks definierten. Insbesondere ließ sich bei der Unterzeichnung der Bundesakte noch nicht feststellen, wie das Spannungsverhältnis gelöst werden würde, das aus den häufig gegenläufigen Zielrichtungen des

Sicherheitszwecks und des Unabhängigkeitszwecks resultierte. Ob und wie der Deutsche Bund den an ihn gestellten Ansprüchen gerecht werden sollte, hing damit von der weiteren Ausgestaltung des Bundesrechts und insbesondere davon ab, wie der Deutsche Bund zukünftig von den ihm übertragenen Herrschaftsbefugnissen Gebrauch machen würde.

Die Bundesakte garantierte die Unabhängigkeit der deutschen Staaten und die Souveränität der deutschen Fürsten. Mit dieser sprachlichen Differenzierung wurde verdeutlicht, dass die grundsätzliche Herrschaftsmacht der Monarchen in den der Gliedstaaten nicht angetastet werden durfte. Als es 1819 mit der Ermordung Kotzebues zur ersten Bewährungsprobe für den Deutschen Bund kam, überschritt dieser die ihm zustehenden Machtbefugnisse, indem er sich zum Schutz des restaurativen Systems mit den Karlsbader Beschlüssen auf formell rechtswidrige Weise neue Kompetenzen gewährte, um die Erhaltung des Status quo sicherstellen. Materiell-rechtlich bedeuteten die Karlsbader Gesetze eine nicht erforderliche und unverhältnismäßige Ausweitung der Herrschaftsbefugnisse des Bundes. Somit stellten die Neuregelungen auch inhaltlich keinen angemessenen Interessensausgleich zwischen Sicherheits- und Unabhängigkeitszweck dar und widersprachen demzufolge den Souveränitätsprinzipien des Bundes.

Auch die Verabschiedung der Wiener Schlussakte ging mit weiteren Einschränkungen der gliedstaatlichen Herrschaftsmacht einher. So wurde den deutschen Staaten unter anderem die Letztentscheidungsbefugnis über den Eintritt in einen Krieg genommen, da die Erklärung des Bundeskrieges nunmehr nicht mehr eines einstimmigen Beschlusses, sondern nur noch eines Zweidrittel-Mehrheitsbeschlusses in der Bundesversammlung bedurfte. Diese Übertragung der Entscheidung über Krieg und Frieden auf den Deutschen Bund widersprach jedoch nicht den Souveränitätsrechten der Gliedstaaten, da sie einen geeigneten Ausgleich zwischen den Sicherheits- und den Unabhängigkeitsinteressen darstellte.

Mit den Regelungen zur Bundesexekution und Bundesintervention wurden bundesrechtliche Normen geschaffen, die den Bund ermächtigten, das Bundesrecht zwangsweise gegenüber seinen Mitgliedern durchzusetzen. Hierdurch wurde die Durchführung von Bundeszwangsmaßnahmen eine Option, die der Bund nach Verabschiedung der Wiener Schlussakte mehrfach wahrnahm. Da er von diesen Kompetenzen nur Gebrauch machen durfte, wenn die Sicherheit Deutschlands gefährdet war, widersprachen die Rechtsgrundlagen des Bundeszwangs nicht den Souveränitätsprinzipien im Deutschen Bund. Stattdessen musste von Fall zu Fall geprüft werden, ob angeordnete Zwangsmaßnahmen zur Umsetzung des Sicherheitszwecks geeignet, erforderlich und angemessen waren, sodass die Vorgaben des Unabhängigkeitszwecks gewahrt blieben.

Während die Herrschaftsbefugnisse des Deutschen Bundes durch die Verabschiedung der Wiener Schlussakte in vielerlei Hinsicht konkretisiert wurden und dieser damit für den Bereich der Bundessicherheit quasi-staatliche Kompetenzen erhielt, wurden auch nach 1820 die Rechte der deutschen Staaten in den Bereichen Handel, Wirtschaft und Finanzen praktisch nicht eingeschränkt. Zudem machte das Beispiel der Wehrorganisationsgesetze deutlich, dass die Herstellung der militärischen Verteidigungsbereitschaft gegen potenzielle Angriffe ausländischer Mächte nicht mit demselben Nachdruck verfolgt wurde wie die Verteidigung des restaurativ-monarchischen Systems gegen nationalliberale Tendenzen innerhalb Deutschlands. Stattdessen sollte nach dem Willen der meisten Bundesmitglieder die eigene Militärhoheit nicht übermäßig eingeschränkt werden; dies führte dazu, dass das Bundesheer erst nach der Feststellung des Bundeskrieges gebildet und auch erst zu diesem Zeitpunkt ein bundeseinheitlicher Oberbefehlshaber bestimmt wurde. Zwar sollten die Gliedstaaten auch in Friedenszeiten Militärkontingente für den Bund bereithalten; der Umfang dieser Verpflichtungen war allerdings aufgrund geringer Manöveranforderungen, großzügiger Urlaubsregelungen und mangelnder Überwachung durch den Bund so gering, dass der Deutsche Bund seiner friedensfördernden Konzeption mehr oder weniger unfreiwillig nachkam, indem er es versäumte, die Ausbildung des Bundesheeres im beabsichtigten Umfang umzusetzen.

Obgleich viele Bundeskompetenzen mit der Zielrichtung geschaffen wurden, die Herrschaft der deutschen Fürsten zu sichern, schränkten sie deren Herrschaftsbefugnisse oft in weiten Bereichen ein. Der Versuch, die Bildung eines nationalen Bundesstaates zu verhindern, führte somit dazu, dass der Deutsche Bund teilweise die bundesstaatlichen Züge annahm, die bereits seit seiner Gründung latent in den eingeschränkten Souveränitätsprinzipien veranlagt waren. Wie anhand der schwach ausgebildeten Strukturen des Deutschen Bundes – die Bundesversammlung war sein einziges permanentes Organ – und an der Ausgestaltung der Wehrorganisationsgesetze zu erkennen ist, trat an anderer Stelle der staatenbündische Charakter des Deutschen Bundes deutlich zum Vorschein. Dennoch dürfen die teilweise nur schwach ausgebildeten Strukturen nicht darüber hinwegtäuschen, dass der Deutsche Bund mit den Bundeszwangskompetenzen und der Entscheidung über Krieg und Frieden wesentliche eigene Herrschaftsbefugnisse besaß.

Die Bundesgrundgesetze garantierten die Souveränität der Gliedstaaten. Einem souveränen Staat steht nach dem allgemeinen Souveränitätsverständnis das Recht zu, selbst über den Umfang und Fortbestand der völkerrechtlich eingegangenen Verpflichtungen zu entscheiden. Dieser Grundsatz galt indes im Deutschen Bund nicht, da die Souveränität seiner Mitglieder durch den Bundeszweck beschränkt wurde und ein Austritt dem Bundeszweck widersprochen hätte. Die Vorgabe von Art. 5 WSA, dass der „Austritt aus diesem Verein keinem Mitgliede desselben frei stehen" kann, stellte mithin nur eine Konkretisierung des Bundeszwecks und keine materielle Norm mit eigenem Regelungsgehalt dar.

Bereits im Zusammenhang mit der Verabschiedung der Karlsbader Gesetze wurde deutlich, dass sich kleinere Gliedstaaten oft dem Willen größerer Gliedstaaten beugen mussten, ohne dass dabei immer die bundesrechtlich verankerten Gleichbehandlungsrechte beachtet worden wären. Am Beispiel der Korpseinteilung zeigte sich dann, dass sich auch Mittelstaaten wie Hessen-Kassel und Hessen-Darmstadt dann nicht erfolgreich gegen die Großmächte durchsetzen konnten, wenn sie sowohl die bundesrechtlichen Grundsätze als auch die anderen Klein- und Mittelstaaten auf ihrer Seite hatten.

Da das Bundesrecht an vielen Stellen Raum für eine normenkonkretisierende Auslegung bot, bemaß sich der Umfang der Souveränität nicht nur am Wortlaut der Bundesgesetze, sondern auch an deren konkreter Anwendung durch den Bundestag. Anhand prägnanter Beispiele wurde dargelegt, wie der Bund die Herrschaftsbefugnisse einzelner Mitgliedstaaten einschränkte und seine Zwangskompetenzen anwendete. Um das restaurative System zu schützen, griff der Deutsche Bund in Angelegenheiten einzelner Mitglieder ein, die für Deutschland weitaus unbedeutender waren als ein Bundesaustritt. Die Beispiele Braunschweigs, Frankfurts und Hessen-Kassels verdeutlichten, dass sich die von den Bundeszwangsmaßnahmen betroffenen kleineren und mittleren Gliedstaaten dem Druck des Bundeszwangs nicht widersetzen konnten, weil der Bund in der Lage war, Exekutionskräfte zu mobilisieren, um einen etwaigen Widerstand militärisch zu brechen. Es ist deshalb davon auszugehen, dass jeder Versuch eines Klein- oder Mittelstaates, aus dem Bund auszutreten, durch den Bund verhindert worden wäre. Etwas anderes galt für Österreich und Preußen. Zwar waren die Bundesgesetze für die beiden deutschen Großmächte ebenso verbindlich wie für die Mittel- und Kleinstaaten. Der Deutsche Bund verfügte allerdings über keine militärischen Kapazitäten, mit denen er das Bundesrecht gegenüber Österreich oder Preußen hätte durchsetzen können.

Bereits vor der Auflösung des Deutschen Bundes zeigte sich zudem, dass die beiden deutschen Großmächte sich nicht an die bundesrechtlichen Bestimmungen gebunden fühlten, durch die eigentlich der Rahmen ihrer legitimen Herrschaftsgewalt abgesteckt werden sollte. Zunächst betrieb Preußen in Norddeutschland eine Politik, die mehr den eigenen hegemonialen Interessen als den Bundesinteressen diente; 1864 marschierten schließlich Österreich und Preußen in Schleswig ein, obwohl der Bundestag die Pfandbesetzung Schleswigs durch den Bund abgelehnt hatte. Da eine Staatenverbindung nur so lange bestehen kann, wie ihre Mitglieder ihr auch angehören wollen, zeichnete sich das Ende des Bundes bereits ab, als Österreich und Preußen die eigenen Ziele im zunehmenden Maße vor die Bundesinteressen stellten.

Abschließend kann somit festgehalten werden, dass die deutschen Gliedstaaten nie die vollumfängliche Souveränität erhalten hatten, die ihnen heute teilweise nachgesagt wird. Der begrenzte Umfang der Souveränitätsrechte spiegelte sich in Bezug auf die Klein- und Mittelstaaten oftmals bei der konkreten Anwendung des Bundesrechts gegenüber den Gliedstaaten wider. Nur Österreich und Preußen konnten eine Politik betreiben, die faktisch kaum ernsthaft vom Bund beschränkt wurde, weil diesem schlichtweg die Mittel fehlten, um die Einhaltung des Bundesrechts gegenüber den beiden Großmächten zu erzwingen.

Zusammenfassung in Thesen

Zu Kapitel 1

- Die zu einer bestimmten Zeit für eine bestimmte Region geltende Definition des Souveränitätsbegriffs hing immer maßgeblich von der jeweiligen politischen Gesamtsituation ab. Der ursprünglich aus Frankreich stammende Begriff „souverain“ wurde zunächst verwendet, um Gott zu beschreiben. Danach diente er auch zur Beschreibung von Adligen mit Judikativgewalt. Erst später wurde der Begriff der Souveränität verwendet, um damit die Herrschaftsposition eines Königs in dessen Herrschaftsbereich zu erfassen.
- Umfassend definiert wurde Souveränität erstmals im 16. Jahrhundert durch Jean Bodin. Er ging dabei davon aus, dass das Gemeinwesen (der Staat) von einer absoluten Gewalt gelenkt werden müsse, die durch keine irdische Macht eingeschränkt werden dürfe. Diese Machtposition, die Bodin als „souverain“ beschrieb, sollte nur dem König zustehen. Seit Bodin gilt die Legislativgewalt als das wichtigste Merkmal einer souveränen Herrschaftsposition. Denn der Inhaber der Gesetzgebungskompetenz besitzt die Möglichkeit, die gültigen Rechtssätze nach seinen Vorstellungen abzuändern.
- Aufgrund der Struktur des HRRdN ließen sich die von Bodin entwickelten Souveränitätsgrundsätze nicht auf das Deutsche Reich übertragen. Die Herrschaftsgewalt im HRRdN wurde von Kaiser und Fürsten teilweise gemeinsam nebeneinander, teilweise aber auch gegeneinander ausgeübt. Die einzelnen Reichsstände erhielten immer mehr Privilegien, die schließlich in den Vertragswerken zum Westfälischen Frieden schriftlich fixiert wurden.
- Insgesamt ist zur historischen Entwicklung des Souveränitätsbegriffs in Deutschland festzuhalten, dass die Herrschaftsgewalt im HRRdN immer gemeinsam durch den Kaiser und die Reichsstände ausgeübt wurde und deshalb der Begriff der Souveränität für Deutschland neu hätte definiert werden müssen. Dennoch setzte sich eine nicht-personelle Souveränitätsvorstellung aufgrund des Widerstandes der Reichsstände nicht durch. Stattdessen erlangten die einzelnen Territorialgewalten eine immer stärkere und zunehmend reichsunabhängige Herrschaftsposition. Obwohl das Reich damit noch immer zur Ausübung der Herrschaftsgewalt notwendig und berufen war, wuchs gleichzeitig die Herrschaftsmacht der Reichsstände im eigenen Territorium.

Bis zum Untergang des HRRdN gelang es in Deutschland somit nicht, die Rechtsverhältnisse zwischen Kaiser und Reichsständen mit dem Begriff der Souveränität zu erklären.

- Trotz des ständigen Wandels des Souveränitätsverständnisses war eine rechtlich legitimierte und höchste Herrschaftsgewalt immer die Grundvoraussetzung für das Bestehen von Souveränität. Die Strukturen einer politischen Ordnung genügen den für die Legitimität erforderlichen Anforderungen, wenn sie unter Zugrundelegung allgemeiner rechtlicher und sittlicher Gesichtspunkte als anerkennungswürdig erscheinen. Zur Beurteilung der Legitimität eines Staates sind Bewertungskriterien heranzuziehen, die sich in der Regel sowohl an innerstaatlichen Verfassungsgrundsätzen als auch an völkerrechtlichen Kriterien messen lassen müssen. In Bezug auf den Deutschen Bund ist die Legitimität der Herrschaftsposition der Gliedstaaten an den bundesrechtlichen Regelungen zu messen.
- Staaten, die Mitglieder einer Staatenverbindung sind, treten regelmäßig bestimmte Herrschaftsbefugnisse an die Staatenverbindung ab. Wenn so viele Herrschaftsbefugnisse auf eine Staatenverbindung übertragen wurden, dass diese selbst als Bundesstaat mit eigener Souveränität zu bewerten ist, fehlt ihren Mitgliedern die für die Souveränität erforderliche höchste Herrschaftsgewalt.

Zu Kapitel 2

- Die Entstehung des Deutschen Bundes war nicht das Resultat zufälliger Entscheidungen auf dem Wiener Kongress, sondern das Ergebnis eines historischen Prozesses, der lange vor den Pariser Friedenskonferenzen von 1814 begann. Um den Umfang der Souveränitätsgarantien in den Bundesgrundgesetzen bewerten zu können, mussten zunächst die historischen Prozesse betrachtet werden, die dazu führten, dass die Souveränität der Gliedstaaten bundesrechtlich verbrieft wurde. Denn hierdurch ließ sich feststellen, welche Qualität der Souveränität zukommen sollte, die den deutschen Fürsten 1815 durch die Bundesakte garantiert wurde.
- Bereits vor Auflösung des HRRdN wurde Bayern und Württemberg durch den Friedensvertrag von Pressburg die „plénitude de la souveraineté“ durch Österreich zuerkannt. Während die Höfe und Regierungen der süddeutschen Signaturmächte in den Souveränitätsgarantien des Pressburger Friedensvertrages nur eine Gewährleistung der Landeshoheit, also die Staatsgewalt über den eigenen Partikularstaat in Unterordnung unter die Reichsstaatsgewalt,

sahen, waren die Gesandten der Länder, die an den Friedensverhandlungen mit Frankreich beteiligt waren, der Auffassung, dass Bayern, Württemberg und Baden durch den Pressburger Friedensvertrag eine absolute Souveränität erlangt hatten. Der Begriff der Souveränität wurde dementsprechend sowohl im bodinschen Sinne als auch als Synonym für eine reine Landeshoheit verwendet.

- Auch aus den Rechtsgrundlagen des Rheinbundes ließen sich Rückschlüsse auf die Verwendung des Souveränitätsbegriffs ziehen. Der Begriff der Souveränität wurde in der Rheinbundakte einerseits weiterhin zur Beschreibung rein innerstaatlicher Herrschaftsbefugnisse, also weitgehend als Pendant zur ehemaligen Landeshoheit verwendet. Er diente folglich noch immer zur Beschreibung einer Herrschaftsmacht, die deutlich geringer war als die von Bodin geforderte absolute Herrschaftsmacht. Andererseits lässt sich aus der Aufzählung der konkreten Rechte in Art. 26 RBA, die im Rheinbund vom Begriff der Souveränität umfasst sein sollten, schlussfolgern, dass sich das Souveränitätsverständnis im beginnenden 19. Jahrhundert gerade nicht auf die innere Souveränität beschränkte, sodass der Umfang der Souveränität ausdrücklich eingeschränkt werden musste, wenn mit der Souveränität keine absolute Machtfülle verbunden sein sollte.
- Insbesondere die Verträge von Ried, Fulda und Frankfurt konnten herangezogen werden, um den Umfang der Souveränität zu beurteilen, die die deutschen Staaten im Vorfeld der Gründung des Deutschen Bundes einforderten. Während alle anderen Staaten nur Souveränitätsrechte erhielten, die durch die Sicherung des Friedens und der Unabhängigkeit Deutschlands begrenzt werden konnten, wurde Bayern im Vertrag von Ried eine uneingeschränkte Souveränität zugesichert. Die diesbezüglichen Differenzierungen in den einzelnen Vertragswerken deuten darauf hin, dass Bayern im künftigen Deutschland die vollumfängliche Souveränität zukommen sollte, die es bereits seit der Auflösung des Reichsverbandes anstrebte. Aufgrund der Einschränkungen in den Akzessionsverträgen von Fulda und Frankfurt stand fest, dass sich die Souveränitätsansprüche der übrigen deutschen Staaten nur auf die Wahrnehmung solcher Aufgaben und Befugnisse erstrecken konnte, die nicht die Sicherheitspolitik Deutschlands betrafen. Die Souveränitätsrechte, die die deutschen Staaten – mit Ausnahme Bayerns – durchsetzen konnten, waren somit darauf ausgerichtet, in ein gesamtdeutsches Sicherheitssystem eingebettet zu werden, und konnten demzufolge auf die Landeshoheitsrechte beschränkt werden.
- Die Auslegung der Ereignisse, die auf dem Wiener Kongress dazu führten, dass die deutschen Fürsten in der Bundesakte als „souverain“ bezeichnet wurden,

ergibt, dass der Umfang der Souveränität, die den Gliedstaaten im Deutschen Bund zustehen sollte, in erster Linie die Rechte beinhaltete, die den Reichsständen bereits zu Zeiten des HRRdN im Rahmen ihrer Landeshoheit zustanden. Denn aufgrund der Eingliederung in den neu gegründeten Deutschen Bund und der damit verbundenen Selbstbeschränkung der Herrschaftsbefugnisse wurde deutlich, dass die Gliedstaaten keine vollumfängliche und absolute Herrschaftsmacht im Sinne Bodins erlangen konnten. Gleichzeitig waren die Souveränitätsrechte nicht starr auf die vormaligen Landeshoheitsrechte beschränkt, sondern umfassten vielmehr alle Herrschaftsbefugnisse, die dem Bundeszweck nicht widersprachen. Folglich wurde der Bundesakte zur Beschreibung der Herrschaftsbefugnisse in Deutschland ein eigener Souveränitätsbegriff zugrunde gelegt, der sowohl Elemente des traditionellen Souveränitätsverständnisses als auch der neuen bundesrechtlichen Vorgaben enthielt. Die Verwendung des Souveränitätsbegriffs in der Bundesakte entsprach mithin keiner der beiden bisher in Deutschland geläufigen Definitionen.

- Da der Umfang der legitimen Herrschaftsbefugnisse von Anfang an durch den Sicherheitszweck beschränkt war, konnte sich die Herrschaftsmacht der Gliedstaaten ebenfalls nur auf die Befugnisse erstrecken, die ihnen trotz der Bundeskompetenzen zustanden. Da der Bund hierbei im Rahmen der Ausübung des Sicherheitszwecks die bundeszweckimmanenten Schranken des Unabhängigkeitszwecks berücksichtigen musste, lässt sich die Souveränität, die den deutschen Staaten durch die Bundesakte garantiert wurde, wie folgt interpretieren: „Innere und äußere Souveränität, soweit nicht die Sicherheit Deutschlands eine geeignete und angemessene Regelung oder Maßnahme des Bundes erforderte."
- Auch die Rückabwicklungsbefugnisse waren begrenzt durch den Umfang der Souveränitätsrechte in der Bundesakte und damit durch die in Art. 3 BA manifestierte „Unauflöslichkeit des Bundes" sowie durch den Bundeszweck. Aus diesem Grund konnten die Gliedstaaten keine Rückabwicklungsbefugnisse zur Legitimation eines Bundesaustritts heranziehen.
- Der Deutsche Bund stellte keinen Bundesstaat dar, weil Souveränität und Staatlichkeit nach dem Willen seiner Gründungsväter und dem Wortlaut der Bundesakte den einzelnen Mitgliedern zustehen sollten. Aufgrund des bundeseigenen Inhalts des Souveränitätsbegriffs besaßen die Gliedstaaten jedoch keine Letztentscheidungsbefugnisse für diejenigen Angelegenheiten, die die Sicherheit des Bundes betrafen. Außerdem war es ihnen nicht gestattet, aus dem Bund auszutreten, um so eine vollumfängliche Herrschaftsposition zu erreichen. Demzufolge entsprach der Deutsche Bund nicht der heutigen Definition eines idealtypischen Staatenbundes.

Zu Kapitel 3

- Der Bundeszweck diente als Generalermächtigung des Deutschen Bundes. Obwohl Sicherheitszweck und Unabhängigkeitszweck des Bundes gleichwertig nebeneinander standen, konnte der Bund aufgrund des Sicherheitszwecks die Herrschaftsbefugnisse der Gliedstaaten verkürzen, soweit ihm dies zum Schutz der Sicherheit Deutschlands erforderlich schien.
- Die Generalermächtigung und die übrigen Normen der Bundesakte verdeutlichten, dass dem Bund zur Umsetzung des Bundeszwecks Aufgaben und Befugnisse in Bezug auf die inneren, äußeren und militärischen Verhältnisse zukommen sollten. Der Bund erhielt jedoch keine Kompetenzen in den Bereichen Wirtschaft, Handel und Finanzen.
- Die Gliedstaaten behielten grundsätzlich die Kompetenzhoheit, da die Ergänzung des Bundesrechts und die Schaffung organischer Einrichtungen des Bundes nur durch einstimmige Entscheidungen der Bundesversammlung möglich waren.
- Art. 13 BA schrieb die Einführung von landständischen Verfassungen für alle deutschen Staaten vor. Da diese als Grundlage der legitimen Herrschaftsmacht dienen sollten und weil konkrete Vorgaben zur Ausgestaltung der Verfassungen fehlten, stellte die Pflicht zur Einführung von landständischen Verfassungen keine Souveränitätsbeschränkung dar.
- Deutschland besaß eine völkerrechtliche Doppelstellung, da sowohl der Deutsche Bund als auch seine Mitglieder eigenständige Völkerrechtssubjekte waren. Die deutschen Staaten durften Bündnisse mit anderen Staaten eingehen, solange hierdurch die Sicherheit Deutschlands nicht gefährdet wurde. Auch die internationale Handlungsfreiheit der Gliedstaaten wurde damit durch den Bundeszweck begrenzt.
- Nachdem der Widerstand gegen das restaurative System des Deutschen Bundes in der Bevölkerung immer weiter zugenommen hatte, wurden 1819 Bundesgesetze zur Abwehr der als bedrohlich empfundenen „demagogischen Untriebe“ beschlossen. Obwohl die neuen Gesetze tief in die Rechte der Gliedstaaten eingriffen, wurden sie außerhalb des Bundestages auf den Karlsbader Konferenzen von den Ministern der zehn größten deutschen Staaten entworfen. Die nicht in Karlsbad anwesenden Staaten wurden im Bundestag vor vollendete Tatsachen gestellt und ihre Gesandten bundesrechtswidrig zur Annahme der Karlsbader Beschlüsse als Bundesgesetze genötigt.
- Aufgrund der Karlsbader Beschlüsse wurden das Universitätsgesetz, das Pressegesetz, das Untersuchungsgesetz und die Exekutionsordnung als Bundesgesetze beschlossen. Die inhaltlichen Regelungen dieser Gesetze schränkten die

Herrschaftsmacht der Gliedstaaten in den Bereichen Bildung, Pressewesen und Strafverfolgung unverhältnismäßig stark ein und waren überdies nicht erforderlich, um die Sicherheit Deutschlands zu gewährleisten. Die Karlsbader Gesetze waren zur Umsetzung des Bundeszwecks nicht erforderlich und überdies unangemessen, weshalb sie den Souveränitätsprinzipien im Deutschen Bund widersprachen.

- Im Anschluss an die Karlsbader Beschlüsse wurden die Bundesgrundgesetze 1820 durch die Wiener Schlussakte ergänzt. Diese enthielt Vorschriften zur Bundesintervention und zur Bundesexekution. Die Bundesintervention diente vornehmlich zur Aufrechterhaltung der innerstaatlichen (restaurativen) Ordnung mit den Mitteln des Bundes, wenn der betroffene Gliedstaat hierzu nicht mehr selbst in der Lage war. Der Bund konnte ohne einen offiziellen Antrag tätig werden, wenn ihm dies zur Umsetzung des Bundeszwecks notwendig erschien. Im Gegensatz zur Bundesintervention war die Bundesexekution ausdrücklich darauf ausgelegt, die Herrschaftsmacht einzelner Bundesmitglieder zeitweilig zu durchbrechen und durch eine Bundeskontrolle zu ersetzen. Da der Deutsche Bund durch die Instrumente der Bundesintervention und der Bundesexekution unmittelbaren Einfluss auf die Ausübung der Herrschaftsgewalt nehmen konnte, war das Bundesrecht für die Gliedstaaten fortan nicht nur rechtlich bindend, sondern konnte auch zwangsweise durchgesetzt werden.
- Auch die Vorschriften zur Ausgestaltung der gliedstaatlichen Verfassungen wurden nach 1815 konkretisiert. Gegen den Willen der konservativen deutschen Staaten etablierte sich eine Auslegung des in Art. 13 BA normierten Begriffs „landständische Verfassungen“, der auch die Einführung von Repräsentativverfassungen erlaubte. Hierdurch wurde die Grundlage für die Ausübung der legitimen Herrschaftsmacht konkretisiert und damit zumindest rechtlich bekräftigt, dass in den Gliedstaaten keine anachronistische Fürstenwillkür aufleben sollte. Gleichzeitig wurde mit der Verabschiedung der Wiener Schlussakte das monarchische Prinzip als verbindlicher Bundesgrundsatz festgeschrieben. Die gesetzliche Fixierung des monarchischen Prinzips diente, im Gegensatz zu Art. 13 BA, nicht nur dazu, die staatliche Macht auf eine legitime verfassungsrechtliche Grundlage zu stellen, sondern sollte die restaurative Ordnung in Deutschland dauerhaft aufrechterhalten.
- Durch die Wiener Schlussakte wurde der Deutsche Bund zudem autorisiert, mit einer Zweidrittelmehrheit der Stimmen im Plenum anderen Staaten im Namen aller Bundesgliedstaaten den Krieg zu erklären. Damit wurde durch das Bundesrecht nunmehr definitiv klargestellt, dass die Letztentscheidungsbefugnis über Krieg und Frieden, die auch und insbesondere nach der zeitgenössischen Auffassung Ausfluss der vollumfänglichen Souveränität sein sollte, beim Bund und nicht bei den Gliedstaaten lag.

Zu Kapitel 4

- Auch bei den Verhandlungen zur Kriegsverfassung zeigte sich, dass die beiden Großmächte den Bund dominierten und in der Lage waren, den anderen Gliedstaaten gegebenenfalls die eigenen Vorstellungen aufzuzwingen. Die Entscheidung über Angelegenheiten, die auch die Interessen der deutschen Großmächte tangierte, lag demzufolge oft nicht primär bei den betroffenen Einzelstaaten, sondern bei Österreich und Preußen.
- Die inhaltlichen Regelungen der Kriegsverfassung berücksichtigten die bundesrechtlich verbrieften Souveränitätsrechte. Die durch die Kriegsverfassung an die Gliedstaaten gestellten Mindestanforderungen an die Stärke und Ausrüstung der einzelnen Kontingente erreichten keinen Umfang, der einer Preisgabe der Militärhoheit gleichgekommen wäre. Zudem wurde die Einhaltung der Bereithaltungspflichten im Friedensfall durch den Bund nur unzulänglich überwacht. Auch die Oberbefehlsregelungen führten nicht zu einem Verlust der Militärhoheit, da die Kommandogewalt der Gliedstaaten nur temporär im Kriegsfall und auch nur auf militärischer und nicht auf politischer Ebene begrenzt wurde.
- Ebenso ergab sich aus der Errichtung von Bundesfestungen auf den Hoheitsgebieten einzelner Gliedstaaten kein partieller Souveränitätsverlust. Zum einen beinhalteten die Festungsregelungen nur Sondervorschriften für das Militärpersonal der Bundesfestung, beschränkten aber im Übrigen nicht das geltende Recht der fünf Festungsstaaten. Zum anderen betrafen die Festungsregelungen – selbst in Luxemburg – ohnehin nur einen relativ kleinen und abgegrenzten Teil des Gesamtstaatsgebiets und können bereits aus diesem Grund nicht als wesentlich angesehen werden.
- Die Wehrorganisationsgesetze führten insgesamt nicht zu einer Verschärfung der Souveränitätsbeschränkungen, da sich ihre Anforderungen an die Gliedstaaten auf das zur Erreichung des Sicherheitszwecks notwendige Mindestmaß beschränkten und selbst die Einhaltung dieses Mindestmaßes nicht konsequent vom Bund eingefordert wurde.

Zu Kapitel 5

- Der Deutsche Bund wendete die ihm übertragenen Zwangsbefugnisse mehrfach an. Ende der 1820er Jahre drohte er Braunschweig nicht nur die Bundesexekution an, weil der bundesrechtswidrige Widerruf der Verfassung nicht rückgängig gemacht wurde, sondern auch, weil ein braunschweigischer Staatsdiener einen hannoverschen Minister beleidigt hatte. Der Bund nutzte damit die Androhung des Bundeszwangs auch für Angelegenheiten, die nicht unmittelbar die Sicherheit Deutschlands betrafen.

- In den 1830er Jahren beschloss der Bund nach dem Frankfurter Wachensturm gegen den Willen Frankfurts eine Intervention, um die Truppen des Stadtstaats bei der Abwehr eines Aufstands zu unterstützen, der gar nicht mehr andauerte, als der Bund intervenierte. Als sich die Frankfurter Truppen ein Jahr nach dem Wachensturm den in Frankfurt stationierten Bundestruppen nicht unterstellen wollten, drohte der Bund Frankfurt eine Bundesexekution an, obwohl es keine Rechtsgrundlage gab, die Frankfurt verpflichtete, die eigenen Truppen der Kommandogewalt des Bundes zu unterstellen. Die Bundesmaßnahmen in Frankfurt zeigten damit, dass der Bund notfalls die ihm übertragenen Befugnisse unrechtmäßig ausdehnte und damit die legitime Herrschaftsposition einzelner Gliedstaaten verkürzte.
- Anhand der kurhessischen Krise ist zu erkennen, dass die Beachtung des monarchischen Prinzips Vorrang vor allen anderen Bundesprinzipien genoss. Um diesen Zweck zu erreichen, war zumindest der österreichisch geführte, konservative Flügel im Bund bereit, Militärmaßnahmen von erheblichem Umfang zu veranlassen. Zudem machte die Intervention in Kurhessen deutlich, dass Bundesmaßnahmen in einem Mittelstaat wie Kurhessen selbst dann zum gewünschten Erfolg führten, wenn sie nicht nur gegen den Willen der Bevölkerung, sondern auch noch gegen den Widerstand des Militärs sowie des Verwaltungs- und Justizapparates erfolgten. Besonders bezeichnend ist hierbei, dass man sich in Kurhessen den Bundesmaßnahmen ab dem Augenblick fügte, als der Rückhalt durch Preußen verloren gegangen war.
- Im Konflikt um Schleswig aus dem Jahr 1848 zeigte sich erneut, dass der Bund bereit war, die eigenen Kompetenzen weit auszulegen und Bundeszwangsmaßnahmen auf Gebiete auszudehnen, die nicht dem Bund angehörten. Außerdem lässt sich anhand der Umsetzung der Bundesintervention in Holstein im Jahr 1850 erkennen, dass eine Bundesmaßnahme, die zunächst dazu dienen sollte, den dänischen König als legitimen Herzog von Holstein einzusetzen, schließlich dazu genutzt wurde, Dänemark zur Aufgabe seiner staatlichen Verbindungen mit Holstein zu zwingen. Durch den schleswig-holsteinischen Konflikt wurde bewiesen, dass in Einzelfällen ein Einschreiten des Bundes zur Wahrung der Unabhängigkeit seiner Gliedstaaten dienen konnte.
- Als Österreich und Preußen 1864 ohne die Rückendeckung des Bundes die Pfandbesetzung Schleswigs durchführten, wurde deutlich, dass die beiden deutschen Großmächte bereit waren, ihre Militärpolitik auch ohne den Deutschen

Bund zu betreiben. Hierdurch zeichnete sich bereits 1864 das bevorstehende Ende des Deutschen Bundes ab.

- 1866 betrieb Preußen endgültig eine vom Bund losgelöste Politik. Als dies zu einem Exekutionsbeschluss gegen Preußen führte, erklärte Preußen den Deutschen Bund eigenmächtig und ohne bundesrechtliche Ermächtigung für aufgelöst. Zudem konnte Preußen die Bundesexekutionsmaßnahmen aufgrund der eigenen militärischen Stärke erfolgreich abwehren und eine Neuordnung Deutschlands erzwingen. Preußen hatte damit gezeigt, dass es in der Lage war, sich erfolgreich über das Bundesrecht hinwegzusetzen, um damit über eine Sezession vom Bund seine übertragenen Herrschaftsbefugnisse zurückzuerlangen.
- Nach der Verabschiedung der Wiener Schlussakte wäre jeder Versuch eines deutschen Staates, aus dem Bund auszutreten, an den Gegenmaßnahmen des Bundes gescheitert und hätte zumindest für die Regierung des betroffenen Staates die Substitution durch einen Bundeskommissar bedeutet. Die Gliedstaaten konnten daher die einmal auf den Bund übertragenen Herrschaftsbefugnisse nicht mehr zurückerlangen. Etwas anderes galt nur in Bezug auf Österreich und Preußen, da einzig diese beiden Staaten die militärischen Mittel besaßen, um Bundeszwangsmaßnahmen abzuwehren. Wie Preußen 1866 gezeigt hatte, waren die beiden Großmächte damit in der Lage, sich auf unrechtmäßige Weise über das Bundesrecht hinwegzusetzen.

Zu den abschließenden Bewertungen

- Die Bundesmitglieder erhielten nie die vollumfängliche Souveränität, die ihnen bis heute teilweise nachgesagt wird. Der begrenzte Umfang der Souveränitätsrechte spiegelte sich in Bezug auf die Klein- und Mittelstaaten oftmals bei der konkreten Anwendung des Bundesrechts gegenüber den Gliedstaaten wider. Nur Österreich und Preußen konnten trotz der Einschränkungen ihrer Souveränitätsrechte durch das Bundesrecht eine Politik betreiben, die kaum vom Bund beschränkt werden konnte, da diesem schlichtweg die militärischen Mittel fehlten, um die Einhaltung des Bundesrechts gegenüber den beiden Großmächten zu erzwingen.

Literatur

Alshut, Jörg, Der Staat in der Rechtsprechung des Bundesverfassungsgerichts, Berlin 1999.

Altbadisches Militär - Vereinigung der Freunde des Wehrgeschichtlichen Museums Schloß Rastatt e.V. (Hrsg.), Unter dem Greifen. Altbadisches Militär von der Vereinigung der Markgrafschaften bis zur Reichsgründung 1771–1871, Karlsruhe, 1984.

Altmann, Wilhelm, Die alte Frankfurter Deutsche Übersetzung der Goldenen Bulle Kaiser Karls IV., in: Zeitschrift der Savigny Stiftung für Rechtsgeschichte, Band 18–31, S. 107–147, Leipzig 1897.

Angelow, Jürgen, Von Wien nach Königgrätz – Die Sicherheitspolitik des Deutschen Bundes im europäischen Gleichgewicht (1815–1866), München 1996.

Annacker, Claudia, Der fehlende Rechtsakt im Gemeinschafts- und Unionsrecht, Wien 1998.

Aretin, Karl Otmar Freiherr von, Das Alte Reich 1648–1806, Band I.-IV., Stuttgart 1993–2000.

–, Die deutsche Politik Bayerns in der Zeit der staatlichen Entwicklung des Deutschen Bundes 1814–1820, München 1952.

–, Vom Deutschen Reich zum Deutschen Bund, 2. Auflage, Göttingen 1993.

Baist, Reinhold, (Verleger), Militärisch-politische Aufsätze in Bezug auf die Tagesfragen, Frankfurt (a.M.) 1862.

Baumgart, Jörg-Klaus, Ja zum Vertrag von Lissabon, aber…, in Neue Justiz (NJ 2009), S. 309–314.

Beaumanoir, Philip, Coutumes de Beauvaisis, Band II, Paris 1900.

Beck, Reinhard, Sachwörterbuch der Politik, 2. Auflage, Stuttgart 1986

Becker, Karl Friedrich, Weltgeschichte – Geschichte unserer Zeit, Vierzehnter Theil, 7. Ausgabe, Berlin 1844.

Behme, Wolfgang, Samuel von Pufendorf, Naturrecht und Staat, Göttingen 1995.

Bentfeld, Ludwig, Der Deutsche Bund als nationales Band, Göttingen, Frankfurt, Zürich 1985.

Benz, Arthur, Der moderne Staat – Grundlagen der politologischen Analyse, München 2001.

Bismarck, Otto von, Gedanken und Erinnerungen, 3. Auflage, Stuttgart 2004.

Bluntschli, Johann Casper; Brater, Karl, Staats-Wörterbuch in elf Bänden, Stuttgart 1857–1870.

Böckenförde, Ernst-Wolfgang, Der Westfälische Friede und das Bündnisrecht der Reichsstände, in: Der Staat 8 (1969), S. 449–478.

–, Staat, Nation, Europa, Studien zur Staatslehre, Verfassungstheorie und Rechtsphilosophie, Frankfurt (a.M.) 1999.

–, Die Entstehung des Staates als Vorgang der Säkularisation, in: Ders., Recht, Staat, Freiheit. Studien zur Rechtsphilosophie, Staatstheorie und Verfassungsgeschichte, Frankfurt (a.M.) 1992.

Bodin, Jean, Les six livre de la république - un abrégé du texte de l'édition de Paris de 1583, Paris 1993.

–, Sechs Bücher über den Staat – Deutsche Übersetzung des Textes von 1583 von Bernd Wimmer, München 1986.

Böse, Otto, Die Entthronung des Herzogs Karl II. von Braunschweig, Braunschweig 1835.

Brandt, Harm–Hinrich, Deutsche Geschichte 1850–1870 Entscheidung über die Nation, Stuttgart 1999.

Brie, Siegfried, Der Bundesstaat – Eine historisch dogmatische Untersuchung, Leipzig 1874.

–, Theorie der Staatenverbindungen, Breslau 1886.

Brunner, Otto; Conze, Werner; Koselleck, Reinhart (Hrsg.), Geschichtliche Grundbegriffe – Historisches Lexikon zur politisch-sozialen Sprache in Deutschland in acht Bänden, Stuttgart 2004.

Burg, Peter, Die deutsche Trias in Idee und Wirklichkeit: vom Alten Reich zum Deutschen Zollverein, Wiesbaden 1989.

–, Die Staatenbeziehungen im Deutschen Bund. Die Welt der deutschen Einzelstaaten zwischen Partikularismus, Dualismus und Unitarismus, in: Geschichte und Geschichtsbewusstsein, Festschrift Karl-Ernst Jeismann, von Paul Leidinger und Dieter Metzler (Hrsg.), S. 349–365, Münster 1990.

Büsch, Otto, Handbuch der Preußischen Geschichte, Band II: Das 19. Jahrhundert und große Themen der Geschichte Preußens, Berlin, New York 1992.

Clausewitz, Carl von, Vom Kriege; ungekürzter Text nach der Originalauflage von 1832–34, Frankfurt (a.M.) 1980.

Cordes, Albrecht (Hrsg.), Handwörterbuch zur deutschen Rechtsgeschichte, 2. Auflage, Berlin 2008.

Creifelds, Carl; Weber, Klaus (Hrsg.), Rechtswörterbuch, 21. Auflage, München 2014.

Czok, Karl, Geschichte Sachsens, Weimar 1989.

Dagtoglou, Prodromos, Souveränität, in: Herzog, Roman u. a. (Hrsg.): Evangelisches Staatslexikon, Bd. II, 2. Auflage, Stuttgart, Berlin 1975.

Dahlmann, Friedrich Christoph von, Die Politik, auf den Grund und das Maaß der gegebenen Zustände zurückgeführt, Erster Band, 3. Auflage, Göttingen 1847.
Dahm, Georg; Delbrück, Jost; Wolfrum, Rüdiger, Völkerrecht, Band I, 2. Auflage, Berlin 2002.
David, Marcel, La souveraineté de les limites juridiques du pouvoir monarchique du IX au XV siècle, Paris 1954.
Dederer, Hans-Georg, Kooperative Staatsgewalt, Bonn 2003.
Denzer, Horst; Maier, Hans; Stolleis, Michael, Die Verfassung des Deutschen Reiches, Frankfurt (a.M.) 1994.
Depenhauer, Otto, in: Maunz/Düring, Grundgesetz Kommentar, 8. Auflage, 60. Ergänzungslieferung, München 2010.
Dlugborski, Waclaw, Volksbewegungen im Revolutionsjahrzehnt im preußisch-polnischen Gebiet, in: Büsch, Otto; Neugebauer-Wölk, Monika (Hrsg.), Preußen und die revolutionäre Herausforderung seit 1789, Berlin 1991.
Doeberl, Michael, Rheinbundverfassung und bayerische Konstitution, Sitzungsberichte der Bayerischen Akademie der Wissenschaft, München 1924.
Doehring, Karl, Allgemeine Staatslehre, 3. Auflage, Heidelberg 2004.
Dorn, Barbara, Friedrich von Gentz und Europa. Studien zu Stabilität und Revolution 1802 – 1822, Bonn 1993.
Dreier, Horst, Der Ort der Souveränität, in: Dreier /Hoffmann (Hrsg.), Parlamentarische Souveränität und technische Entwicklung, S. 11–44, Berlin 1986.
–, Souveränität, in: Staatslexikon der Görres-Gesellschaft, Band II, 7. Auflage, Freiburg 1986.
Duchhardt, Heinz, Altes Reich und europäische Staatenwelt 1648–1806, Enzyklopädie deutscher Geschichte, Band IV, München 1990.
–, Deutsche Verfassungsgeschichte 1495–1806, Stuttgart 1991.
Duden, Das Fremdwörterbuch: Souveränität, 5. Auflage, Mannheim, Wien, Zürich 1990.
Ebers, Godehard Josef, Die Lehre vom Staatenbunde; Reproduktion der Ausgabe von 1910, Aalen 1966.
Eisenhardt, Ulrich, Die Rechtswirkungen der in der Goldenen Bulle genannten privilegia de non evocando et appellando, in: Zeitschrift der Savigny-Stiftung für Rechtsgeschichte, Germ. Abt. Band 86 , 75 ff., Wien 1969.
Engels, Friedrich, Die Armeen Europas, in: Marx-Engels-Werke, Band XI, Berlin 1961.
Fahl, Andreas, Das Hamburger Bürgermilitär 1814–1868 – Eine Untersuchung in Verknüpfung von Militärgeschichte und Großstadtvolkskunde, Hamburg 1986.
Fassbender, Bardo, Der offene Bundesstaat, Tübingen 2007.

Fehrenbach, Elisabeth, Politischer Umbruch und gesellschaftliche Bewegung. Deutschland und Frankreich im 19. Jahrhundert, München 1997.

Fiedler, Siegfried, Kriegswesen und Kriegsführung im Zeitalter der Einigungskriege, Bonn 1991.

Fleiner-Gerster, Thomas, Allgemeine Staatslehre, 3. Auflage, Berlin 2004.

Flint, Thomas, Die Übertragung von Hoheitsrechten, Berlin 1998.

Flossmann, Ursula, Landrechte als Verfassung, Berlin 1976.

Franz, Eckhart; Fleck, Peter, Der Landtag des Großherzogtums Hessen 1820–1848 – Reden aus den parlamentarischen Reform-Debatten des Vormärz, Darmstadt 1998.

Frotscher, Werner; Piroth, Bodo, Verfassungsgeschichte, 11. Auflage, München 2012.

Gamillscheg, Ernst, Etymologisches Wörterbuch der französischen Sprache, 2. Auflage, Heidelberg 1969.

Gamper, Anna, Staat und Verfassung, 2. Auflage, Wien 2010.

Gebhardt, Bruno, Von der Französischen Revolution bis zum ersten Weltkrieg, in: Handbuch der deutschen Geschichte, hrsg. v. Herbert Grundmann, Band III, 8. Auflage, Stuttgart 1960.

Gentz, Friedrich, Über den Unterschied zwischen den landständischen und Repräsentativverfassungen, in: Brandt, Hartwig (Hrsg.), Restauration und Frühliberalismus 1814–1840, Darmstadt 1979.

Gieler, Wolfgang, Internationale Wirtschaftsorganisation, Münster 2005.

Gierke, Otto von, Das deutsche Genossenschaftsrecht, 4 Bände, Berlin 1868–1913.

Gohren, Otto von, Ursprung und weitere Ausbildung der Austrägal-Instanz in Deutschland, in: Zeitschrift für Deutsches Recht und deutsche Rechtswissenschaft, Band XVIII, Tübingen 1858.

Gönner, Nikolaus Thaddäus, Über den Umsturz der Staatsverfassung, München 1807.

Grabitz, Eberhard; Hilf, Meinhard; Nettesheim, Martin (Hrsg.), Das Recht der Europäischen Union, 42. Ergänzungslieferung, Berlin 2010.

Gräfe, Heinrich, der Verfassungskampf in Kurhessen nach Entstehung, Fortgang und Ende historisch geschildert, Leipzig 1851.

Grimm, Jacob; Grimm, Wilhelm, Souveränität, in: Deutsches Wörterbuch, Band XVI, München 1984.

Gruner, Wolf, Der Deutsche Bund als Band der deutschen Nation 1815–1866, in: B.J. Wendt (Hrsg.), Vom schwierigen Zusammenwachsen der Deutschen. Nationale Identität und Nationalismus im 19. und 20. Jahrhundert, S. 49–79, Frankfurt (a.M.) 1992.

Gunst, Dietrich, Der Begriff der Souveränität im modernen Völkerrecht, Berlin 1953.
Haack, Stefan, Verlust der Staatlichkeit, Tübingen 2007.
Habermas, Jürgen, Legitimationsprobleme politischer Herrschaftssysteme, in: Politische Vierteljahresschrift (PVS) Sonderheft 7, S. 39–61, Wiesbaden 1976.
Hardach, Gerd, Der Generationenvertrag: Lebenslauf und Lebenseinkommen in Deutschland in zwei Jahrhunderten, Berlin 2006.
Hartz, Werner, Die Gesetzgebung des Reichs und der weltlichen Territorien in der Zeit von 1495 bis 1555, Marburg 1931.
Hassel, Paul, Joseph Maria von Radowitz, Band I: 1797–1848, Berlin 1905.
Hatje, Armin, Loyalität als Rechtsprinzip in der Europäischen Union, Berlin 2001.
Häusser, Ludwig, Deutsche Geschichte: vom Tode Friedrichs des Großen bis zur Gründung des Deutschen Bundes, Berlin 1863.
Heeren, Arnold, Der Deutsche Bund in seinen Verhältnissen zu dem Europäischen Staatensystem bey der Eröffnung des Bundestages, Göttingen 1816.
Hefter, August Wilhelm, Die Sonderrechte der souveränen und der mediatisierten vormals reichsständischen Häuser, Berlin 1871.
Held, Joseph von, Staat und Gesellschaft vom Standpunkte der Geschichte der Menschheit und des Staats, Teil 2: Volk und Regierung: mit besonderer Beruecksichtigung auf die Entwicklung der Gesellschaft und des Staats in Deutschland, Leipzig 1863.
Helmert, Heinz /Usczeck, Hansjürgen, Preußischdeutsche Kriege von 1864 bis 1871. Militärischer Verlauf, 4. Auflage, Berlin 1978.
Hennis, Wilhelm, Legitimität – Zu einer Kategorie der bürgerlichen Gesellschaft, in: Politische Vierteljahresschrift (PVS) Sonderheft 7, S. 9–38, Wiesbaden 1976.
Herbers, Klaus; Neuhaus, Helmut, Das Heilige Römische Reich, Köln, Weimar 2005.
Hesse, Konrad, Grundzüge des Verfassungsrechts der Bundesrepublik Deutschland, 20. Auflage, Heidelberg 1999.
Heun, Werner, Das monarchische Prinzip und der deutsche Konstitutionalismus des 19. Jahrhunderts, in: Festschrift Dietrich Rauschning, S. 41 ff., Köln 2001.
Heyck, Eduard, Die Allgemeine Zeitung 1789–1898, Beiträge zur Geschichte der deutschen Presse, München 1898.
Heydte, Friedrich August von der, Die Geburtsstunde des souveränen Staates: Ein Beitrag zur Geschichte des Völkerrechts, der allgemeinen Staatslehre und des politischen Denkens, Regensburg 1952.
Hillgruber, Andreas, Bismarcks Außenpolitik, Freiburg 1972.

Hillgruber, Christian, Souveränität – Verteidigung eines Rechtsbegriffs, in: Juristenzeitung (JZ) 11/2002, S. 1072–1080, Tübingen 2002.
Hirtenfeld, Jaromir (Hrsg.), Militär-Zeitung, Bd. XIII, Wien 1860.
Hobbes, Thomas, Leviathan, Erster und zweiter Teil. Übersetzt und herausgegeben von J.P. Mayer. Nachwort von Malte Diesselhorst, Stuttgart 2000.
Hobe, Stephan, Der offene Verfassungsstaat zwischen Souveränität und Interdependenz, Berlin 1998.
Höbelt, Lothar, Zur Militärpolitik des Deutschen Bundes – Corpseinteilung und Aufmarschpläne im Vormärz, in: Deutscher Bund und deutsche Frage 1815–1866, S. 114 ff, Wien; München 1990.
Hoffmann, Hubert, Quellen zum Verfassungsorganismus des HRRdN 1495–1815, Darmstadt 1976.
Hoffmann, Peter, Der Befreiungskrieg 1813, Berlin 1967.
Hofmann, Andreas, Schwere Gewitterwolken am politischen Horizont – Eine Einordnung der Karlsbader Beschlüsse in die bayerische Außenpolitik von 1815 bis 1820, in Aventinus, Historische Internetzeitschrift, Ausgabe 3, München 2007.
Hofmann, Hasso, Legitimität gegen Legalität der Weg der politischen Philosophie Carl Schmitts, 4. Auflage, Berlin 2002.
Holzapfel, Kurt, Julirevolution 1830 in Frankreich: französische Klassenkämpfe und die Krise der Heiligen Allianz (1830–1832), Dietz 1990.
Hommelhoff, Peter; Kirchhof, Paul, Der Staatenverbund der EU, Heidelberg 1994.
Höreth, Marcus, Die Europäische Union im Legitimationsdilemma – Zur Rechtfertigung des Regierens jenseits der Staatsgewalt, Baden-Baden 1999.
Hubatsch, Walther, Das Zeitalter des Absolutismus 1600–1789, aus der Reihe: Geschichte der Neuzeit, von Gerhard Ritter (Hrsg.), 4. Auflage, Braunschweig 1975.
–, Zur Problematik „Preußen und das Reich“ in: Neue Forschung zur brandenburg-preußischen Geschichte, Band IV, Köln 1984.
Huber, Ernst Rudolf, Deutsche Verfassungsgeschichte seit 1789, Stuttgart.
Band I: Reform und Restauration 1789 bis 1830, 2. Auflage, 1995.
Band II: Der Kampf um Einheit und Freiheit, 3. Auflage, 1988.
Band III: Bismarck und das Reich, 3. Auflage, 1988.
–, Dokumente zur deutschen Verfassungsgeschichte, Band I, Deutsche Verfassungsdokumente 1803-1850, 3. Auflage, Stuttgart 1978.
Huber, Peter, Maastricht – ein Staatsstreich?, Stuttgart 1993.
Hubert, Michel, Deutschland im Wandel – Geschichte der deutschen Bevölkerung seit 1815, Stuttgart 1998.

Huck, Stephan, Vom Berufsmilitär zur Allgemeinen Wehrpflicht – Militärgeschichte zwischen Französischer Revolution und Freiheitskriegen 1789–1815, in: Grundkurs Deutsche Militärgeschichte – Die Zeit bis 1914, München 2006.

Humboldt, Wilhelm von, Wilhelm von Humboldts gesammelte Schriften; Band XII: Politische Denkschriften 1815–1834; photomechanischer Nachdruck der 1. Auflage von 1904, Berlin 1968.

Hundt, Michael, Die mindermächtigen deutschen Staaten auf dem Wiener Kongress, Mainz 1996.

Ilse, Leopold Friedrich, Geschichte der Deutschen Bundesversammlung insbesondere ihres Verhaltens zu den deutschen National-Interessen, Band I und Band II, Marburg 1861.

Imboden, Max, Johannes Bodinus und die Souveränitätslehre, Basel 1963.

Ipsen, Knut, Völkerrecht, 5. Auflage, München 2004.

Isensee, Josef; Kirchhof, Paul, Handbuch des Staatsrechts, Band I, 3. Auflage Heidelberg 2003.

Jarcke, Carl Ernst, Die ständische Verfassung und die deutschen Constitutionen, Leipzig 1834.

Jellinek, Georg, Allgemeine Staatslehre, 3. Auflage, Bad Homburg 1960.

–, Die Lehre von den Staatenverbindungen, Wien 1882.

Kaltenborn von Stachau, Carl, Geschichte der Deutschen Bundesverhältnisse und Einheitsbestrebungen von 1806 bis 1856 unter Berücksichtigung der Entwicklung der Landesverfassungen, Berlin 1857.

Kaufmann, Erich, Studien zur Staatslehre des monarchischen Prinzips, Halle 1906.

Kaufmann, Marcel, Europäische Integration und Demokratieprinzip, Baden-Baden 1997.

Keul, Werner, Die Bundesmilitärkommission (1819–1866) als politisches Gremium. Ein Beitrag zur Geschichte des Deutschen Bundes, Frankfurt (a.M.), Bern, Las Vegas 1977.

Khan, Daniel-Erasmus, Die deutschen Staatsgrenzen – Rechtshistorische Grundlagen und offene Rechtsfragen, Tübingen 2004.

Kleßmann, Eckart, Deutschland unter Napoleon: in Augenzeugenberichten, 3. Auflage, Düsseldorf 1982.

Klingelhöfer, Erich, Die Reichsgesetze von 1220, 1231/32 und 1235, Weimar 1955.

–, Die Reichsgesetze von 1220, 1231/32 und 1235. Ihr Werden und ihre Wirkung im deutschen Staat Friedrichs II., in: Wolf, Gunther (Hrsg.), Stupor Mundi, S. 161–203, Darmstadt 1982.

Klosterhuis, Jürgen; Neitzel, Sönke, Krise, Reformen – und Militär. Preußen vor und nach der Katastrophe von 1806, Berlin 2009.

Klüber, Johann Ludwig, Akten des Wiener Kongresses, Erlangen 1815.
–, Öffentliches Recht des teutschen Bundes und der Bundesstaaten, 4. Auflage, Frankfurt (a.M.) 1840.
–, Staatsarchiv des teutschen Bundes Band I, Erlangen 1816.
–, Übersicht der diplomatischen Verhandlungen des Wiener Congresses überhaupt, und insonderheit über wichtige Angelegenheiten des Teutschen Bundes, Frankfurt (a.M.) 1816.
–, Wichtige Urkunden für den Rechtszustand der deutschen Nation; mit eigenhändigen Anmerkungen. Aus seinen Papieren mitgeteilt und erläutert von Karl Theodor Welcker (Hrsg.), Aalen 1977.
Knecht, Ingo, Der Reichsdeputationshauptschluß vom 25. Februar 1803. Rechtmäßigkeit, Rechtswirksamkeit und verfassungsgeschichtliche Bedeutung, Berlin 2007.
Köbler, Gerhard, Historisches Lexikon der deutschen Länder. Die deutschen Territorien vom Mittelalter bis zur Gegenwart, 4. Auflage, München 1992.
Koppensteiner, Hans Georg, Die europäische Integration und das Souveränitätsproblem, Baden-Baden 1963.
Kotowski, Georg, Wilhelm von Humboldt und die deutsche Universität. In: Otto Büsch, Wolfgang Neugebauer (Hrsg.): Moderne Preußische Geschichte, Band III, S. 1346 ff, Berlin 1981.
Kotulla, Michael, Die Entstehung der Kriegsverfassung des Deutschen Bundes vor dem Hintergrund verfassungsrechtlicher und verfassungspolitischer Kontroversen in der Bundesversammlung 1816–1823, in: Zeitschrift der Savigny-Stiftung für Rechtsgeschichte, 117. Band, Wien, Köln, Weimar 2000.
–, Deutsche Verfassungsgeschichte – Vom Alten Reich bis Weimar (1495–1934), Berlin/Heidelberg 2008.
–, Deutsches Verfassungsrecht 1806 bis 1918, Eine Dokumentensammlung nebst Einführung, Berlin, Heidelberg 2006–2014.
Kraus, Antje, Quellen zur Bevölkerungsstatistik Deutschlands 1815–1875, Boppard am Rhein 1980.
Kraus, Victor von, Das Nürnberger Reichsregiment. Gründung und Verfall 1500–1502, Innsbruck 1883 (Neudruck 1969).
Kremer, Bernd Mathias, Der Westfälische Friede in der Deutung der Aufklärung – Zur Entwicklung des Verfassungsverständnisses im Heiligen Römischen Reich Deutscher Nation vom Konfessionellen Zeitalter bis ins späte 18. Jahrhundert, Tübingen 1989.
Krieger, Karl-Friedrich, König, Reich und Reichsreform im Spätmittelalter, München 1992.

Kriele, Martin, Einführung in die Staatslehre, 6. Auflage, Stuttgart 2003.
Kristoferitsch, Hans, Vom Staatenbund zum Bundesstaat?: die Europäische Union im Vergleich mit den USA, Deutschland und der Schweiz, Wien 2007.
Kröger, Klaus, Einführung in die jüngere deutsche Verfassungsgeschichte (1806–1933), München 1988.
Krüger, Herbert, Allgemeine Staatslehre, 2. Auflage, Stuttgart 1966.
Krüger, Kersten, Die Landständische Verfassung, München 2003.
Kunig, Philip, Völkerrecht und staatliches Recht, in: Graf Vitzhum (Hrsg.), 3. Auflage, Berlin 2004.
Kuschnick, Michael, Integration in Staatenverbindungen – Vom 19. Jahrhundert bis zur EU, Köln 1999.
Laband, Paul, Das Staatsrecht des Deutschen Reiches, 4 Bände, Tübingen 1876–1882.
Laufs, Adolf, Rechtsentwicklung in Deutschland, 5. Auflage, Berlin 1996.
Leonhardy, Philipp Friedrich Wilhelm Freiherr von, Versuch einer Entwicklung der Kriegsverfassung des Deutschen Bundes, Frankfurt 1835.
Lerche, Peter, Übermaß und Verfassungsrecht: zur Bindung des Gesetzgebers an die Grundsätze der Verhältnismäßigkeit und der Erforderlichkeit, Köln 1961.
Lewicki, Aleksandra, Souveränität im Wandel – Zur Aktualität eines normativen Begriffs, Münster 2006.
Linde, Justin von, Über gemeinnützige Anordnungen nach Grundsätzen des deutschen Bundesrechts in besonderer Anwendung auf gemeinsame Gesetze und Delegierten-Versammlungen, in: Archiv für das öffentliche Recht des Deutschen Bundes, Band IV, Heft 3, Gießen 1863.
Link, Christoph, Die Bedeutung des Westfälischen Friedens in der deutschen Verfassungsentwicklung, in: Juristenzeitung 1998, S. 1 ff., Tübingen 1998.
–, Johan Stephan Püttner, in: Stolleis (Hrsg.) Staatsdenker des 17. und 18. Jahrhunderts, S. 310–331, Berlin 1995.
Linnebach, Karl, Deutsche Heeresgeschichte, Hamburg 1936.
Lutz, Heinrich, Die Deutschen und ihre Nation. Zwischen Habsburg und Preußen. Deutschland 1815–1866, Berlin 1985.
Mäder, Werner, Vom Wesen der Souveränität – ein deutsches und ein europäisches Problem, Berlin 2007.
Majer, Johann Christian, Teutsche Staatskonstitution, Bd. I, Hamburg 1800.
Mann, Thomas, Die öffentlich-rechtliche Gesellschaft, Tübingen 2002.
Marquardt, Ernst, Geschichte Württembergs, 3. Auflage, Stuttgart 1985.
Mästle, Theodor, Württemberg und die Großmächte vom Wiener Kongress bis zum Tode König Wilhelms I., Tübingen 1951.

Matuschka, Edgar Graf von; Petter, Wolfgang, Organisationsgeschichte der Streitkräfte, in Handbuch zur Deutschen Militärgeschichte, Band 4.2, Frankfurt (a.M.), 1976.

Maurer, Hartmut, Staatsrecht, 5. Auflage, München 2007.

Mayer, Otto, Festschrift Paul Laband gewidmet von der rechts- und staatswissenschaftlichen. Fakultät der Kaiser-Wilhelms-Universität Strassburg, Tübingen 1908.

Mayer-Tasch, Peter Cornelius, Jean Bodin: Eine Einführung in sein Leben, sein Werk und seine Wirkung, Düsseldorf 2000.

–, Politische Theorien des Verfassungsstaats, Eine Einführung, 2. Auflage, Wiesbaden 2009.

Meinecke, Friedrich, Das Leben des Generalfeldmarschalls Hermann von Boyen, Band II, Stuttgart 1899.

Meisner, Heinrich Otto, Die Lehre vom Prinzip im Zeitalter der Restauration und des Deutschen Bundes - Repr. d. Ausg. Breslau 1913, Aalen 1969.

Menger, Christian-Friedrich, Deutsche Verfassungsgeschichte der Neuzeit, 8. Auflage, Karlsruhe 1993.

Menzel, Jörg, Internationales Öffentliches Recht, Tübingen 2011.

Meyer, Julius, Meyers Konversationslexikon, Band I-XVI, Leipzig, Wien 1890.

Meyer, Philipp Anton Guido von, Corpus iuris confoederationis Germanicae oder vollständige Sammlung der Quellen des deutschen Bundesrechts, Band I-III, Frankfurt (a.M.), 1821–1869.

Meyers Konversationslexikon, Eine Encyklopädie des allgemeinen Wissens, 4. Auflage, Leipzig 1888–1889.

Möller, Horst, Fürstenstaat oder Bürgernation – Deutschland 1763–1815, Berlin 1989.

Möllers, Christoph, Verfassungsgebende Gewalt – Verfassung – Konstitutionalisierung, in: Bogdandy, Armin von, Bast, Jürgen (Hrsg.), Europäisches Verfassungsrecht, Berlin 2009.

Mommsen, Wolfgang, Das Ringen um den nationalen Staat. Die Gründung und der innere Ausbau des Deutschen Reiches unter Otto von Bismarck 1850–1890, Berlin/Frankfurt (a.M.) 1993.

Moraw, Peter, Zur staatlich-organisatorischen Integration des Reiches im Mittelalter, in: Der Staat (1998), S. 7 ff, Berlin 1998.

Moser, Johann Johannes, Von der Landeshoheit im Geistlichen, Frankfurt (a.d.O.), Leipzig 1779.

Müller, Andreas, Der Regensburger Reichstag von 1653/54: eine Studie zur Entwicklung des Alten Reiches nach dem Westfälischen Frieden, Frankfurt (a.M.) 1992.

Müller, Erwin, Die Bundesstiftung, Berlin 2009.

Müller, Jürgen, Der Deutsche Bund 1815–1866, München 2006.

–, Der Deutsche Bund, Politische Systeme in Deutschland, hrsg. von der Landeszentrale für politische Bildung Thüringen, Heft 2, Erfurt 1997.

–, Deutscher Bund und Deutsche Nation 1848–1866, Göttingen 2006.

Naumann, Günther, Sächsische Geschichte in Daten, 3. Auflage, München 1998.

Niemeyer, Joachim, Das österreichische Militärwesen im Umbruch: Untersuchungen zum Kriegsbild zwischen 1830 und 1866, Osnabrück 1979.

Nipperdey, Thomas, Deutsche Geschichte 1800-1866, Bürgerwelt und starker Staat 5. Auflage, München 1991.

–, Föderalismus in der deutschen Geschichte. In: Thomas Nipperdey (Hrsg.), Nachdenken über die deutsche Geschichte S. 60–109, München 1986.

Obermann, Karl, Deutschland von 1815 bis 1849. Von der Gründung des Deutschen Bundes bis zur bürgerlich-demokratischen Revolution, Berlin 1983.

Oelschläger, Thomas, Hochschulpolitik in Württemberg 1819–1825 – Die Auswirkung der Karlsbader Beschlüsse auf die Universität Tübingen, Sigmaringen 1995.

Oer, Rudolfine von, Der Friede von Pressburg: Ein Beitrag zur Diplomatiegeschichte des napoleonischen Zeitalters, Münster 1965.

Oestmann, Rainer, Dazu befehle ich..!, Handbuch für militärische Führer; Führungsprozess bis Divisionsebene, 6. Auflage, Regensburg 2008.

Oeter, Stefan, Souveränität und Demokratie als Problem in der „Verfassungsentwicklung“ der Europäischen Union, in Zeitschrift für ausländisches öffentliches Recht und Völkerrecht, Band LV, Heidelberg 1995.

Ortenburg, Georg, Waffen und Waffengebrauch im Zeitalter der Einigungskriege, Koblenz 1990.

Ostertag, Heiger, Militärgeschichte im Zeitalter des Deutschen Bundes und der Einigungskriege 1815 bis 1871 in: Grundzüge der Deutschen Militärgeschichte 1, Freiburg im Breisgau 1993.

Petter, Wolfgang, Deutscher Bund und Deutsche Mittelstaaten, in: Handbuch zur Deutschen Militärgeschichte, Band 4.2, Frankfurt (a.M.) 1976.

Pfitzer, Paul Achatius, Die Entwicklung des öffentlichen Rechts in Deutschland durch die Verfassung des Bundes, Stuttgart 1835.

Pleitner, Emil, Oldenburg im 19. Jahrhundert. Band I: 1800-1848, Oldenburg 1899.

Popp, Petra, Ministerverantwortlichkeit und Ministeranklage im Spannungsfeld zwischen Verfassungsgebung und Verfassungswirklichkeit – Ein Beitrag zur Verfassungsgeschichte des Kurfürstentums Hessen, Berlin 1996.

Posener, Paul, Rechtslexikon. Handwörterbuch der Rechts- und Staatswissenschaften, Berlin 1909.

Protokolle der Bundesversammlung 1816–1866, Mikrofiche-Ausgabe, Mikrokopie, Hildesheim 1986.

Pufendorf, Samuel von, De statu imepeii Germanici, von H. Breßlau verdeutschte Ausgabe des Originals von 1667, Berlin 1922.

Püttner, Johann Stephan, Beyträge zum teutschen Staats- und Fürsten-Rechte, Göttingen 1777–1779.

Quaritsch, Helmut, Gegenstand und Begriffe der Verfassungsgeschichtsschreibung, Berlin 1983.

–, Souveränität, Entstehung und Entwicklung des Begriffs in Frankreich und Deutschland vom 13. Jh. bis 1806, Berlin 1986.

–, Souveränität im Ausnahmezustand. Zum Souveränitätsbegriff im Werk Carl Schmitts, in: Der Staat, Band XXXV, Berlin 1996.

–, Staat und Souveränität: Band I: Die Grundlagen, Frankfurt, Bonn 1970.

Quint, Wolfgang, Souveränitätsbegriff und Souveränitätspolitik in Bayern, Berlin 1971.

Randelzhofer, Albrecht, Staatsgewalt und Souveränität, in: Isensee/Kirchhof (Hrsg.), Handbuch des Staatsrechts, Band I, 3. Auflage, Heidelberg 2003.

Raumer, Kurt von, „Préfecture française". Montgelas und die Beurteilung der napoleonischen Rheinbundpolitik, in: Konrad Repgen and Stephen Skalweit (eds) Spiegel der Geschichte. Festgabe für Max Braubach zum 10 April 1964, S. 635–661, Münster, 1964.

Reinhard, Wolfgang, Geschichte der Staatsgewalt: Eine vergleichende Verfassungsgeschichte Europas von den Anfängen bis zur Gegenwart, 3. Auflage, München 2002.

Ritter, Gerhard, Föderalismus und Parlamentarismus in Deutschland in Geschichte und Gegenwart, in: Sitzungsberichte der bayerischen Akademie der Wissenschaften, philosophisch-historische Klasse, Jahrgang 2005, Heft 4, München 2005.

Robert, Rüdiger, Bundesrepublik Deutschland – Politisches System und Globalisierung, Münster 2007.

Ronge, Frank, Legitimität durch Subsidiarität. Der Beitrag des Subsidiaritätsprinzips zur Legitimation einer überstaatlichen politischen Ordnung in Europa, Baden-Baden 1998.

Rotteck, Karl von; Welcker, Karl, Staats-Lexikon oder Encyklopädie der Staatswissenschaften, Band III, Altona 1836.

Rudhart, Ignaz von, Das Recht des Deutschen Bundes, Stuttgart 1822.

Rumpler, Helmut, Föderalismus als Problem der deutschen Verfassungsgeschichte des 19. Jahrhunderts (1815–1871), in: Der Staat 16, S. 215–228, Berlin 1977.

Sahitolli, Arian, Der Wiener Kongress von 1815 – Totenbegräbnis der deutschen Hoffnung auf einen Nationalstaat, Norderstedt 2010.

Salmonovicz, Stanislav, Königliches Preußen und Litauischer Staat, in: Willoweit, Dietmar; Lemberg, Hans (Hrsg.), Historische Beziehungen und politische Herrschaftslegitimation, München 2006.

Samwer, Karl; Droysen, Johannes, Die Herzogtümer Schleswig-Holstein und das Königreich Dänemark, Hamburg 1850.

Sauer, Ernst, Grundlehre des Völkerrechts, 3. Auflage, Köln 1955.

Sauer, Paul, Napoleons Adler über Württemberg, Baden und Hohenzollern - Südwestdeutschland in der Rheinbundzeit, Stuttgart, Berlin, Köln, Mainz 1987.

Schäfer, Robert, (Verleger), Der Deutsche Bund und die Bundeskriegsverfassung, Leipzig 1866.

Schels, I. B. (Redakteur), Über die Militär-Ökonomie im Frieden und im Krieg, und ihr Wechselverhältnis zu den Operationen, in: Österreichische Militärische Zeitschrift, Wien 1825.

Schieder, Theodor, Handbuch der europäischen Geschichte, Bd. V, Europa von der Französischen Revolution zu den nationalstaatlichen Bewegungen des 19. Jahrhunderts, Stuttgart 1981.

Schliesky, Utz, Souveränität und Legitimität von Herrschaftsgewalt – Die Weiterentwicklung von Begriffen der Staatslehre und des Staatsrechts im europäischen Mehrebenensystem, Tübingen 2004.

Schlochauer, Hans Jürgen, Rechtsformen der Europäischen Ordnung, in Gewerblicher Rechtschutz und Urheberrecht (GRUR), 57. Jahrgang 1957, S. 213 ff.

Schmidt, Georg, Der Dreißigjährige Krieg, 6. Auflage, München 2003.

–, Die Geschichte des Alten Reiches, München 1999.

–, Der Westfälische Frieden - eine neue Ordnung für das Alte Reich? in: Reinhard Mußgnug (Hrsg.), Wendemarken in der deutschen Verfassungsgeschichte, S. 45–72, Berlin 1993.

–, Neue deutsche Geschichte: Wandel durch Vernunft, Deutschland 1715–1806, München 2009.

Schnabl, Walter, Die Kriegs- und Finanzverfassung des Deutschen Bundes, Marburg 1966.

Schröder, Werner, Die Souveränitätsfrage im Maastricht-Urteil des BVerfG, in: Zeitschrift für Rechtsvergleichung (ZfRV 1994), S. 143 ff., Wien 1994.

Schuck, Gerhard, Staatssouveränität und Verfassungsdiskussion in der rheinbündischen Reformzeit, in: Kassimatis, Georg; Stolleis, Michael (Hrsg.), Verfassungsgeschichte und Staatsrechtslehre, Frankfurt 2001.

Schultze-Grävenitz, Hermann Johann Friedrich von, Einleitung in das Deutsche Staatsrecht, Leipzig 1867.

Schulz, Hans; Basler Otto, Fremdwörterbuch, Band IV Da Capo – Dynastie, 2. Auflage, Berlin 1999.

Schulze, Hagen, Der Weg zum Nationalstaat: Die deutsche Nationalbewegung vom 18. Jahrhundert bis zur Reichsgründung, München 1985.

–, Staat und Nation in der europäischen Geschichte, München 1994.

Schulze, Herrmann, Einleitung in das deutsche Staatsrecht, Leipzig 1865.

Schuster, Oscar; Francke, F.A., Geschichte der Sächsischen Armee von deren Errichtung bis auf die neueste Zeit, Teil 3, Leipzig 1885.

Seier, Hellmut, Der Oberbefehl im Bundesheer. Zur Entstehung der deutschen Bundeskriegsverfassung 1822, in: Militärgeschichtliche Mitteilungen 1/1977, S. 7–33, Freiburg 1977.

–, Zur Frage der militärischen Exekutive in der Konzeption des Deutschen Bundes, in: Johannes Kunisch (Hrsg.), Staatsverfassung und Heeresverfassung in der europäischen Geschichte der frühen Neuzeit, S. 397–445, Berlin 1986.

Seiler, Christian, Der souveräne Verfassungsstaat zwischen demokratischer Rückbindung und überstaatlicher Einbindung, Tübingen 2005.

Sempf, Thomas, Die deutsche Frage unter besonderer Berücksichtigung der Konföderationsmodelle, Berlin 1987.

Siemann, Wolfram, Deutschlands Ruhe, Sicherheit und Ordnung: Die Anfänge der politischen Ordnung, Tübingen 1985.

–, Metternich. Staatsmann zwischen Restauration und Moderne, München 2010.

–, Vom Staatenbund zum Nationalstaat, Deutschland 1806–1871, München 1995.

Simon, Christian, Basler Frieden 1795: Revolution und Krieg in Europa, Basel 1995.

Singer, Alex, Nationalstaat und Souveränität – Zum Wandel des europäischen Staatensystems, Frankfurt (a.M.) 1993.

Smend, Rudolf, Staatsrechtliche Abhandlungen, 4. Auflage, Berlin 2010.

Stapelfeld, Gerhard, Wirtschaft und Gesellschaft der Bundesrepublik Deutschland: Kritik der ökonomischen Rationalität, Zweiter Band, Hamburg 1998.

Steiger, Heinhard, Rechtliche Strukturen der Europäischen Staatenordnung 1648 – 1792, in: ZaÖRV – Zeitschrift für ausländisches öffentliches Recht und Völkerrecht Bd. 59 (1999), S. 609–647.

–, Staatlichkeit und Mitgliedstaatlichkeit – Deutsche staatliche Identität und Europäische Integration, in: EuR – Europarecht 2010, Beiheft 1, S, 57–81.

Stein, Heinrich Friedrich Karl Reichsfreiherr vom und zum, Verschiedene Denkschriften in: Briefe und amtliche Schriften des Freiherrn vom Stein:
Band III: Preußens Erhebung, Stuttgart 1961.
Band IV: 1809 - 1812, Stuttgart 1963.
Band V: Der Wiener Kongress, Stuttgart 1964.

Steinmetz, Christian, Deutscher Bund und europäische Friedensordnung: die Krise der Wiener Ordnung 1848–1850, Rostock 2002.

Stern, Alfred, Geschichte Europas seit den Verträgen von 1815 bis zum Frankfurter Frieden von 1871, Band III, Berlin 1901.

Stern, Klaus, Das Staatsrecht der Bundesrepublik Deutschland – Band V, Die geschichtlichen Grundlagen des Staatsrechts, München 2000.

Stintzing, Roderich; Landsberg, Ernst, Geschichte der Deutschen Rechtswissenschaft, 4 Bände, München/ Leipzig 1880–1914.

Stollberg-Rilinger, Barbara, Das Heilige Römische Reich Deutscher Nation: Vom Ende des Mittelalters bis 1806, 3. Auflage, München 2007.

Stolleis, Michael, Geschichte des öffentlichen Rechts in Deutschland:
Band I: Reichspublizistik und Policeywissenschaft 1600 bis 1800, München 1988.
Band II: Staatsrechtslehre und Verwaltungswissenschaft 1800 bis 1914, München 1992.

Streeck, Wolfgang, Korporatismus in Deutschland – Zwischen Nationalstaat und Europäischer Union, Frankfurt 1999.

Struck, Wolf-Heino, Die Gründung des Herzogtums Nassau, in: Herzogtum Nassau 1806–1866 Politik-Wirtschaft-Kultur, Wiesbaden 1981.

Struve, Gustav von, Actenstücke der Zensur des großherzoglich-badischen Regierungs-Raths, Mannheim 1845.

Thomsen, Knut, Die Bemühungen Hessen-Homburgs um Sitz und Stimme im Bundestag; in: Mitteilungen des Vereins für Geschichte und Landeskunde zu Bad Homburg vor der Höhe, Band 30, Bad Homburg 1966.

Thürer, Danie, Das Selbstbestimmungsrecht der Völker; mit einem Exkurs zur Jurafrage, Bern 1976.

Tobler, Adolf; Lommatzsch, Erhard (Hrsg.), Altfranzösisches Wörterbuch, 11 Bände, Berlin/Wiesbaden/Stuttgart 1924–2008.

Toll, Heinz-Joachim, Akademische Gerichtsbarkeit und akademische Freiheit: die sog. „Demagogenverfolgung“ an der Christian-Albrechts-Universität zu Kiel nach den Karlsbader Beschlüssen von 1819, Neumünster 1979.

Treitschke, Heinrich von, Der Deutsche Zollverein und seine Geschichte, Bremen 2009.

Ullmann, Walter, Der Souveränitätsgedanke in den mittelalterlichen Krönungsordines, in: Festschrift Percy Ernst Schramm: Zu seinem siebzigsten Geburtstag von Schülern und Freunden zugeeignet, herausgegeben von Peter Classen, Band 1, Wiesbaden 1964.

Unruh, Peter, Der Verfassungsbegriff des Grundgesetzes, Göttingen 2001.

Vitzthum, Wolfgang Graf (Hrsg.), Völkerrecht, 4. Auflage, Berlin 2007.

Wacker, Peter, Das nassauische Militärwesen, in: Herzogtum Nassau 1806–1866 Politik – Wirtschaft – Kultur, Wiesbaden 1981.

Wadle, Elmar, Der Ewige Landfriede von 1495 und das Ende der mittelalterlichen Friedensbewegung. In: 1495 – Kaiser, Reich, Reformen. Der Reichstag zu Worms, hrsg. vom Landeshauptarchiv Koblenz in Verbindung mit der Stadt Worms, S. 71 – 80, Koblenz 1995.

–, Staatenbund oder Bundesstaat? – Ein Versuch über die alte Frage nach den föderalen Strukturen in der deutschen Verfassungsgeschichte zwischen 1815 und 1866, in: Brauneder, Wilhelm (Hrsg.), Staatliche Vereinigung: Fördernde und hemmende Elemente in der deutschen Geschichte, S. 137-170, Berlin 1998.

Waitz, Georg, Das Wesen des Bundesstaates, in: Allgemeine Monatsschrift für Wissenschaft und Literatur 1853, S. 494–530, Braunschweig 1853.

Warnken, Monja, Der Handlungsrahmen der Europäischen Union im Bereich der Sicherheits- und Verteidigungspolitik, Berlin 2002.

Weber, Albrecht, Zur künftigen Verfassung der Europäischen Gemeinschaft, in: Juristenzeitung (JZ) 48, S. 325–330, Tübingen 1993.

Weber, Max, Wirtschaft und Gesellschaft. - Grundriß der Verstehenden Soziologie, 5. Auflage (Studienausgabe), Tübingen 1980.

Weber, Wilhelm, Der deutsche Zollverein, Geschichte seiner Entstehung und Entwicklung, Leipzig 1869.

Weikl, Katharina, Krise ohne Alternative? Das Ende des alten Reichs 1806 in der Wahrnehmung der Reichsfürsten, Berlin 2006.

Wenzlik, Detlef, Die napoleonischen Kriege, Hamburg 1999.

Wersebe, Wilhelm von, Geschichte der hannoverschen Armee, Hannover 1928.

Wienhöfer, Elmar, Das Militärwesen des Deutschen Bundes und das Ringen zwischen Österreich und Preußen um die Vorherrschaft in Deutschland 1815–1866, Osnabrück, 1973.

Willoweit, Dietmar, Deutsche Verfassungsgeschichte – Vom Frankenreich bis zur Wiedervereinigung, München 2001.

Winkelbauer, Thomas, Ständefreiheit und Fürstenmacht: Länder und Untertanen des Hauses Habsburg im konfessionellen Zeitalter, Wien 2003.

Wyduckel, Dieter, Moorman van Kappen, Olav (Hrsg.), Der Westfälische Frieden in rechts- und staatstheoretischer Perspektive, Rechtstheorie, 29, Heft 2: Sonderheft Westfälischer Frieden, Berlin 1999.

Xylander, Max Ritter von, Das Heer-Wesen der Staaten des Deutschen Bundes, Augsburg 1846.

Zachariae, Heinrich Albert, Deutsches Staats- und Bundesrecht, 3. Abtheilung, Göttingen 1845.

Zachariä von Lingenthal, Karl Salomo, Vierzig Bücher vom Staat, 28. Buch: Das Völkerstaatsrecht, Band V, 2. Auflage, Heidelberg 1841.

Zarka, Yves Charles, État et gouvernement chez Bodin et les Théoriciens de la raison d'État, in : Jean Bodin: Nature, histoire, droit et politique, Paris 1996.

Zeumer, Karl, Die Goldene Bulle Karls IV.– Zwei Teile in einem Band, Hildesheim 1972.

–, Quellensammlung zur Geschichte der deutschen Reichsverfassung in Mittelalter und Neuzeit, 2. Auflage, Tübingen 1913, Neudruck 1987.

Zimmermann, Andreas, Staatennachfolge in völkerrechtliche Verträge, Berlin 2000.

Zippelius, Reinhold, Allgemeine Staatslehre, 16. Auflage, Berlin 2010.

–, Kleine deutsche Verfassungsgeschichte – Vom frühen Mittelalter bis zur Gegenwart, 6. Auflage, München 2002.

Zoepf, Heinrich Matthias, Grundsätze des gemeinen deutschen Staatsrechts, Leipzig 1863.

Zuleeg, Manfred, Die föderativen Grundsätze der europäischen Union, in: Neue Juristische Wochenschrift (NJW) 2000, S. 2846 ff., München 2000.

www.ingramcontent.com/pod-product-compliance
Ingram Content Group UK Ltd.
Pitfield, Milton Keynes, MK11 3LW, UK
UKHW021908290926
8980IPUK00015B/1121

9 783631 649671